2014年度全国毕业生就业50所典型经验高校经验汇编

主　　编　张凤有
副 主 编　张继栋
执行主编　余　舰

中国财政经济出版社

图书在版编目（CIP）数据

2014 年度全国毕业生就业 50 所典型经验高校经验汇编 / 张凤有主编．—北京：中国财政经济出版社，2015.1

ISBN 978 - 7 - 5095 - 5925 - 3

Ⅰ.①2…　Ⅱ.①张…　Ⅲ.①高等学校 - 毕业生 - 就业 - 工作经验 - 汇编 - 中国 - 2014　Ⅳ.①G647.38

中国版本图书馆 CIP 数据核字（2014）第 305115 号

责任编辑：马　真　　　　责任校对：徐艳丽

封面设计：汪俊宇

中国财政经济出版社出版

URL：http：//www.cfeph.cn

E - mail：cfeph @ cfeph.cn

社址：北京市海淀区阜成路甲 28 号　邮政编码：100142

营销中心电话：88190406　北京财经书店电话：64033436　84041336

北京中兴印刷有限公司印刷　各地新华书店经销

787 × 1092 毫米　16 开　18.75 印张　320 000 字

2015 年 2 月第 1 版　2015 年 2 月北京第 1 次印刷

定价：56.00 元

ISBN 978 - 7 - 5095 - 5925 - 3/G · 0150

（图书出现印装问题，本社负责调换）

2014 年 7 月 18 日，教育部召开 2014 年度全国毕业生就业典型经验高校座谈会。教育部党组成员、部长助理林蕙青出席会议并讲话。

座谈会上，就业总结宣传工作领导小组成员、高等教育司司长张大良宣布 2014 年度 50 所就业典型经验高校名单。

就业总结宣传工作领导小组成员为 2014 年度 50 所就业典型经验高校授牌。

2013 年 7 月 19 日，2014 年度高校毕业生就业总结宣传工作专家研讨会在河北省召开。

2014 年 5 月 19 日，2014 年度就业总结宣传工作实地调研预备会在北京召开。

就业总结宣传工作专家组成员、上海交通大学党委副书记朱健带队在三峡大学实地调研。

就业总结宣传工作专家组成员、北京理工大学副校长赵显利带队在兰州大学实地调研时考察该校就业工作场地。

就业总结宣传工作专家组成员、中国地质大学（北京）党委副书记刘志方带队在开封大学实地调研时参观该校速录实验室速录技能展示。

教育部办公厅

教学厅函〔2014〕20号

教育部办公厅关于公布2014年度全国毕业生就业典型经验高校名单的通知

各省、自治区、直辖市教育厅(教委),有关省、自治区人力资源社会保障厅(局),部属各高等学校:

党的十八大和十八届三中全会对做好当前和今后一段时期高校毕业生就业创业工作提出明确要求,习近平总书记等中央领导同志对做好毕业生就业工作作出一系列重要批示。为深入贯彻落实党中央、国务院的决策部署,各地各高校切实把毕业生就业工作摆在学校工作的突出重要位置,把引导毕业生到基层就业创业作为工作的大方向和着力点,紧紧围绕社会需求深化教育教学改革,以新的理念和工作方式不断提升就业指导服务水平,为促进毕业生就业付出了艰苦努力,积累了许多宝贵经验,高校毕业生就业创业工作取得积极进展。

为进一步总结经验、推广特色,有效促进高等教育改革与社会发展需求的紧密结合，不断开拓毕业生就业创业工作新局面，2014年2月，我部启动开展了第二轮就业总结宣传工作。经过申报推荐、专家初选、社会调查和实地调研等环节，推选产生了2014年度50所全国毕业生就业典型经验高校。现将名单公布如下（按照行政区划排列）：

一、教育部直属高等学校（4所）

东南大学、厦门大学、重庆大学、兰州大学

二、省属本科院校（29所）

北京建筑大学、天津财经大学、河北金融学院、唐山师范学院、辽宁科技大学、渤海大学、吉林华桥外国语学院、东北农业大学、华东政法大学、上海海洋大学、南京信息工程大学、浙江传媒学院、浙江科技学院、浙江师范大学、安徽大学、安徽工程大学、福州大学、青岛科技大学、华南农业大学、华北水利水电大学、黄河科技学院、三峡大学、邵阳学院、南华大学、湖南农业大学、西南石油大学、贵州财经大学、云南大学、云南工商学院

三、高职高专院校（17所）

河北工业职业技术学院、锡林郭勒职业学院、辽宁林业职业技术学院、吉林铁道职业技术学院、黑龙江职业学院、上海工艺美术职业学院、江苏建筑职业技术学院、常州机电职业技术学院、浙江金融职业学院、江西环境工程职业学院、广东水利电力职业技术学

院、广州番禺职业技术学院、广西国际商务职业技术学院、海南经贸职业技术学院、开封大学、重庆三峡职业学院、新疆农业职业技术学院。

教育部办公厅

2014 年 7 月 11 日

编委会名单

代 序

今天，我们在这里召开2014年度全国毕业生就业典型经验高校座谈会。刚才，张凤有同志介绍了2014年度就业总结宣传工作的有关情况，总结宣传领导小组为50所典型经验高校授了牌。三所高校代表做了典型发言。听了之后，我自己还是挺受启发的，做的工作很扎实，很有特色，并很有成效。在座的50所典型经验高校，相信每一所学校都有很好的经验、做法。由于时间关系，不再进一步介绍了。首先，我代表教育部，向获得2014年度全国毕业生就业典型经验高校称号的50所学校表示热烈祝贺！

就业是民生之本，高校毕业生是就业工作的重中之重。党中央、国务院高度重视高校毕业生就业工作。十八届三中全会对促进以高校毕业生为重点的青年就业工作作出专门部署。习近平总书记、李克强总理等中央领导同志在不同场合多次强调，要强化就业创业服务体系建设，不断深化高等教育综合改革，建立健全适应经济社会发展需求、符合高校毕业生就业特点的就业长效机制，力争使高校毕业生就业创业比例双提高。国务院今年召开电视电话会议、下发国办发22号文件，对做好毕业生就业创业工作提出具体要求，并把高校毕业生就业创业政策落实情况作为最近国务院督查的一项重要内容。对教育系统的督查一共有两项，一项是简政放权，一项是高校毕业生就业工作。这些都集中体现了党中央、国务院对高校毕业生就业工作的高度重视和亲切关怀，为我们今后做好高校毕业生就业工作指明了方向。

教育系统坚决贯彻中央精神，各地和高校不断健全工作机制，完善政策扶持体系，搭建就业服务平台，着力拓宽就业渠道、加强基层就业引导、大力促进创业、深化教育改革，形成了一整套促进高校毕业生就业创业的有效做法，在今年复杂严峻的就业形势下，确保了高校毕业生就业状况基本稳定。目前，2014届毕业生已基本离校，据7月1日的就业情况统计，初次就业率依然保持在70%以上，为惠民生、保稳定、促和谐做出了积极贡献。在座的典型经验高校是大力促进毕业生就业创业并取得突出成效的典型代表，希望大家珍惜荣誉，戒骄戒躁，在已有成绩的基础上，进一步加大工作力度，创新工作思路和工作方法，不断取得新成就、新经验，始终成为领跑者，为促进全国高校毕业生就业创业做出更大贡献。

下一阶段，各地各高校要深入贯彻落实中央对当前及今后一段时期毕业生就业创业工作作出的重要部署，按照教育部党组有关要求，重点做好以下几项工作：

一、密切协调，强化督查，抓好政策措施落实

这次国务院督查，把毕业生就业作为重要内容，我们要以此为契机，进一步形成推动工作、抓好落实的自查督查机制。一是要加强与相关部门的协调配合，健全责任制度，做好政策衔接，形成齐抓共管、协同推进的工作局面。二是要加强措施配套，按照国办发22号文件要求，各地和高校要结合实际抓紧制定出台配套政策和实施办法，把中央精神转化为实实在在的政策措施和工作成效。三是要进一步加强政策执行过程中的监督检查，确保各项政策措施有效落实到位，真正让高校毕业生受益。

二、突出重点，建立健全就业创业工作长效机制

各地各高校要加快建立健全就业创业工作长效机制，并在整体推进工作的同时，突出重点领域和关键环节。一是强化就业服务，提升就业信息服务水平，健全统计监测、预警调整机制，加强就业指导服务的针对性和实效性，着力做好就业困难帮扶，配合实施好离校未就业高校毕业生就业促进计划。二是大力引导基层就业，加强教育引导和政策宣传；结合城镇化进程和推进公共服务均等化要求，扩大实施现有基层项目的同时启动实施“农技特岗计划”等新项目；特别要完善征集高校毕业生入伍的政策体系和长效机制，做好后续服务。三是激励学生自主创业，整合发展国家和省级高校毕业生就业创业基金，推动建立校内创业孵化基地和创业资金；完善创新创业教育课程体系，加强项目开发、融资、跟踪扶持等“一条龙”创业服务；启动实施好“创业倍增行动计划”；把就业创业率纳入学校教育质量重要考核指标。

三、进一步创新人才培养机制

提高人才培养质量，深入实施系列“卓越计划”。高教司、发展规划司在各个领域都实施了“卓越计划”、科教结合协同育人行动计划等一系列有助于大学生就业创业的计划。强化实践教学，推动高校与企业、产业集群、地方政府等共建实习实训基地，鼓励大学生积极参加社会实践和志愿服务活动，提高就业创业能力。强化就业状况反馈和引导，抓好高校就业质量年度报告编制和发布工作，并且积极发挥就业反馈作用，通过就业统计分析和反馈，健全完善就业与招生计划、人才培养、专业预警和动态调整的联动机制。

四、完善机制，深入宣传，发挥典型经验高校的示范引领作用，促进就业创业工作再上新台阶

2009 年，根据刘延东同志的批示要求，我们启动了就业总结宣传工作。在有关部门和省市高校的共同努力下，截至 2013 年，第一轮总结宣传工作圆满结束，共推选出 200 所典型经验高校。2014 年，教育部党组决定启动实施第二轮总结宣传工作，选出了今天在座的 50 所典型经验高校。这 250 所就业典型经验高校，是从全国不同层次和类别的 2000 多所高校中推选出来的，形成了推动教育战线就业创业工作、深化教育教学改革的很多好经验、好做法。这次座谈会后，我们将尽快以多种形式推广这些高校促进大学生就业创业和深化教育教学改革的好经验、好做法，形成示范效应。

在第一轮总结宣传工作的基础上，新一轮总结宣传工作要着力在以下三个方面取得新成效：一是建立长效机制，完善就业质量评价和反馈机制，全面增强高等教育与社会需要的适应性，从根本上提高毕业生就业竞争力；二是切实做到“以选促建”，以“全国高校毕业生示范性就业指导机构建设”工作为抓手，推动高校进一步完善就业创业新机制，有效健全高校就业服务体系，在创造性实践中解决困难和问题，抓好毕业生就业指导服务机构的建设工作；三是发挥示范引领作用，加强在人才培养和就业工作中有突出成效的不同层次高校的分类宣传，采取多种方式深入有效地开展典型经验推广和彼此间的学习交流。

同志们，促进高校毕业生就业创业，政策责任重、要求高、难度大。希望大家共同努力，以党的十八大和十八届三中全会精神为指引，以新一轮总结宣传工作为抓手，全面提高就业服务质量，深化高等教育改革，尽快建立健全适应经济社会发展需求、符合高校毕业生就业特点的就业长效机制，为推动实现毕业生更充分、更高质量的就业和高等教育事业的科学发展做出新贡献！

谢谢大家！

（本文系作者在2014年度全国毕业生就业典型经验高校座谈会上的讲话）

林蕙青

2014年7月18日

目 录

立足卓越人才培养 构建高效集成的就业创业工作体系

东南大学

东南大学是中央直管、教育部直属的全国重点大学，是“985 工程”和“211 工程”重点建设的大学之一。学校坐落于历史文化名城南京，占地面积 5880 亩，建有四牌楼、九龙湖、丁家桥等校区。

经过 100 多年的创业发展，如今的东南大学已成为一所以工科为主要特色，理学、工学、医学、文学、法学、哲学、教育学、经济学、管理学、艺术学等多学科协调发展的综合性、研究型大学。全日制在校生 32000 余人，其中研究生 13000 余人，另有在职硕士研究生 3100 余人。专任教师 2573 人，其中正、副教授 1800 余人，博士生指导教师 743 人，硕士生指导教师 1713 人，两院院士 11 人，国务院学位委员会委员 2 人，国务院学科评议组成员 12 人，国家“千人计划”专家 24 人，“长江学者奖励计划”特聘教授、讲座教授 35 人，国家级教学名师奖获得者 5 人，国家杰出青年科学基金获得者 35 人，国家“十二五”863 计划主题专家 3 人、国家科技计划专项专家 1 人、国家重大专项专家 2 人，人事部“百千万人才工程”国家级人选 19 人。

目前，学校设有 29 个院（系），拥有 75 个本科专业，29 个博士学位一级学科授权点，49 个硕士学位一级学科授权点，5 个国家一级重点学科（涵盖 15 个二级学科），5 个国家二级重点学科，1 个国家重点（培育）学科，11 个江苏高校优势学科建设工程一期项目立项学科（群），14 个江苏省一级学科重点学科，28 个博士后科研流动站。有 3 个国家重点实验室，3 个国家工程研究中心，2 个国家工程技术研究中心，1

个国家专业实验室，11个教育部重点实验室，5个教育部工程研究中心，并以此为依托形成了一批重点科研基地。近年来，学校大力加强学科建设，取得了丰硕成果。在2012年第三轮全国学科评估中，15个学科进入前20%，有12个学科进入全国前七位，有10个学科位列全国前五位，其中排名第一的学科数并列全国高校第七位。

东南大学以“科教兴国”为己任，从国民经济和社会发展的需要出发，积极开展基础研究、应用基础研究和重大战略高技术研究，已成为在国内外具有较大社会影响的高新技术研究和辐射的重要基地。学校尤肖虎教授团队获2011年度国家技术发明奖一等奖。2013年，以第一完成单位获得国家自然科学二等奖1项，国家技术发明二等奖1项，国家科技进步二等奖2项。近五年来，东南大学共牵头获得国家级科技奖项15项。

在长期的办学实践中，东南大学坚持“育人为本”的办学理念，深化教育教学改革，着力培养学生的创新精神和实践能力，一贯以培养拔尖创新人才、引领社会科技文化进步为己任。多年来，学校始终将毕业生就业工作摆在突出位置，将“承担国家和民族发展重任”的核心价值观贯穿于生涯发展教育和就业指导的全过程，持续保持稳健的就业质量和高位的就业层次。学校根据国家和区域经济社会发展以及科技进步对高层次创新人才的需要，立足卓越人才培养，优化服务管理，构建高效集成的就业创业工作体系：在就业指导方面以就业和社会需求为导向培养德智体美全面发展的拔尖创新人才，引导学生服务国家和社会发展；在就业服务管理方面，完善就业工作机制，以信息手段优化就业服务与管理水平，提升就业工作实效；在创新创业教育方面，强化“双创”精神，提升学生创新创业能力，拓展创新创业平台，促进创业成果转化。学校不断扎实推进就业工作，注重特色发展，具体体现在以下几方面：

一、紧密结合人才培养改革，服务社会发展，实现高质量就业

学校从国民经济和社会发展的需要出发，将专业教育与就业创业教育有机结合起来，将就业指导工作贯穿于人才培养的全过程。一是就业工作围绕人才培养目标，多种方式引导学生“承担国家和民族发展重任”，投身于与学校发展目标相适应的就业主战场。以学校2013届毕业生为例，就业率超过98%，持续保持高位稳定，实现充分就业。毕业生就业去向结构显著改善，就业质量不断提升：从毕业生就业去向看，本科生升学出国率逐年增加，2013届为47.38%，研究生去科研院所、大型国企就业人数逐年上升；从毕业生就业地区流向看，每年去中西部地区和基层就业的学生逐年增加，约30%的毕业生留在江苏工作，服务江苏地方经济发展；从行业分布来看，近

1/3的毕业生投身国家“十二五规划”战略性新兴产业。

二是主动适应社会需求的变化，调整招生方案和人才培养模式，充分发挥学校学科资源优势，探索校企联合人才培养新模式、新机制，提升学生就业能力和持续的职业发展力。2013年有16个招生专业类别增加超过5%的招生计划，有6个招生专业类别减少至少5%的招生计划。近三年逐年增加在西部的招生计划，2012年和2013年分别比前一年增长20.45%和8.7%。学校主动适应国家经济建设和社会发展对各类人才的需求，依托优势学科，不断优化专业结构，形成了工科专业优势明显，理、工、文、医、经、管、法、教育等协调发展、特色鲜明的专业格局。在保持传统优势学科的同时，近三年建设以高新技术为主要内容的新兴边缘学科和适应战略产业发展需要的新专业7个。

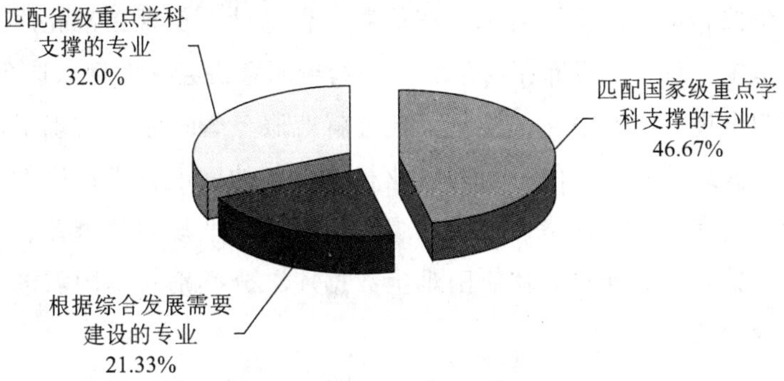

东南大学本科生专业与重点学科

三是提升人才培养的国际化水平，通过短期课程学习、交换生项目、国际会议及竞赛及联合授予学位等形式，培养学生国际合作与竞争能力。目前学校与国外大学签订联合培养与交流学习协议的合计60多个，2013年公派留学、境外校际交换生、交流学习及参加国际会议等多种形式派出学生1796人次。

二、充分发挥数字化集成平台优势，整合信息资源，提升工作水平

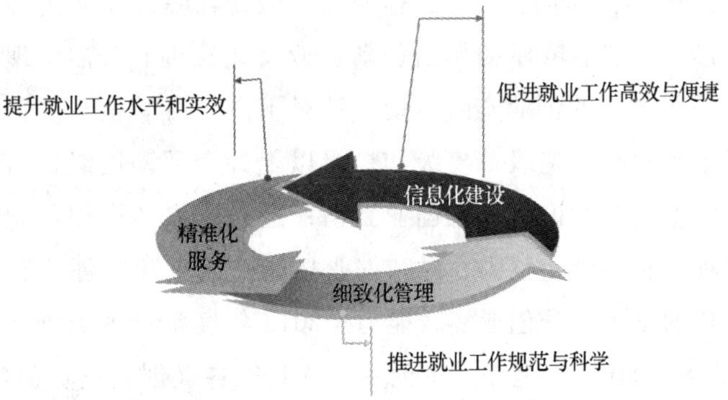

学校高度重视就业工作信息化建设，将其纳入数字化校园建设体系，建成并完善以就业信息网为主体，集成用人单位校园招聘系统、毕业生就业服务管理系统、职业生涯发展教育系统，内接校园基础数据库，外接全国大学生就业一站式服务系统和江苏省高校毕业生就业网络联盟的就业工作网络，此外还建有手机短信平台、开设官方微博和微信，这些数字化平台相互渗透、相互支撑、相互补充，为学校、用人单位、毕业生搭建了一站式、立体化的数据平台，充分实现就业工作的高效集成。

就业管理工作在常规管理的基础上，将常规管理引向深入，在各校区均设有一站式服务大厅，并在管理制度的设计中渗透科学思想和人文关怀，以学生为本注重就业工作的全过程和细节，精益求精、周到细致，实现细致化管理。

针对用人单位和学生的不同需求，在信息平台基础上实现精准化服务。用人单位通过校园招聘系统实现了从发布招聘信息、预约校园宣讲会和大型双选会到安排笔试、面试等校园招聘全过程的网络化；毕业生通过就业服务管理系统实现了从领取协议书到投递简历、从签约再到离校的一系列就业相关事务的网上办理；广大学生通过职业生涯发展教育系统完成职前网络课堂教育、在线职业生涯规划和测评、预约职业发展咨询等职业发展辅导；此外建有就业困难生数据库，分类别对不同需求的学生提供个性化的就业指导和帮扶。

三、强化“双创”精神，建设创新创业平台，大学生创业成果显著

学校全面推行以“基础理论活跃创新创业思维、专业知识拓展创新创业视野、实践训练强化创新创业技能、自主研学提升创新创业水平”为核心的创业人才培育体系，凝练了“知行相辅、科创互哺，促进学生全面发展”的创业教育理念。2011 年学校被评为“江苏省大学生创业教育示范学校”。

学校以“挑战杯”作为创新创业工作龙头，依托各院（系）专业特色，以创新为引导，以实践为形式，营造浓厚的校园创新创业文化氛围。开展“理论培训、模拟体验、创业实践”三个类别的创业实践活动，针对不同年级学生开展普及性和提升性的创业活动，形成了班团级、院级、校级和校级以上四个活动层级。通过开展讲座培训展示类活动激发学生创业意识、树立创业激情；通过开展各类创业竞赛活动鼓励学生参与创业训练过程、感受创业氛围、提升创业技能；通过开展创业训练和实践类活动帮助有潜质和特长的学生提升创业实践能力。2013 年度举行各类创业主题活动 150 余场，15000 人次参与。2010 年至今学生创业团队获得各级创业竞赛奖项 50 余项，2012

年获“挑战杯”中国大学生创业计划竞赛全国第一。

学校积极争取和利用各项创业优惠政策，整合校内外资源，与政府、企业、创业园等开展紧密合作，推进创业成果转化。学校依托东南大学国家科技园建设了大学生创业中心（江苏省首家），是全国首批“高校学生科技创业实习基地”，首批“江苏省大学生创业示范基地”。近几年创业中心孵化 70 余支学生创业团队，成功孵化 25 家企业，涌现出途牛网创始人于敦德、国金投资顾问公司创始人林嘉喜等一批杰出创业校友。目前，东南大学科技园在园企业 70 多家，得到了政府及各界的大力支持，2013 年总计有 235 个项目获批国家级和省级大学生创新创业训练计划项目，其中有 17 个创业项目获得国家级大学生创新创业训练计划资助总计 42 万元，共有 11 个学生创业团队或公司获得创业资助总计 261.5 万元。

服务国家发展战略需要　全面提升毕业生就业质量

厦门大学

就业是民生之本。做好大学生就业工作是办好人民满意教育的重要体现，是衡量高校人才培养质量的重要标志，是培养德智体美全面发展的中国特色社会主义合格建设者和可靠接班人的关键环节。近年来，厦门大学着力抓好树立学生正确的就业择业观，提升学生综合素质，完善学生就业创业服务体系三个环节，扎实做好毕业生就业工作，取得了突出成效。几年来，学校毕业生就业率始终保持在95%以上，经济特殊困难毕业生实现百分百就业。同时，越来越多的毕业生选择到国家重要行业和最需要的地方就业。厦门大学就业工作多次受到教育部、福建省的表彰，学校毕业生已经成为最具竞争力、最受社会欢迎的大学生群体之一。

一、坚持立德树人，引导学生服务国家发展战略

1. 着力培养学生的爱国意识、社会责任感和担当精神

一是把社会主义核心价值观教育和学校“爱国、革命、自强、科学”四种精神教育融入思想政治教育全过程，融入职业生涯辅导和就业创业服务全过程。实施“青年马克思主义者培养工程”、“自强思源”等思想教育培养计划，深入推进就业引导工

程，引导学生自觉地将个人成长发展和国家社会需要紧密结合；二是精心打造“陈嘉庚”、“南强颂”、“自强交响曲”、“哥德巴赫猜想”、“长征组歌”、“黄河大合唱”等校园文化精品，开展“青年文明修身计划”、“让校园更美好”等主题实践活动，培养厦大学生更大气、更自信、更高尚、更具辩证思维的特质；三是大力开展学生志愿服务工作，举办“南强青春讲坛”，开展“扬帆启航　追逐梦想”主题毕业季活动，改革学生表彰机制，精心设计校庆、毕业典礼等活动，发挥典礼育人功能和榜样示范作用，培养学生“感恩、责任、奉献”意识，激发学生逐梦热情。

2. 积极倡导“国家至上，事业为先”的就业理念

坚持引导学生“登上大舞台、干好小事情、做出大贡献”，鼓励和支持学生到国家重要行业和领域去建功立业。一是深入发动，引导学生想要去。通过基层就业奖励，宣传重点单位就业校友典型事迹，举办重点单位出征仪式、欢送会等活动，营造舆论氛围；对意向到重点领域就业的学生群体进行“点对点”教育辅导；二是加大投入，帮助学生能够去。编制重点单位名录，按照“密切联系地市人才部门，紧抓国家重点单位”的工作思路，借助校地、校企、校校合作等形式，主动拓展重点单位就业渠道；三是发挥优势，支持学生干得好。坚持“就业扶上马，事业送一程，关心到一生”，组织职前教育活动，对重点单位校友走访看望，给予人力、智力、物力实际支持。近年来，就业引导工作成效凸显，每年超过100家重点单位来校招聘，毕业生到重点单位就业比例逐年上升（2013年达37%）。

二、深化教育教学改革，全面提升学生综合素质

1. 优化专业结构，深化课程改革

一是根据“宽口径、厚基础、多样化”的人才培养模式要求，发挥学科综合优势，推进大类招生，大类培养，鼓励学生跨院跨系跨年级全面选课，实施本研一体化、转专业、主辅修和校际（国际）交流制度，推动学科交叉融合，拓宽学生视野；二是推行因材施教、分类培养，确定“研究型、应用型”两种培养目标，出台拔尖学生培养试验计划实施方案、学生个性化培养方案指导意见等文件；三是主动适应国家战略和地方经济社会发展需求，调整优化专业设置和招生规模，大力发展新能源、新材料、生物医药、环境生态和新一代信息技术等新兴交叉学科，努力培育新的就业增长点。

2. 强化实践教学，提升学生实践能力

一是以需求为导向，建立校地校企联合培养人才机制，与国家大型企业、政府部门等战略合作单位开展“订单式”培养，共建“第二课堂”和26个校外实习实训基地，累计开展实习实训项目258个，在提升学生实践能力和就业能力的同时，为用人单位输送了大批优秀人才；二是按照“学科交叉、本研打通、柔性运行”原则，强化实验教学平台建设，建设了一批本研一体化教学实验平台和37个实验教学示范中心，全部面向学生开放，为学生提前介入科研实践创造了良好条件；三是推进实验课程教学改革，建立了课堂实验教学、短学期实践教学、毕业设计（毕业论文）、实习实训等相互衔接的实践教学体系，课内实践学分比例达20%以上。

3. 多措并举，着力培养学生创新能力

一是坚持“以研促学、以赛促学”，实施多元化的课外科研训练，积极探索课内实验教学与课外创新活动、学业竞赛相互补充，教师科研活动与学生科研训练相互融合、不同学科专业、不同年级学生相互交流的学生科研创新机制，积极推动各类学业竞赛，学生踊跃参加各类学业竞赛已经成为学校人才培养工作的一大特色和亮点；二是建立“产学研”有效衔接的人才培养模式，依托厦门大学国家大学科技园和产业技术研究院等校内产学研平台，构建校内学生创新实践特色基地，支持学生创新项目研究和发展，培养产业发展急需的创新创业型高层次人才；三是实施“创新人才学术交流计划”。通过联合培养、国际（地区）项目合作、举办暑期学校、开展科研合作训练、短学期学术交流等形式培养国际化创新性人才，五年来共推荐4600多人次学生到世界排名前200名的38所高校交流学习。

三、扎实推进“四化建设”，全力服务学生就业创业需要

1. 工作规范化

一是落实“一把手”工程，在学校发展规划及全校年度工作布置会对就业工作进行明确部署，每年专门召开年度就业工作会；为统筹就业工作，学校于1992年就设立毕业生就业指导中心，并成立由校长担任组长的就业工作领导小组；二是通过不断完善校院两级管理机制，形成了“学校主导，院系落实，校院两级管理互动，相关职能

部门联合配合，全员推动就业工作”的良好机制；三是学校建立了以就业排查、表彰奖励、工作支持为主的就业激励机制，调动学院工作积极性，助推学院开展具体工作。

2. 辅导专业化

一是强化专业培训，搭建实务培训、特色培训两类实战平台，开展就业实务、Career Sky 职业测评软件、就业与心理咨询、TTT 认证、创新创业等培训；二是定期选送工作骨干到境外高校进修深造，学习国外先进就业工作理念和经验做法；三是资助就业工作人员参加相关资格认证，目前学校拥有 95 名国家职业指导师，32 名 KAB 创业教育讲师，实现认证咨询师与毕业生比为 1∶90；四是积极引导相关专业的专任教师，邀请政企界人士、校外专家和学者加入队伍，扩大队伍规模，不断提升队伍的专业化水平。

3. 市场立体化

一是充分发挥校园就业市场主渠道作用，构建包括综合性、地区性、行业性、专场招聘会等多元化的就业市场。每年举办专场招聘会 400 多场，行业性、地区性和企业组团招聘会 10 多场，学科特色招聘会 6 场；二是主动联系、主动对接、主动邀请主管部门、人才机构、用人单位进校招聘，拓宽学生就业渠道。学校与厦门、北京、上海、江苏、广东等 10 多个地区的人才机构、用人单位建立了长期合作关系；三是积极利用网络平台，进一步做大做强无形就业市场，每年发布需求信息近 9 万多条。每年 70% 以上毕业生通过学校提供的就业信息落实单位。

4. 服务精细化

一是为学生提供高品质、专业化的生涯辅导。成立就业创业指导教研室，构建“1 +3”的职业发展与就业指导课程体系，设立生涯咨询室，以预约咨询、广场咨询、网络咨询和电话咨询相结合，每年为学生提供全方位的就业咨询达 800 多人次。指导各学院编制分专业指导材料，成立学生就业社团，开展 DV 大赛、职场情景剧、沙龙、求职训练营等朋辈支持活动。二是加强创业教育和创业服务。采用普及培训、骨干培训和孵化指导的“金字塔”结构的教育模式，分层次开展创业培训。近两年，共培训 1500 多名学生，培养 100 多名创业骨干。学校专门成立“大学生创业孵化中心”，配套奖励自主创业毕业生，学校自主创业人数逐年增加，2013 年共 27 名毕业生自主创业，21 个学生创业项目成功入驻厦门大学国家大学科技园。三是深入开展弘扬“大爱精神”的就业帮扶，对困难群体、残疾学生等重点群体，通过就业岗位推荐、个体咨询、就业指导及经济援助等措施，实施全方位就业援助。

立足服务西部大开发
构建系统完善的人才培养与就业指导服务体系

重庆大学

嘉陵江与长江相汇而生重庆，人文与科学相济而衍重大。重庆大学是教育部直属的全国重点大学，是国家“211 工程”和“985 工程”重点建设的高水平研究型综合大学。学校创办于 1929 年，设有 28 个学院及研究生院、继续教育学院、网络教育学院、城市科技学院。全日制在校学生 48000 余人，覆盖理、工、文、经、管、法、农、教育 8 个学科门类。学校占地面积 5700 亩，有 A、B、C、虎溪四个校区，校舍建筑面积 168 万多平方米。近年来，重庆大学扎实推进“211 工程”和“985 工程”建设，努力建设节约型校园、创新型校园、和谐的校园，朝着建设“具有自身特色的国际知名高水平研究型大学”的办学目标不断奋进。

多年来，重庆大学坚持响应党和国家的号召，秉承办学特色，创新人才培养模式，深化教育教学改革，高度重视就业工作，将就业工作当作“民生工程”、“生命工程”、“质量工程”来抓。近三年，就业率保持在 95% 左右，努力为国家和地方经济社会发展提供人才支撑。

党委书记欧可平、校长周绪红等校领导视察招聘会现场

一、立足服务西部，构建系统完善的人才培养与就业服务体系

重庆大学坚持“扎根重庆，立足西南，面向西部，服务全国，走向世界”的办学思路，构建了与西部大开发相匹配的人才培养与就业指导服务体系。

1. 优化学科专业设置，建立与西部经济社会发展相匹配的学科专业体系

根据就业和社会需求情况，调整专业结构，近年来停止了应用心理学等社会需求不足专业的招生，新增了西部社会经济发展迫切需要的环境生态工程、物联网工程等10个专业的招生。通过学科专业优化，学校已建成涉及采矿、冶金、动力、电机、机械、电气、光电、信息、能源、材料等方面的学科专业44个，构建了与西部重工业建设和军工建设相配套的工业教育体系。同时建设了城市规划、建筑学、土木工程、给排水、建筑环境与设备工程、工程管理等27个学科专业，形成了西部唯一与城市建设相配套的人才培养学科体系，有力地支持了国家的城市建设和发展。

2. 围绕西部行业企业需求，深化人才培养模式改革

重庆大学围绕地方行业需求，不断改革教育教学和人才培养模式，着力提升人才

培养质量。

一是培养引领行业的高层次应用型人才。为积极配合重庆市实施“做大做强重庆汽车工业，打造中国汽车名城”的发展战略，学校同重庆长安等国内汽车行业主流企业以及美国福特公司、密歇根大学等开展合作，实施多主体协同、跨学科培养、本硕贯通式教育和团队学习模式，开办汽车专业学位研究生班。中国教育报以《重庆大学紧贴行业需求培养专业硕士》为题做了报道；教育部以《重庆大学积极探索全日制专业学位硕士研究生培养新模式》为题进行了宣传。与此同时，学校积极探索拔尖人才培养，设立了培养工程研究型人才的弘深学院；实施“卓越工程师计划”、“卓越法律人才”项目；以专业实验班为载体开设了 ACCA 实验班、电子信息创新实验班等。

二是“订单式”培养模式。在“渝新欧”铁路开通、重庆提出打造中国西部物流城市的背景下，学校积极推进物流工程硕士研究生双学位联合培养项目，培养具有国际视野的运输与物流管理高级专业人才。同时，学校还与长江电力总公司、重庆长安汽车集团等联合开设“三峡班”、“长安班”等校企合作实验班，开展“订单式”人才培养。

三是以项目为依托着力提高学生的创新与科研能力。近三年，资助本科生实施大学生科研训练计划 1000 余项，支持研究生组建创新团队 343 个；从 7 个工程领域选拔硕士研究生组建汽车行业班。目前全校组建跨学科、跨专业创新团队 1000 余支。

3. 立足西部辐射全国，加强校企合作

近年来，重庆大学围绕国家尤其是西部地区经济社会发展的重点区域、重点行业和重点单位积极开拓就业市场。到目前为止，重庆大学已与数十家用人单位签订了校企合作协议，其中重庆及西部省区的单位占 70% 以上。学校立足西部，辐射全国，重点开发西部省区在房地产、物流、能源、汽车等领域的就业岗位。每年学校为毕业生提供近 4 万个岗位。

4. 引导毕业生扎根基层，服务西部

为了引导更多毕业生面向西部和基层就业，学校健全了就业指导服务五大机制。一是宣传机制。通过就业信息网、BBS、新媒体微博、海报、新闻报道等方式，宣传西部及基层项目的有关政策和成功典型。同时邀请西部基层就业优秀毕业生回校传递正能量，加强教育引导；二是培训机制。开展西部基层就业政策宣传讲座，为毕业生全面解读就业政策与策略。连续举办了成“公”之路训练营，为学生分析公务员、选调生、村官等选拔考试的应试技巧，提高求职能力。提供免费培训，每年累计培训 1000 余人；三是实践机制。以教育帮扶团、博士服务团、博士工作站、研究生支教

团、“三进三同”实践服务团、挂职锻炼等多种形式组织学生到西部开展社会实践，引导学生走向西部基层、知行结合，树立社会责任感，为将来走向西部奠定良好基础。近三年来，开展博士生服务地方经济社会发展实践服务团12期，已组织4300多名研究生参加基层地方实践活动。开展研究生支教团活动，选拔了83名优秀毕业研究生到国家重点贫困的重庆彭水县开展支教工作，取得了良好的效果，受到了中共中央政治局常委、全国人大常委会委员长吴邦国的高度赞扬。2012年，重庆大学青年志愿者联合会“大学生志愿服务西部计划”项目获得了首届“阿克苏诺贝尔中国大学生社会公益奖”铜奖；四是激励机制。为鼓励更多优秀毕业生参与国家基层项目，投身国防、能源、交通、建筑等西部大开发重点行业，为西部地区发展建功立业。学校设置了“奉献奖”，对自愿到西部艰苦行业及基层就业的同学给予奖励。同时，积极做好毕业生基层就业学费和国家助学贷款代偿工作；五是关爱机制。设立了西部校友联络员，帮助西部基层就业学生突破语言障碍、熟悉就业地情况，尽快开展工作。建立了基层就业群，保持与基层就业学生的联系，继续关心学生的工作、生活，使他们安心基层工作。

在学校累计培养的20余万名各类人才中，约50%毕业生投身到了西部建设。近三年，在西部就业的本科毕业生每年平均在40%以上，研究生毕业生每年均在56%以上。他们为西部建设做出的重要贡献，得到了社会的一致好评。

2013年11月重庆大学秋季双选会场面

二、积极探索建设有效的就业指导服务体系

近年来，学校以促进毕业生充分就业和有效就业为目标，不断提升就业指导和服务的质量。立足就业服务和就业指导，就业工作专业化、专项化格局初步形成。

1. 全程化的就业指导

连续两年在7000多名新生中开展“我的大学，我的生涯”职业生涯规划教育活动。通过在第一课堂加强就业创业课程的建设，第二课堂以品牌化的思路，逐步打造了“职通讲坛”、“求职训练营”、“就业创业三赛”、“生涯求职工作坊”等就业指导品牌活动，在大一、大二学生中开展生涯规划教育，在大三、大四学生中开展就业指导和创业教育。

2013年动感求职大学生就业指导活动

2. 分别针对毕业生、用人单位、毕业班辅导员编制系统工作指南，规范就业过程管理，有效维护用人单位和学生的合法权益

根据第三方机构调查显示，2013届毕业生和用人单位对学校的就业指导服务工作满意度分别达到98.52%和99.10%。

3. 就业委员制度

2013年，每个毕业班设置“就业委员”，全校200余名学生就业委员在就业服务、过程管理及信息宣传中发挥了重要作用。同时，就业委员毕业后成为班级校友联络员，

继续为学校做贡献，实现了就业工作和校友工作的无缝对接。

高校就业工作责任重大，影响深远。重庆大学将进一步深化教育教学改革，提高人才培养质量，打造专业化生涯教育与就业指导服务体系，为经济社会建设培养和输送更多优秀人才，为国家、重庆市经济社会发展做出更大贡献。

助学生放飞梦想　谱就业工作新篇
兰州大学全力推动毕业生实现更高质量的就业

兰州大学

建校以来，兰州大学为国家培养了大批各类人才

兰州大学是教育部直属的全国重点综合性大学，是国家“985工程”和“211工程”重点建设高校之一。学校历来高度重视毕业生就业工作，注重不断提升毕业生培养质量，把毕业生服务社会的能力作为高校社会服务职能的重要体现。兰州大学毕业生素以基础扎实、知识面宽、勤奋实干而深受社会欢迎。自建校以来，已为国家培养了10多万名各类人才，许多人成为著名的专家学者、企业家和优秀的党政管理人才。1999年至今，先后有12位校友当选为院士。

一、持续深化人才培养模式改革，为西部地区经济社会发展做出应有贡献

兰州大学作为国家部署在西部地区的“985工程”高校，全面践行“做西部文章，

创一流大学”的办学理念，把服务地方社会经济发展作为学校办学的崇高使命。积极承担社会责任，在人才培养和学生就业过程中，立足区域特色，促进西部地区教育公平，持续深化人才培养模式改革，引导毕业生自觉到西部地区建功立业，为当地经济社会发展输送宝贵的人才资源。

1. 兰州大学为实现我国高等教育公平做出了重要贡献

兰州大学生源结构中，西部生源超过50%，农村生源接近60%，家庭经济困难学生超过30%，少数民族生源接近10%。学校积极克服地理位置带来的现实困难，帮助大批西部学子、农村学子、经济困难学子和少数民族学子圆了“大学梦”，体现了社会主义制度的优越性，为实现我国高等教育公平做出了重要贡献。

2. 提升培养质量，增强毕业生服务西部地区的能力

学校根据西部地区经济社会发展对人才的需要，主动适应市场，不断深化教育教学改革，提升学生培养质量，通过实施“本科教学质量提升工程”（简称“3468工程”），系统地对学生能力培养、素质提升、实践教学和制度保障等方面进行改革，建设和发展，取得了一系列阶段性成果。

3. 强化实习实践环节，培养学生对西部地区的热爱和归属感

学校的专业教学实践尽可能安排在西部地区，在专业能力培养的过程中引导学生科学理性认识西部，为以后在西部地区发挥专长打好基础。同时，学校积极鼓励学生到西部地区进行就业实习和社会实践，让学生了解西部，热爱西部，对西部充满感情。

4. 积极引导和鼓励毕业生到西部地区和基层单位就业

学校每年拿出近20万元专项奖励部分到西部地区和基层单位就业的毕业生，引导广大毕业生自觉把个人职业生涯与西部地区发展紧密结合起来，成为下得去、留得住、用得上的高水平人才。兰州大学每年有超过50%本科生，超过40%研究生选择留在西部就业或深造，成为西部地区建设的宝贵生力军。

学校表彰奖励到西部基层单位就业的优秀毕业生

二、立足学生结构中“四多”的现实问题，上下联动，多措并举，全力促进学生实现充分就业

作为地处西部的“985工程”高校，兰州大学在就业工作中既面临着所有高校共有的压力，也有着其特有的挑战，其中学生构成中农村生源多、西部生源多、贫困生源多、少数民族生源多的“四多”问题在同类高校中比较少见。兰州大学结合生源特点，形成了完整的就业服务体系，在促进教育公平的基础上实现“就业公平”。

1. 上下联动，全力帮扶就业困难毕业生就业

校级就业部门和各学院采取一系列措施帮扶他们落实就业单位，包括建立“一对一”帮扶机制，主动推送就业信息，主动向用人单位推荐，开展“简历门诊”指导简历，邀请职场人士现身说法，每年划拨10万余元专项经费补贴学生求职等。2013年，纳入学校就业困难扶助计划的毕业生就业率远高于全校平均水平。

2. 以“离校不离心”为主题，积极促进离校未就业毕业生就业

兰州大学深入贯彻落实李克强总理视察学校时的重要讲话精神，通过建立台账、向用人单位推荐、提供就业指导、主动发送就业信息等方式促进其就业，效果明显。同时，通过“兰大校友圈”专题网站搭建刚毕业校友互帮互助的信息平台，帮助他们更好更快地成长和发展。2013年10月，教育部网站以“兰州大学力促离校未就业学生就业”为题对相关做法进行了报道。

3. 建立经验分享式就业实习激励机制，鼓励中低年级学生主动外出进行就业实习

学校出台了促进学生外出到中东部经济发达地区进行就业实习的激励机制，对外出进行实习并且撰写了实习心得经验交流材料的学生，按照效果给予一定的实习补贴。这种方式既提升了学生实习效果，又积累了大量的实习经验分享材料，成为就业教育的重要素材，实现了效益最大化。

4. 依托在校大学生拓展学校就业工作队伍

学校就业部门组织在校大学生成立就业网团队、“双A”计划团队和学生就业事务

团队等三支学生团队共70余人，提供就业信息发布、校园招聘、就业事务咨询、就业指导培训等系列志愿服务。在学生选拔过程中邀请企业人力资源部门负责人全程参与，让更多学生通过选拔过程受到更为专业和科学的训练。同时完全按照“职业人”的标准严格要求学生团队成员，注重各团队服务工作的质量提升，既培养了在校大学生的实践能力，又丰富了学校就业工作队伍。

就业工作三支学生团队召开年度工作总结会议

三、结合地域实际，注重就业信息化建设，将兰大就业网建设成为学生和用人单位交流的“双向”平台

创办高效的就业网络平台，借助网络平台扩充毕业生就业资源，缩短和中东部地区信息差距，对于地处西部经济欠发达地区的兰州大学而言尤为重要。在近10年的持续建设中形成了以下经验：

兰大就业网已发展成为综合性就业服务网站

1 坚持理念为先

兰大就业网以“以创业的方式办高校就业网”为理念，并在多年的建设中坚持不动摇，主动探索高校就业网站建设规律，关注网站本身发展过程，注重办网文化的沉

淀，重视网站内容积累，逐渐发展成为内容丰富、服务全面的综合性就业服务平台。

2. 坚持队伍为重

建立了以“网站主编、频道主编、频道编辑、助理编辑”为结构的网站编辑学生团队，按照专业网站运营公司的管理体制运作，团队内部分工明确，充满活力，策划制作了一系列专题，获得了热烈反响。

3. 坚持内容是灵魂

目前网站已经建成了七个频道，每个频道都根据服务对象的特点设置了不同的页面和栏目，网站涵盖了从准大学生填报志愿到毕业之后成为校友的全过程，内容生动丰富。

4. 以专题促进专业化

兰大就业网每隔一段时间就会推出贴近学生、有实际指导意义的专题网站和专题栏目，目前已经积累了70个专题网站和10余个专题栏目。这些专题成为实施专业化就业教育的重要窗口。

5. 利用网络实现事务工作便捷高效

除了内容建设之外，兰大就业网也注重功能建设，目前已经实现了毕业生从资格审查到填写推荐表、发放就业协议书、网上签约、毕业派遣等一系列就业事务的网上办理。同时用人单位也可通过网上预约双选会和专场招聘会。就业网已经成为相关事务的网上办公平台。

6. 以网络方式不断丰富西部学生就业资源

兰州大学积极承担社会责任，将所有招聘信息公开，力图以兰州大学固有的声誉和优质生源吸引更多的用人单位到西部招聘，促进西部其他地区高校毕业生就业。目前，兰大就业网不仅成为兰州大学校内的就业服务和就业指导平台，而且成为面向西部高校毕业生的就业服务网站。

兰大就业网曾获得第二、四届“全国高校百佳网站”称号，第二届“十佳校园服务网站”，第四届“全国最佳就业服务网站”。李克强总理视察兰州大学时，对兰大就业网利用“兰大校友圈”专题网站搭建校友互帮互助的平台，帮助他们更好发展的做法给予称赞。另外，兰州大学就业信息系统建设的案例入选全国高校信息化建设优秀案例集并已经正式出版。

雄关漫道真如铁，而今迈步从头越。回顾过去，兰州大学的学生就业工作在各级领导关怀、关心和指导下，经过全校师生员工的辛勤工作和不懈努力，取得了一定的成绩并逐步形成了自己的特色。

风劲帆悬正可期，勇立潮头唱大风。展望未来，兰州大学的学生就业工作将一如既往本着“一切为了学生”的教育理念，立足学生需求，面向市场需要，进一步提升培养质量，全面提高工作水平，助力学生放飞梦想，谱写兰大就业工作的新篇章。

着眼需求　加强联动　提升质量
为行业培养优质专才

北京建筑大学

北京建筑大学作为北京市唯一一所建筑类高校，是北京城市规划、建设、管理的人才培养基地和科技服务基地。学校始终坚持“立足首都，面向全国，依托建筑业，服务城市化”的宗旨，每年为社会培养输送大量符合行业需求的专业人才。在整体就业压力增大的背景下，学校多年来签约率始终保持在90%以上，高于北京高校平均签约率10个百分点，一次性就业率保持在97%以上。学校就业质量能够保持高位稳定，源于学校主动适应社会经济发展，把握建筑行业走向，在人才培养模式、职业生涯教育指导、就业服务等方面狠下功夫，招生、就业、人才培养环环相扣、密切联动，确保就业工作扎实推进，就业质量稳步提高。

一、着眼区域发展，依托建筑行业，锁定重点企业，聚焦需求把握

1. 着眼区域发展，服务城市建设

学校紧紧围绕国家新型城镇化战略和北京城市建设发展的需求，形成了建筑遗产保护、节能减排、地下工程、智慧城市等多个在国内具有较大影响的研究领域，被确

定为“北京城市规划、建设、管理的人才培养基地和科技服务基地”、“北京应对气候变化研究和人才培养基地”、“国家建筑遗产保护研究和人才培养基地”，相关专业毕业生获得行业内政府部门、企业的高度认可。目前，学校已经与昌平区政府、大兴区政府等开展校地合作，为北京的区域规划、中长期发展、古建筑保护等领域输送了大量专业人才。

2. 依托建筑行业、锁定重点企业

学校每年调研行业需求、走访重点企业。毕业生就职于建筑类大型企业的比例高达60%以上，北京市城乡建设行业技术骨干和管理骨干中该校历年毕业生占到一半以上，为北京城市建设城市发展贡献了突出力量。目前学校“实习实训基地”、“产学研联合培养基地”、“就业见习基地”共计129家。其中，中国建筑设计研究院、北京建筑设计研究院、清华规划院等业内知名设计单位，北京燃气集团、北京热力集团、北京自来水集团、北京地铁集团等运营管理单位，北京建工集团、北京城建集团、北京住总集团等大型施工单位是学生就业的重点企业。这些单位每年都会到学校举办专场招聘会和就业见习双选会。此外，学校积极开拓京外行业市场，先后与山东建工、济南城建、安徽建筑设计研究院、合肥轨道交通、郑州轨道交通等十多家京外知名建筑类用人单位达成了校企合作意向，为毕业生就业拓宽了渠道。

与昌平区签订就业战略合作协议

与湖州市人力社保局签署合作协议

与门头沟区签订战略合作协议

与北京住总集团签订合作协议

通过对北京区域经济发展的研判，对建筑行业人才需求的把握，北京建筑大学在学生就业过程中锁定重点企业，在教育教学中积极适应经济社会发展需要，最终聚焦需求，培养了大量“用得上、干得好、留得住”的专业人才。

二、契合行业需要，调整专业结构，就业招生联动，聚焦专才培养

学校结合北京市经济建设和社会发展需要，以就业工作为切入点，推动以社会需求为导向的教育教学改革。积极实施专业结构调整，将毕业生就业工作与人才培养质量提升紧密结合，逐步完善了招生、培养、就业联动机制。在招生环节，把就业数据作为招生计划编制的重要参数，加强报考、招生、就业的关联性；在人才培养环节，建立具有质量指标、师资建设、资源配置和过程管理四大环节的本科生教学质量保证体系进行监控；在就业环节，通过建立从用人单位需求分析到毕业生就业情况统计的跟踪联动反馈机制，及时调整人才培养与社会需求之间的差距，建立以招生促培养、培养促就业、就业促招生的良性互动机制。

通过增设、清理等方式，对现有的专业结构与布局进行调整，形成了一批就业市场好、应用前景广、发展潜力大的新专业。2012 年新设就业预期较好的专业 4 个（历史建筑保护工程、车辆工程、给排水 2 +2 和理科实验班），2013 年新设风景园林专业。2013 年减招就业困难专业 3 个（市场营销、工商管理、计算机科学技术）。学校通过拓宽专业口径、优化课程体系、精品课程建设、实施专业评估等措施，大力加强专业内涵建设，提升专业品质与特色。目前，学校有国家级特色专业 3 个，北京市特色专业 7 个，国家级建筑行业应用型人才培养模式创新实验区 1 个。作为教育部“卓越工程师教育培养计划”试点院校和国家级建筑行业人才培养创新实验区，毕业生全员就业率连年超过 97%。

三、指导关注实践，课程突出体验，服务纵贯全程，聚焦学生发展

1. 课程突出体验，提升职业能力

一、二年级开设的“大学生职业生涯与发展规划”加入了企业访谈、企业体验等活动。让学生进入企业，对自己所学专业对应的行业有所了解，同时在授课过程中引导学生感受行业、感受职业，使一年级学生能够了解社会对大学生的要求，珍惜大学生活，理性规划大学生活，由此产生学习和成长的动力。高年级开设的“大学生职业

发展与就业指导”、“大学生职业能力实训”将企业模拟面试作为课程考核重要环节，与学生暑期实习岗位对接，企业 HR 面试考核学生，面试成绩与暑期实习岗位挂钩。一方面，学生通过体验面试过程，增加了经验和技巧；另一方面也为暑期就业见习提供了机会。

2. 指导关注实践，激发自我探索

新生一年级以“学长追踪”、“成长在线”等主题活动为核心，将“专业认知”与“学业规划”相结合。二年级以“入市之旅”活动为核心，要求全体学生利用寒假去人才市场、用人单位人力资源部了解一线的信息，真实感觉竞争、体验市场，树立自我营销理念。三年级以“走访用人单位”、“专业见习”等主题活动为核心，专业学习与社会实践相结合。针对这一时期学生的特点，开展专业实习、就业见习，将专业学习与社会实践相结合，学校从 2004 年起推行“大学生就业见习制度”，逐步完善了“生产实习—就业见习—毕业设计—就业”一体化通道。四年级以“就业指导”主题活动为核心，毕业生自我定位与择业就业相结合。针对毕业班学生，学校通过“就业讲座”超市、生涯教育网络课堂、职前教育网络学堂、分类指导、网上测评、个体咨询等活动，指导帮助毕业生合理定位，顺利走向工作岗位。

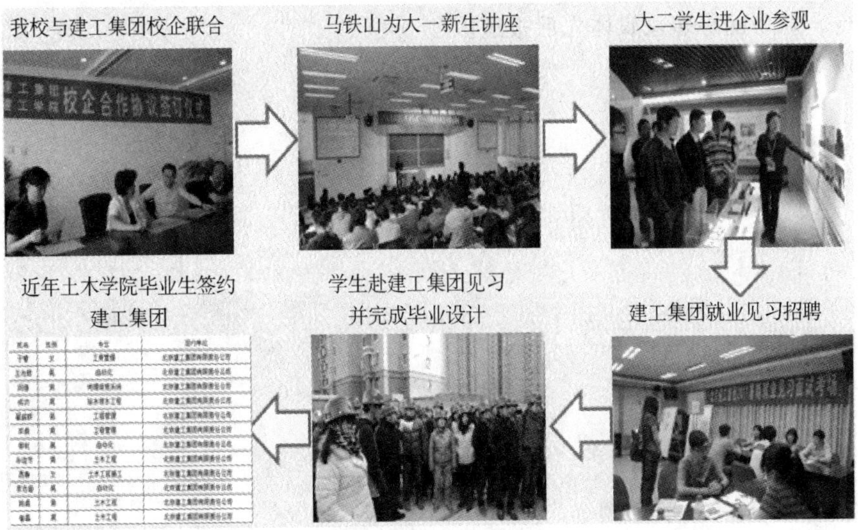

3. 服务纵贯全程，创造良好条件

学校就业服务纵贯学生求职全程，围绕“七个一”基础服务，为学生顺利求职提供了契合其需求的有效措施。“七个一”基础工程始于 2001 年，作为一项长效性的工作，已经成为校内学生熟知、社会影响广泛、多次获得表彰的品牌项目。同时，及时

推出了形式新颖、符合当代大学生生活习惯的创新型就业服务，将就业信息呈现在微博、微信、QQ 群和人人网上，新型的就业服务受到了学生及校友的欢迎。

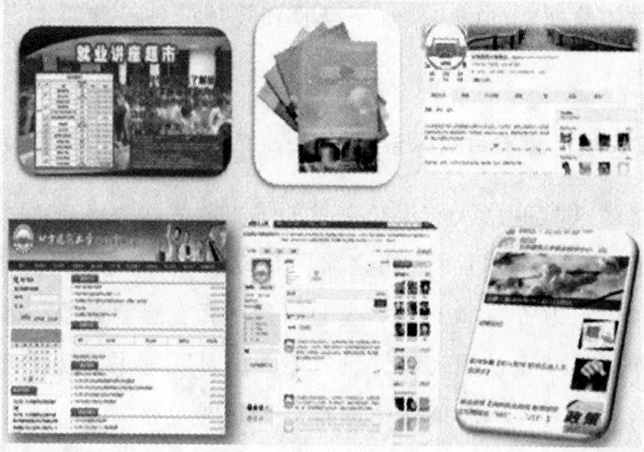

经过多年的不懈努力，学校“七个一基础服务体系”被评为十大优秀品牌，“全程化职业指导体系”、“就业讲座超市”被评为品牌活动，就业新干线社团被评为北京高校“优秀职业类学生社团”。2009 年被评为北京高校毕业生就业工作先进集体，2010 年荣获“北京地区高校示范性就业中心”。学校的全程化职业指导体系和全方位就业服务体系被《光明日报》《科技日报》《北京日报》《中国大学生就业》、中国教育电视台、新华网等多家媒体先后报道。

创新人才培养模式　强化就业指导服务
全面提升毕业生就业质量水平

天津财经大学

天津财经大学始建于1958年，是新中国最早建立的五所财经大学之一，是以南开大学经济管理类专业为基础，并从华北、东北地区高校汇聚一批经济管理领域享有盛誉的学者组建起来的，以经济学和管理学科为主干，兼有文学、法学、理学、工学、教育学、艺术学等八大学科门类交叉渗透、协调发展的多科性大学，是天津市市属重点大学和我国北方培养高级经济管理人才的重要基地。学校占地1500亩，全日制在校生15000余人，拥有国家重点学科，应用经济学、工商管理学、管理科学与工程3个一级学科博士点和博士后流动站；拥有7个一级学科硕士点和12个专业硕士学位点，44个本科专业，已形成包括博士、硕士、学士以及成人、留学生教育和从业资格培训在内的层次齐全、形式多样的人才培养体系。

学校始终坚持以人才培养质量为核心，不断探索需求导向型人才培养模式，重锤打造育人品牌。近年来，学校毕业生初次就业率始终保持在96%以上，在金融、会计师事务所、工商、税务、财政等企事业单位工作的人数占就业总人数的50%以上，居天津市普通高校前列。建校以来，学校已累计为社会各界输送十余万名高级财经管理人才，特色的人才培养和就业工作模式、细致专业的就业指导服务以及高质量的就业成果，得到了社会的充分认可。

一、创新培养模式，不断提升学生核心竞争力

多年来，学校始终以提高教育教学质量为核心，不断深化教学改革，优化人才培养方案，探索以社会需求为导向的财经类人才培养模式，提升人才培养质量和学生的核心竞争力。

1. 以需求为导向，构建特色鲜明的人才培养模式

学校始终将“培养顺应时代要求、具有可持续发展潜质的人才”作为培养目标，以社会需求为导向，确立了“宽口径、厚基础、因材施教”的人才培养模式。学校从经济管理学科中筛选出23门主干课程作为各专业学生必修的核心课程，打通学科专业壁垒，以优化“宽口径”；将数学、英语、信息技术、语文四门课程摆在重中之重的位置，以强化“厚基础”；加大实践教学环节，增加综合性、设计性实验教学内容，加强文化素质教育和创新创业教育，着力培养学生的社会责任感、创新能力、实践能力和可持续发展的能力，促进学生全面发展。

突出因材施教，根据学生不同的学习基础，设置本科生实验班、普通班、基础强化班，实施不同教学安排，满足各类学生学习需求，助推学生成长成才。模块化设置专业方向课，以满足社会的多元需求和学生考研、出国、创业、就业等个性需求；建立了辅修和双学位制度，并创新性地推行主辅修互换制度，允许达到规定标准的学生将辅修专业和主修专业交换，切实提升了学生的核心竞争力。

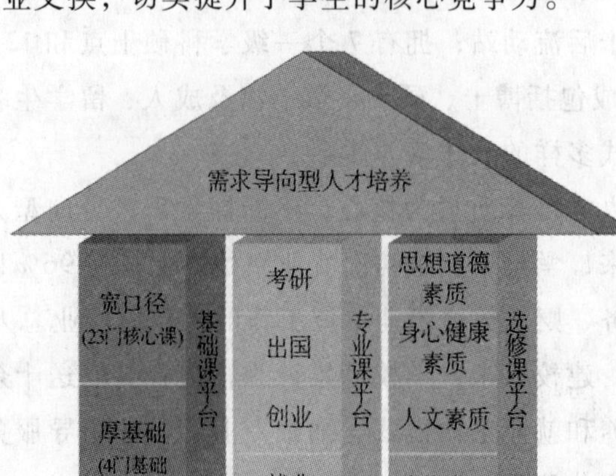

创新人才培养模式示意图

学校学生勇夺 ACCA 全国就业力大赛华北赛区冠军

2. 强化校企合作，推进“定制式”培养模式

学校民生银行班宣讲招募会

学校顺应社会对财经人才的迫切需求，在遵循高等教育教学规律基础上，强化校企协同“共赢”理念与机制，搭建了学校与金融机构、工商企业和行业监管机构的协同发展平台，先后与民生银行天津分行、天津滨海农村商业银行、华夏银行天津分行、天津市商务委和大公国际资信评估有限公司等签订合作协议，创办了“民生银行班”、“滨海银行班”、“华夏银行班”、“电子商务班”和大公信用管理学院等合作培养平台。校企双方共同设计培养方案，实行“双导师”制，让学生在完成专业课程学习的同时，参加用人单位安排的职业教育课程和业务实习活动，考核合格后直接进入用人单位工作。通过教学、实习、就业三者有机结合，实现了学生未毕业、先就业，形成了学校—学生—企业“三赢”的良好格局。学校还充分利用校企合作的平台，鼓励师生组建课题组深入企业，参与企业运行和改革实践，将理论学习与实践锻炼紧密结合，为学生搭建了创新实践的锻炼平台，增强了学生的实践动手能力。

二、强化平台建设，不断完善就业指导服务体系

近年来，学校以“全方位、全程化、专业化、信息化”为目标要求，多措并举强化就业指导和服务。针对一年级学生注重生涯规划指导；二、三年级学生重点开展职业素质提升训练；四年级学生重点进行择业与职场适应指导。通过开设就业指导课程，定期发放就业指导材料，组织开展主题活动月、就业能力实训营、创业大赛等就业指导活动，形成了第一课堂与第二课堂相结合，立体化、全覆盖的就业指导和服务体系。

1. 搭建多渠道就业信息平台

学校确立了“依托专业特色、发挥学科优势、开展定制服务”的就业市场开发战略，主打经管专业品牌，发挥京津地区财经类岗位就业优势，同时紧紧把握国内重点行业、重点城市就业机会，形成了以金融、会计师事务所行业为主，辐射建筑、医药、科研院所、公共服务、国有企业等行业广泛的就业市场。仅2013年就投放各类需求信息2万余人次，召开各类专场招聘会361场，大、中型校园招聘会6场，发布各类网络招聘信息4000余条。全校有70%以上的毕业生是通过学校提供的就业信息实现就业。

天津财经大学大型校园招聘会

2. 完善一体化就业网络服务平台

学校自主研发了集招聘会管理、招聘信息发布、笔试、面试安排、就业日常管理为一体的就业网络平台，在天津高校最早使用手机平台开展就业信息及就业指导工作。较早研发了就业签约与统计管理系统，实现了毕业生协议书、推荐表、就业派遣实名制动态管理，就业信息利用率达到80%以上。

3. 构筑“四助”困难群体帮扶平台

学校充分发挥大学生就业指导中心、心理健康教育中心、资助中心协同办公优势，形成“经济资助、心理救助、岗位援助与能力辅助”为一体的“四助”帮扶模式。及时对困难就业群体进行摸底，建立动态信息库；建立帮扶对子，从多方面提升其就业能力；为他们优先提供就业信息，推荐工作；将就业帮扶与勤工助学结合起来，对经济困难学生进行特别帮扶，积极协助申请政府特别资助支持。2013 年学校 263 名困难就业群体均实现就业。

三、创业带动就业，不断增强学生创新创业能力

学校注重将大学生创新创业教育同专业教育相结合，培养学生的创业意识和创业能力，以创业促就业。学校目前已经形成了以专业实验室为基础，以创业实训课程为抓手，以创业孵化器为载体的创业教育模式，并成为天津市高校唯一一家创业实训基地。

注重加强对学生的创业引领：一是通过创业活动激发创业梦想，例如通过征集公益创业项目并进行扶持推广；二是通过开展大学生创业测评、下发创业管理手册等途径普及创业知识；三是帮助学生将创业点子转化为创业项目；四是通过创业“孵化器”，将创业项目转化为创业行动。2012 年，学校设立了天财创业街，2013 年建立创业实习实训基地。目前已有大学生创业团队近 20 个，几十个创业项目正在进行可行性分析和进一步孵化。

截至 2013 年，已有 5000 多名本科生接受了创业实训。每年组织学生搜集整理民间创新创业项目共计 6000 余项。共举办学术研讨会、国内外创新创业大会十余次。2013 年共 6 个项目获批国家级大学生创新创业训练计划项目，共获得全国大学生挑战杯等各类竞赛奖项 16 项。《华尔街日报》、新华社、人民网、天津电视台等媒体对学

校学生的创新创业活动给予了相关报道。

学校学生荣获全国创业专项大赛天津赛区一等奖

四、创新体制机制，不断完善就业保障体系

学校党政领导班子高度重视大学生就业工作，定期研究指导工作，构建工作长效机制、创新实行学生工作专职化管理模式、加强软硬件投入，形成了就业工作保障体系和全员参与就业的良好氛围。

1 实施“一把手”工程，建立就业工作长效机制

学校认真落实就业“一把手”工程，形成了“校领导主抓、学工部统筹、就业中心具体落实、院系配合、全员共同参与”的就业工作体系。制定了《毕业生就业工作考核奖励办法》、《就业情况通报制度》等多项规章制度，对就业管理过程进行监督考核，有效促进了就业工作质量和水平的提升。

2 实行派驻式管理，建就业工作专兼职队伍

学校依托学生工作专职化改革，学生工作者统一集中由学工部管理的工作模式，已建成一支稳定的、专兼职结合的专业化就业工作队伍。除就业指导中心专职负责学

生就业工作外，学校还在每个教学院、系派驻一名专职就业人员，实行派驻式就业管理，形成了校级就业机构工作队伍、派驻各院系专职队伍和兼职就业工作人员相结合的就业工作队伍，实现了学生就业指导、管理、服务的一站式、垂直化。

3. 加强软硬件投入，加强就业工作物质保障

按照教育部规定的就业工作“四到位”的要求，学校每年按照学费的1%的比例拨付就业专项工作经费，专设大中型就业招聘场地、小型会议及面试室、就业咨询室等功能划分明确的专用就业场地，为高水平开展就业工作提供了充足的物质保障。

在今后的工作中，学校将紧密围绕学校的办学目标和定位，全力服务国家和天津市的经济社会发展，以改革促发展，以创新促进步，以特色促质量，继续培育天财育人品牌，不断推动各项工作上水平！

以行业为依托　以实践为导向　创新驱动 建设优质就业工作格局　全面提升大学生就业质量

河北金融学院

一、学校概况

河北金融学院创建于1952年，原隶属于中国人民银行总行；2000年划归河北省人民政府，实行“中央与地方共建、以地方管理为主”的管理体制。2007年3月升格为本科院校，更名为河北金融学院，是华北、西北地区唯一一所具有鲜明金融特色的高等院校。2011年经国务院学位办批准成为“硕士专业学位研究生教育试点单位”。

在长期、深厚的行业办学背景下，学校形成了紧密贴合行业需求，服务经济社会发展的办学传统，培养的学生"上手快、能力强、后劲足"，深受用人单位欢迎。自升本以来，学校秉承"以人才培养为中心"的办学理念，明确了"立足河北、辐射华北西北、依托行业、服务社会"的办学定位；提出了"培养适应行业和社会需求的，具有创新精神和国际视野的应用型人才"的培养目标。

学校积极探索与行业、企业、地方政府合作共赢的新途径，与多家金融机构、知名企业、地方政府建立了战略合作关系。学校是省政府开展的"百家央企进河北战略"遴选的8所高校之一，是河北省金融研究基地，现有河北省唯一的社科类重点实验室"河北省科技金融重点实验室"。2013年，成功申报了河北省唯一经济类协同创新中心——河北省科技金融协同创新中心。

二、"1234"就业工作格局

近年来，面对高校毕业生复杂严峻的就业形势，学校始终坚持以就业为导向的教育理念，把大学生就业工作纳入学校人才培养的系统工程中，作为一项战略性重点工作常抓不懈。经过多年的努力，逐步形成了"1234"的就业工作格局，即：明确"一条思路"，构建"两项机制"，实施"三大工程"，夯实"四个基础"，从而有效地推动了毕业生就业工作的科学发展。

（一）明确了"以市场为先导，以学生为根本"的就业工作思路

确立了"以市场为先导，创新人才培养模式，提高育人质量；以学生为根本，大力开拓就业市场，优化就业服务体系，强化就业保障机制，着力提高就业质量"的就业工作思路，实现了人才培养、社会需求和就业的良性互动。

（二）构建了“落实一把手工程，提供充足保障”的就业工作机制

1. 就业工作领导机制

学校将就业工作的“一把手”工程落到了实处。成立了毕业生就业工作领导小组，由党委书记、校长任组长，主管学生、教学和研究生部的副校级领导任副组长，相关职能部门负责人和各院（系）党政一把手为成员。各院系设立以党总支书记、主任或院长为组长的就业工作领导小组。

2. 就业工作保障机制

首先是人员保障。学校建设了一支“职业化、专业化”的高素质就业工作队伍。学校专职就业工作人员共9人；院（系）配备有负责就业工作专职辅导员共10人；专兼职就业指导人员共56人。大学生职业生涯规划与创业教育教研室共有专兼职任课教师48人。

其次是制度保障。学校先后出台了《关于进一步加强和改进大学生就业工作的意见》、《毕业生就业工作实施细则》、《困难毕业生就业援助实施办法》、《就业工作考核办法》等规章制度，促进了就业工作向规范化方向发展。

第三是经费保障。就业创业工作专项经费列入学校年度经费预算，达到了教育部确定的占学校年度学费总收入≥1%的标准。

第四是场地保障。学校先后配备和建成就业指导中心办公室、就业信息室、就业洽谈室、职业指导教研室等就业工作专用场地。为进一步改善就业工作条件，将一些贴近学生生活场所、地理位置优越的原盈利场地专门改建为大学生就业服务中心。

（三）实施了“人才培养质量、创新创业教育、就业市场开拓”三大就业工程

学校紧密对接行业（企业）等市场需求，通过实施“人才培养质量工程”、“创新创业教育工程”、“就业市场开拓工程”，建立了有效的“社会需求—招生—人才培养—就业”的联动机制。

1. 依托行业，深化教育教学改革，实施“人才培养质量工程”

一是以就业和社会需求为导向，适时调整专业设置和招生规模。7年来，增设了23个本科专业，停办了12个专科专业。每年根据各专业就业率和生源质量、新生报

到情况，并结合行业就业形势确定招生计划。

二是探索行校、校企合作教育机制，创新人才培养模式。每年聘请众多金融机构、商业企业等高层主管来校参加专业人才培养论证会、研讨会，让行业直接参与学校专业建设和教学管理。

2013年，学校与石家庄股权交易所、河北融投控股集团签订联合培养协议，组建了河北省高校首家“区域资本市场”特色班。学校还组建了专业综合改革试点班、出国预科班、河北省首家ACCA实验班，满足了学生多样化的发展需求。

三是加强实践教学和校内外实习实训基地的建设，提高学生的综合竞争能力。学校形成了从大一到大四为纵向，第一课堂（实践课程）、第二课堂（学科竞赛）、第三课堂（校外专业实习）为三面的“金字塔”立体化实践教学体系。近两年来，学校学生在美国大学生数学建模竞赛、全国“挑战杯”竞赛、全国“用友杯”沙盘模拟经营大赛等学科赛事中屡获佳绩。

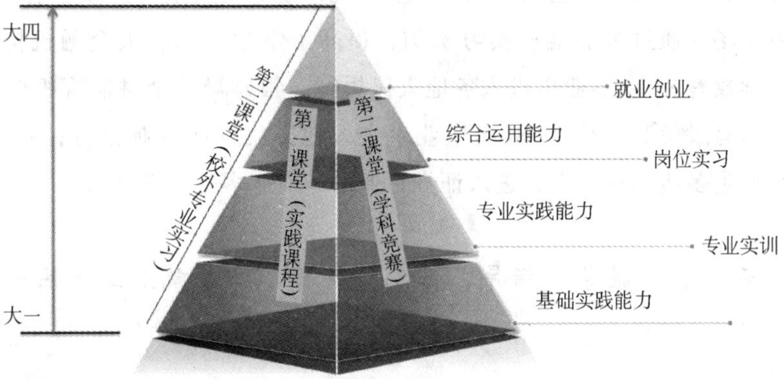

学校实验教学中心拥有34个功能齐全的专业实验室，较好地满足了校内实训需求。学校现有校外实习实践基地共114个。

通过不断深化教育教学改革，学校毕业生的实践能力有了明显提高。2013年，学校本专科就业率分别为96.60%和94.44%，在全省同类高校中位居前列。

2. 延伸实践教育平台，实施“创新创业工程”，开辟就业工作的新途径

学校成立了创新创业教育工作领导小组，制定了《河北金融学院关于深入推进大学生创新创业教育工作的实施方案》，先后出台《大学生科技创新学分奖励办法》、

《本科生第二课堂学分制实施办法》等文件。

充分发挥“三大课堂”育人功能。首先，第一课堂重在传授创业知识。开设《创业模拟训练》、《创业基础》等创业主体课程。其次，第二课堂重在营造创业氛围。学校曾承办了2010年河北省“挑战杯”大学生创业计划竞赛和2012年“中国建设银行杯”全国金融院校大学生创业计划竞赛，并获得优异成绩。最后，第三课堂重在创业实战。学校建立了一个2800平方米的大学生创业基地，设立了100万元的创业教育专项基金。中央电视台、《光明日报》、河北电视台先后对学校创新创业教育进行了深入报道。

3. 实施“就业市场开拓工程”，确保就业工作可持续发展

一是积极主动开拓校外市场。建立了重点用人单位定期回访制度，加强与企业需求的沟通与对接。

二是细分做精校内市场。召开金融、外贸、房地产等分行业专场宣讲会、招聘会，搭建了企业招聘多样平台。

三是拓展就业实习实训基地，巩固行业传统市场。积极主动开辟学生寒暑期实习、毕业生实习市场。通过参加就业实习实训，提高了学生入职各大金融机构的成功率。近两年来，学校有93名毕业生进入各地人民银行、银监局等金融监管机构，700多名毕业生进入国有股份制银行，160名毕业生进入地方集体所有制银行；同时，进入保险行业的毕业生多达700余人，进入证券行业的毕业生多达600余人。

（四）夯实了“服务、指导、信息、教育”四个就业工作基础

1. 全员化的就业服务队伍

学校出台了《专业课教师挂职实践管理办法》《“双师型”教师培养与认定办法》，鼓励专业教师更好地增强服务学生就业能力。学校各级领导和专任教师、就业工作人员利用所有的机会、挖掘全部的资源，采用各种方式，如企业联谊、校友交流、带队走访、邀请讲学、推荐实习生、致公开信、节假日发短信等积极为毕业生就业牵线搭桥。

2. 全程化的就业指导与服务工作

学校职业教育课程本着“大一重规划，大二重能力，大三、大四重技巧”的指导思想，针对学生不同特点实施分层指导。

通过面谈、就业服务网、QQ 群、电子邮件等途径开展个性化指导与咨询。

2009 年，学校将“职业生涯规划书”列入了专科生毕业论文选择名录；2013 届专科毕业生中有 76% 的学生选择撰写职业生涯规划书作为毕业设计。

3. 网络化的就业信息平台

精心构建了就业信息收集与供给体系，实现了从就业服务网到行业人才网站、人才市场网站、各院系网站就业板块、就业信息公告栏、到班级 QQ 群或飞信群的互联、互通。

4. 实效化的就业思想教育工作

努力抓好学生的择业观和职业道德教育。通过邀请行业人士或优秀校友来校作报告、利用暑期拜访优秀校友或成功职场人士、举办西部计划志愿者事迹报告会、到企业参观学习等方式，激发毕业生到基层干事业的热情。

学校积极落实“就业援助计划”，采取实时跟踪、专项训练、全面辅导、个体咨询、专项资助、特殊推荐等六项措施帮扶就业困难学生就业。2012 年至 2014 年，共有国信证券、工商银行河北省分行、汇丰源集团、佛山博亿达进出口有限公司等为学校学子捐助共计 17.8 万元。

三、“三高一契合”就业工作成效

学校毕业生就业呈现出“三高一契合”的特点，即就业率高、就业质量高、就业满意度高，毕业生就业行业与学校人才培养特色相契合。

学校曾被评为“河北省毕业生就业指导与服务工作先进集体”、河北省首批“创业教育示范院校”、被教育部授予“普通高校毕业生预征工作先进集体”；在河北省第二轮普通高校毕业生就业指导与服务工作评估检查中被评为优秀；大学生就业指导与服务中心被评为“河北省示范性就业指导中心”；大学生职业生涯规划与创业教育课程被评为“省级示范课程”。

以就业为导向　实施“三参与、三挂钩”工程
加快推进招生、培养、就业一体化进程

唐山师范学院

唐山师范学院是一所师范教育与非师范教育并举的多学科、应用型地方本科院校。学校创办于1956年，成长于改革开放中，快速发展于新世纪。学校享有“冀东教师摇篮”的美誉，坐落于中国近代工业的发源地、河北省经济首强城市唐山市，占地1037亩，规划建筑面积50万平方米。学校设有15个教学系（院），开设91个本专科专业，涵盖文学、理学、法学、经济学、历史学、教育学、管理学、农学、工学、艺术学十个学科门类。学校面向全国招生，现有全日制在校生16200余人。

唐山师范学院南校区

学生毕业典礼仪式

学校秉承“勤思笃学、修身律己”的校训，以创建“学生满意、家长满意、教职工满意、社会满意、党和政府满意”的五满意大学为目标，以发展内涵、培育特色、

创建品牌为主线，注重人才培养的社会适用性和实用性，适应市场办教育，对接市场开专业，立足地方、面向基层、服务环渤海区域经济，培养高素质应用型人才。建校58年来，为国家输送各类人才14万余人，其中包括唐山地区85%的中小学教师和80%的中小学校长。

学校就业工作按照“四化”和“四到位”要求，以社会需求为导向，以提高毕业生就业质量和满意度为目标，实施就业工作“一把手”工程和全员工程，全面推行“三个参与和三个挂钩”，实现了招生、培养、就业的协调联动，构建了完善的就业服务体系，提高了毕业生就业综合素质，毕业生初次就业率持续保持在95%以上。

学校的就业工作得到了广大毕业生和用人单位的普遍认同。在2014年度全国就业典型经验高校评选第三方社会调查环节中，国家统计局社情民意调查中心数据显示：在被调查的71所本科院校中，唐山师范学院毕业生满意度整体排名第七位，其中毕业生对于课程设置和教学内容的满意度排名第四位；用人单位满意度整体排名第八位，其中敬业精神和职业道德满意度排名第一位。学校就业工作近年来被评为“2014年度全国毕业生就业典型经验高校”、“河北省教育工作先进集体”、“河北省普通高校毕业生就业工作先进集体”、“河北省普通高校示范性就业指导中心”。新华社、《光明日报》《中国青年报》《中国教育报》《河北日报》、中央电视台、河北电视台等多家媒体对学校的人才培养、实践教学和毕业生就业创业工作进行了专题报道，赢得了广泛的社会赞誉。

一、实施“三项工程”，确保“四个到位”

一是实施“三项工程”，即一把手工程、全员工程、政府工程。学校坚持把就业工作摆在突出重要位置，作为一项战略目标写进了“十二五”规划和工作要点，每年召开全校就业工作表彰暨工作部署会议，每年举行“校系一把手”就业工作目标签订仪式，形成了“校长统一领导、招就处统筹协调、各处室通力配合、各系（院）层层落实、教职工人人参与”的全员就业工作新模式。唐山市政府把学生的就业工作上升为政府工程，在政策、资金、设备、场地等方面给予大力支持。

学校就业工作会议

就业创业一站式服务中心

二是学校重点加强四个建设，实现机构、人员、经费、场地四到位。为了加强对就业创业工作的统一领导和工作的全面协调，2011 年 5 月，学校组建了新的行政管理机构——招生就业处。2012 年，学校在省内同类院校中最早建成了大学生就业创业一站式服务中心，功能职责明确，设施设备齐全。学校层面按照 500∶1 配备校级就业工作人员，二级单位下设就业办公室按 200∶1 配备辅导员，全部持证上岗。学校就业经费按照当年学费收入的 1.2% 全额划拨。学校就业场地使用面积达 1300 平方米，其中一站式服务中心 80 平方米、专用机房 200 平方米（140 台电脑、50 套远程面试设备）。另外，学校正在筹建集学生创业中心、体育、文艺为一体的综合场馆项目，计划投资 8000 万元，场馆面积设计 19400 平方米，其中用于学生创业面积 10000 平方米，计划 2016 年开工建设，将为今后学生创业就业提供更大的发展空间。

二、“三参与、三挂钩”，创新人才培养模式

一是全面推行“三个参与和三个挂钩”，即“积极参与专业设置，积极参与人才培养，积极参与实践教学；就业成绩与招生计划挂钩，就业状况与经费配置挂钩，就业评价结果与年度考核、有关人员的晋级挂钩”。学校招生计划分配过程中实施三个优先保证原则：优先保证就业质量高、就业前景好的专业；优先保证符合国家发展战略、适应社会需求的新上专业；优先保证经学校认定专业改造升级和培养方案优化效果良好的专业。

二是学校建立招生、培养、就业协调联动机制，将就业工作纳入整体工作考核范畴。从 2012 年开始，学校领导和二级单位“一把手”签订就业工作目标责任书，责任到岗，任务到人，年底依据就业状况对各单位进行量化考核，依据考核结果，实行“三个参与和三个挂钩”，奖优罚劣。对考核优秀的单位在招生计划和经费投入方面予

河北省就业典型经验交流大会现场

签订就业工作目标责任书

以适当倾斜；对短期不达标的单位实行亮牌管理，限期整改；对长期不达标的单位，采取削减招生计划和经费，直至停止招生和拨款，倒逼弱势学科专业改造升级。2014年学校对7个专业进行了适当的调整，有力地推进了深化教育教学改革、创新人才培养模式工作的开展。

三、打造精品示范课程，创新就业指导体系

一是成立教研机构，规范课程设置。学校于2004年组建教研室，率先开设职业指导课，并逐渐发展为生涯规划、就业指导、创业指导三门骨干课程，作为必修课列入人才培养方案，共5学分80学时。学校规定职业课教师在职称评聘、工作量核算上享受教学人员同等待遇。

出版三部校本教材

在全国职业课教学大赛中获奖

二是遴选示范课程，培养优秀师资。学校遴选多名教授为学术骨干，组建了40名教师的教学团队，打造精品示范课程。团队从工作实际出发，结合学生的专业特点和职业需求，撰写出版了三部校本教材。2013年，《大学生就业与创业指导》课程被河

北省教育厅评选为“河北省普通高校职业指导示范课程”，2名教师参加职业课教学大赛荣获全国二等奖1项、河北省一等奖2项。

三是延伸课程载体，加强分类指导。在实践教学中，坚持“贴近社会实践、贴近实习就业、贴近职业发展”的原则，全面实施职业技能鉴定计划，开展毕业生就业综合素质等级评定，辅以专家讲座、团体咨询、“一对一”个性化指导等活动，注重学生实践能力的养成，增强了课程的针对性和实用性。

四是引导转变观念，崇尚职业道德。学校结合“我的就业梦”主题教育活动，加强毕业生敬业精神和职业道德养成教育，引导毕业生转变观念，合理调整就业期望，从实际出发，“先有为，后有位”，积极主动地到城乡基层、到中小微企业、到中西部地区建功立业，实现价值。

四、实施创新创业教育，帮扶大学生创业实践

一是建立创业机制，实施“帮扶工程”。学校根据人才培养定位和唐山地方特色，深入实施“推动创业、带动就业”的“创业帮扶”工程。学校连续三年被河北省人力资源和社会保障厅认定为河北省“创业帮扶”工程定点服务机构，在专业优势不突出的背景下，以创业带动就业迈出了艰难而可喜的步伐，在省内同类本科院校中开创了先河，成效显著。

二是开设创业课程，开展教育实践。学校成立了由学校教师和企业人士共同组成的创业导师团队，在同类院校中率先开设创新创业教育课程。学校根据专业特色和实际需求，有针对性地开展创业教学辅助活动，如墙体彩绘艺术设计、创意丝网花课程等。

营业执照

创业产品

三是组建模拟公司，孵化创业项目。学校建有胜美科技（模拟）创业公司和大学生创业孵化室，两年来帮助149名毕业生实现了成功创业。创业孵化基地扶持的GW净水项目在2014年河北省“创青春”大学生创业大赛中获得特等奖，成为三个创业实践类项目进入全国大赛的作品之一。

四是整合多方资源，推动成果转化。学校依托国家高新技术创业中心和高校科技创业园区，推进以大学生创业集群为动力的螺旋式发展新模式，推动项目成果转化。在学校的帮助下，侯召广等多名毕业生创办的公司已入驻园区并实现成果转化获得收益。

以提高人才培养质量为根本 多措并举促进大学生就业创业

辽宁科技大学

辽宁科技大学是一所以工学为主，涵盖工学、理学、经济学、管理学、文学、法学、艺术等七大门类的多科性大学，拥有博士学位授予权。学校占地面积147万平方米，在校生22000余人，有国家级工程技术研究中心和国家级大学科技园。学校高度重视毕业生就业创业工作，能够根据社会需求，不断深化教育教学改革，创新人才培养模式，采取有效措施，积极促进大学生就业创业工作。建校66年来，学校已形成了“立足冶金，校企合作，注重实践，培养踏实肯干、适应发展的应用型高级专门人才”的办学特色，为国家和地方经济发展培养了一大批优秀人才，部分毕业生已成为社会各领域尤其是冶金行业的栋梁和骨干。近年来，学校先后荣获辽宁省高校毕业生就业工作评估优秀单位、辽宁省大学生创业教育示范校、辽宁省创业孵化示范基地、辽宁省普通高等学校毕业生就业工作先进集体、辽宁省全省就业先进工作单位等荣誉称号。

一、以社会需求为导向，深化教育教学改革，持续提高人才培养质量

1. 大力推进工程教育

以“卓越工程师教育培养计划”和“辽宁省工程人才培养模式改革试点专业”建

设为契机，结合各专业特点，开设“新技术专题”课程，加强科研对本科教学的强力支撑和促进，解决教材知识滞后的问题。以“五加强、五突破”为举措，大力推进工程教育，即加强校企合作、加强教师工程能力培养、加强实践教学、加强课程体系建设、加强实验室建设；在教学观念上有突破，由原来注重“以教为主”变为更加注重“以学为主”；在人才培养模式上有突破，由原来注重“学校教育”变为更加注重“产学研合作教育”；在教学方法上有突破，由原来注重以“讲授为主”变为更加注重“项目训练”；在教学保障上有突破，学科促进专业，科研促进教学，投入优先保证教学，各种资源利用优先服务教学；在教学评价上有突破，对教师的评价由“论文导向”转变为“论文与工程项目并重导向”，对学生的评价由“知识导向”转变为“能力导向”。

2. “校企协同”创新人才培养模式，适应社会需求

学校注重“校企合作、校产合作、校地合作”，与鞍钢集团等共同建设国家矿业工程研发平台；与冶金焦化企业协同共建国家煤化工研发平台；与辽宁省政府工业特种资源保护办公室合作建设国家菱镁产业研发平台；与辽宁聚龙股份公司共同打造国家金融安全与系统装备工程技术研究中心等，创建了一批产学研合作平台。学校与企业共同对人才培养方案进行修订，重构课程体系。组建企业一线技术人员与专业教师联合教学科研团队，企业人员走进课堂讲授新技术、新工艺、新设备，学校教师进入企业挂职锻炼，增加工程经验，提高实践能力。将大量的企业生产、技术改造与技术创新等资料融入教材，编写具有工程应用特色的讲义和教材。与企业共建校内外实习实训基地，如与唐钢等冶金企业共建钢铁生产虚拟仿真实训中心，实现“钢铁是怎样炼成的”全过程计算机仿真，不仅满足了校内实习实训需要，而且也成为企业员工培训的重要基地。

二、完善就业服务体系，全员参与、全力促进大学生就业创业

1. 领导重视，健全机制

深入贯彻就业工作“一把手”工程，实施“五方联动”机制。成立了校院两级就业工作领导小组，校长、二级学院院长分别担任组长，每年定期召开就业工作会议，明确责任分工，落实工作措施；组建学生就业创业指导服务中心，统筹协调就业工作；教学有关部门密切配合，根据各自职能，做好就业相关工作；全校师生积极参与，教师视学生就业为己任，学生主动提高就业能力、积极就业。建立健全各项规章制度，先后出台了《就业工作暂行办法》《就业工作考核办法》《就业工作奖励办法》等文件，对就业工作实施目标管理，以及“招生、培养、就业”联动机制，形成了学校主导、学院主体、全员参与、齐抓共管的就业工作良性局面。

2. 拓宽渠道，搭建平台

学校采取“走出去”、“请进来”相结合以及分片包干的办法，不断加强就业市场开发，做大做强校园招聘会。校领导亲自带队，相关职能部门、各学院相关人员积极参加，先后走访多个地区、行业和企业，建立了300余个长期稳定的就业基地。为办好校园招聘会，学校专门在教学楼内设计建造了总面积达3000余平方米的就业服务大厅、就业洽谈会场地。学校还制定鼓励毕业生到基层就业的奖励办法，引导毕业生到西部地区及基层就业，特别是积极推进落实国家和地方实施的“选聘到村任职”、“西部计划”、“辽西北计划”等项目，重点抓好大学生应征入伍工作。2013年毕业生中到基层就业1550人，参加项目就业近百人，参军入伍25人，学校被评为2013年辽宁省征兵宣传工作先进单位。

3. 全程教育，个性指导

学校将职业发展与就业创业指导课作为必修课列入教学计划，根据自身实际情况和学生在不同阶段的需求差异，分段设计教育教学内容：大一开设《大学生职业生涯规划》课程，对学生进行专业思想教育、学业

规划教育、职业规划教育；大二开设《创业管理》课程，培养学生创业意识和企业家精神；大三开设《大学生就业指导》课程，有针对性地提高学生求职就业能力；大四开展形式多样的报告讲座，提高学生的社会适应性和胜任工作的能力。针对学生个体特点，学校实施毕业生就业导航工程、毕业生就业帮扶工程、毕业设计指导教师“包干制”等措施。辅导员、班导师、毕业设计指导教师分别与毕业生进行谈话，对毕业生进行具体指导；为家庭经济困难和求职困难的学生举办就业技能培训；为报考“村官”、“选调生”及公务员、参加司法考试、考研究生的学生免费进行考前辅导等。

4. 困难群体，重点帮扶

学校制定困难毕业生就业帮扶工作实施计划，对困难群体毕业生进行就业帮扶，通过建立困难家庭毕业生台账、发放求职补助、免费进行技能提升培训、“一对一”帮扶推荐、跟踪服务等方式进行就业帮扶。2013 年共发放困难家庭毕业生求职补贴 125.75 万元，帮扶 570 余名毕业生实现就业。

三、“四位一体”开展创新创业教育，提高大学生创新创业能力

多年来，学校始终坚持“制度保障先行、课堂素质培养、大赛选拔典型、园区孵化成名”的“四位一体”创新创业教育模式，有效促进了学校创新创业教育和大学生自主创业工作的开展。

1. 加强软硬件建设，保证创新创业教育有效实施

成立学校大学生创新创业教育工作领导小组，印发了《加强大学生创新创业教育和自主创业意见》、《大学生创新创业训练计划管理办法（试行）》、《大学生创新创业基金管理办法》、《大学生创新创业基地管理办法（试行）》等文件，设置了创新创业专项基金 200 万元，建成了 1600 余平方米的创业项目孵化基地，有力保障了学校创新创业教育和大学生自主创业工作顺利有效开展。

2. 深化教学改革，构建创新创业教育课程新体系

学校将创新创业教育纳入学生专业教育和文化素质教育教学计划和学分体系，建立多层次、立体化的创新创业教育课程体系。一是开展现代工程教育试点；二是结合专业特点，开设新技术专题，解决教材知识滞后的问题；三是将创业教育与企业管理

课合并为创业管理课，系统培养学生的创业意识、创新精神；四是开展形式多样的创新创业指导和实践活动，提高学生创新创业实战技能；五是建立一支由校内外专家组成的就业创业指导师资队伍，注重案例教学。

③ 以项目训练和竞赛为载体，提高学生创新创业能力

学校每年组织大学生参加创新创业训练计划，开设创新实践班，举办“创业计划大赛”、“未来职场精英大赛”等活动。抓住“挑战杯”创业大赛、“结构设计大赛”、“机械设计大赛”、“数学建模大赛”等各种竞赛契机，组建大学生科技创新团队，开展科研训练和科技竞赛活动，每年有3000余名学生在各类大赛中得到培养和锻炼。学生在全国“挑战杯”、“昆山杯”等创新创业竞赛中获得多项奖励。

④ 以国家级工程中心、大学科技园和学校工程训练中心为依托，扶持大学生自主创业

学校依托辽宁科技大学国家大学科技园和国家金融安全与系统装备工程技术研究中心以及学校工程训练中心，打造学生实习实训和创业项目孵化基地。利用园区企业开展大学生实习实训，开辟创业项目孵化专区用于学生项目孵化。目前“鞍山科大物联科技有限公司”等10余个大学生创业项目正在创业基地内进行孵化。近年来，学校涌现出多位优秀创业典型，如带动600多人就业，年净利润达1000万元的2012届毕业生梁翰琦，被《中国教育报》《中国青年报》《辽宁日报》等多家媒体报道。

就业是民生之本，创业是就业之源。我们将继续坚持以社会需求为导向，不断深化教育教学改革，强化就业工作长效保障机制，不断完善毕业生就业指导服务体系，努力使学校的毕业生就业创业工作再上一个新台阶。

优化专业结构　强化实习实践　升华就业服务 努力开创渤海大学毕业生就业工作的新局面

渤海大学

渤海大学是辽宁省属综合性大学，占地面积2000亩，建筑面积53万平方米，全日制在校生2.5万人，专任教师1200人，教授200人，拥有博士学位的教师占35%以上。有16个一级学科硕士学位授权点，5个专业硕士学位授权点，3个辽宁省王牌学科、7个省重点学科培育项目，本科招生由原71个专业整合为44个专业，部分专业在一本招生。学校与美、德、英、日、韩、澳、俄等国家的63所高等院校建立合作关系，接收41个国家的留学生来校学习，互派学者讲学，同时选派中青年教师和优秀学生到国外进修或攻读学位。

学校实施卓越就业计划，以社会需求为导向，以实习促进就业，鼓励毕业生基层就业，将卓越就业计划纳入年度目标责任考核。已在京津冀、上海及广州等地区建立实习实践基地100多家，在港澳台、国外地区建立实习实践基地4家，2013届毕业生应征入伍、考取公务员以及入选省市委组织部选调生、村官计划、三支一扶计划、特岗教师计划等占毕业生总数的8.1%，考研率达20%以上，其他形式基层就业人数占毕业生总数的43.12%。

渤海大学始终走内涵发展之路，坚持以质量求发展的办学思想，确定了坚持“一个中心”、打赢“两个攻坚”、实施“三大战略”、推进“三项工程”的工作思路，确立了“建设拥有国家一流学科、多学科协调发展、特色突出、国内知名的高水平综合性教学研究型大学”的奋斗目标，通过实施“一三三项目”计划、实施卓越发展计划、实施全面质量管理等有力举措，引领学校创新、特色、扎实发展。

一、改革创新就业工作，努力建设精细化就业服务体系

1. 建立就业工作“一把手”负责制和长效机制

学校把就业工作纳入学校整体发展规划和年度工作计划，将目标完成情况纳入年度目标责任考核之中。明确就业工作“一把手”工程，建立招生、培养、就业联动机制，实施卓越就业计划，以社会需求为导向，保证学生实实在在就业。

2. 以人为本建立大学生就业服务指导体系

实施全员化就业指导服务。学校就业工作由实习就业处牵头，教务处等相关部门有针对性地参与就业指导。建立用人单位信息库，开通微信、网络等信息化平台，形成就业信息服务网络。

学校提供充分的经费支持。年投入就业工作专项经费110余万元，校长专项经费的一部分优先用于就业工作。

毕业生就业双选会场景

建立就业分析评价制度，把就业率、就业分布和就业质量、用人单位满意度、专业吻合度纳入专业人才培养质量评价体系，为制定招生计划和确定人才培养目标与方案提供可行性依据。

实施困难家庭毕业生就业帮扶。出台困难生帮扶办法，加大心理咨询和指导工作力度，开展有针对性的就业技巧、职业素质等方面的培训。

建立大学生创业孵化基地，扶持大学生自主创业，成立大学生创业中心和创业协会，有针对性、有计划地为学生提供创业培训服务，组织学生参加创业大赛。2014年学校投资研发“交互式虚拟校园系统”扶持大学生科技创新和自主创业。

杨延东校长在辽宁省征兵工作会议上代表“征兵工作先进集体”经验交流

二、深化改革人才培养模式，努力提高就业竞争力

人才培养质量是决定就业工作成效的重要因素，深化人才培养模式改革包括专业结构调整、人才分流培养、实践能力和创新能力提升等诸多方面，改革的宗旨是从学生的成长和发展出发，适应经济社会发展需要，力求使人才培养与社会发展同步，并把就业工作延伸到人才培养的各个环节。

1. 建立研究型和适用型人才分流培养平台

根据专业性质、办学经验、社会对专业人才培养的需求、师资队伍状况、学生基础等，实施“研究型”和“适用型”人才培养模式。“研究型”在于加强学术能力、创新精神教育，使其具备一定的专业水准和从事科学研究的基础能力，造就一批科研专才。“适用型”按照专业性质的不同确定不同的专业岗位人员能力与素质要求，注重人文素质、理论知识和岗位能力的有机结合，强化实践能力提高，致力于培养一批卓越工程师、优秀行业管理人员和高级专业技术人员。学生在校期间可以自主选择自己喜爱的专业及发展方向，并有五次申请转专业的机会。

2. “完全学分制”人才培养模式改革为学生实践能力提升提供保障

学校完全学分制突出拓宽基础课程，精简、优化、重组专业课程，淡化专业界限，宽口径面向市场经济的需要，立足于全面发展、提高学生的思想道德、科学、身心理素质以及艺术鉴赏力和创新精神，提高社会适应能力和就业竞争力，最大限度地开发学生的智力和潜能。实行考试课程教考分离，建立公共课考试平台，实行机考，以考促教、以考促学，引导教师在授课过程中把主要精力和教学重点放在理论应用和学生实践能力培养上，取得了很好的效果。

3. 开展创新创业教育

学校建立“以就业创业指导课为主导、以职前教育视频课为辅助、以单位专家专题讲座为补充”的全程化就业指导课程体系，开设《大学生创业与就业指导》、《就业与创新思维》课程（共 4 学分），举办求职大赛、家庭困难毕业生职业技能培训等，引导学生做好学业和职业生涯规划。

4. 实施卓越人才培养计划

学校实施《渤海大学卓越发展计划》，包括人才培养、专业建设、招生、就业等十大计划23项内容。卓越工程师、卓越教师、卓越高级管理班等每期招收60人，设定全新的人才培养目标、标准和课程体系，根据目标要求确定培养方法和途径，努力将学生培养成为未来政界精英、国内外知名专家学者以及规模以上企业的领导者。卓越学院学生将全部到国外学习一年，学校将为每名学生提供不低于10万元的经费支持。

5. 开展校企合作推进订单式培养

建立校企合作人才培养模式，将行业人才需求标准引入培养方案，增加实践环节，构建较为系统、完备的培养机制，实施校企“2.5+1.5”联合培养模式，拓展联合培养渠道，实施高水平教学计划和特色培养方案，准确定位就业方向甚至就业单位，实现高层次就业。

6. 建立公共实验平台，加强专业主修能力培养，提高专业技能水平

本着优化实验教学设备配置，实现实验教学资源共享的原则，设立新闻传播类、电工电子、公共计算机、经济与管理、检测中心等5个实验教学中心，为学生免费提供开放的实训实验平台，注重实践能力培养与专业素质养成，培养训练学生主修能力。

7. 创新创业训练实现数量与质量双突破

强化政策引导激励，激发创业热情。设立创新学分，每年投入专项经费50万元资助大学生创新项目，以创新项目为依托，组建各类创新社团，支持学生参加国家、省市及行业协会组织的各种创新活动，鼓励学生参与教师的科研项目，在科学研究的实践中培养创新的素质，提高创新能力。

三、勇于创新，锐意改革，为就业工作提供保障

1. 实施专业结构调整提升学生岗位适应性

学校综合论证现有专业第一志愿上线率、新生报到率、就业情况、办学条件等多种因素，在坚持保证有充足的教师、保证有充足的课程、保证有充足的实验和实践的前提下，重新规划专业建设。将现有本科招生专业由71个调整为44个，分为教、经、管、文、法、史、理、工、艺9个专业群，进一步加强专业内涵建设，改革课程体系，设置专业方向模块，强化实践环节等。调整后的专业布局更趋合理，专业特色更加鲜明，优质教学资源更加集中，专业综合竞争力进一步提升，更加适应市场需求，与行业紧密结合，也更符合学校办学实际。新的专业建设方案中突出了主修能力和学生就业能力的培养。

2. 实施集中教学实习和社会实践提升学生就业竞争力

渤海大学率先实施大四学生集中实习和社会实践，不断扩大企业实习就业基地数量，确保学生实习时间和质量，通过实习提高学生就业竞争力。学生在第四学年强化毕业实习实践，部分课程到专业实践岗位完成，使毕业设计与就业一体化，缩小学校人才培养与社会实际需求之间的差距。创造性地与企业开展实习合作，企业培训课程可与校内专业课程置换对接，企业项目实训为毕业设计提供支撑，企业在学校建立实习教学仿真实验室，企业工程师到校授课等，学生在实习中获得了实践能力的提升。

北京奥运会期间，时任国家副主席的习近平同志在首都机场接见学校实习生孙露同学

大学生就业创业工作事关教育事业的发展，我们决心以本次就业总结宣传工作为契机，以教育部专家组实地调研为新起点，将就业创业工作作为一项长期的战略性任务，不断探索新思路、新途径，打造新特色、新亮点，谋求上水平、上台阶，与广大兄弟院校一起，努力开创全国高校毕业生就业工作新局面！

全程培养　创业助力　共促高质量就业

吉林华桥外国语学院

吉林华桥外国语学院是吉林省重点高校。学校创办于 1995 年，2003 年被教育部批准成为民办全日制普通高等学校；2010 年经国务院批准成为探索非营利性民办高校办学模式试点单位；2011 年，经国务院学位委员会批准，列为培养翻译专业硕士学位研究生试点单位；2013 年被联合国教科文组织授权挂牌“世界多元文化教育中心”。学校现已成为吉林省和东北地区培养应用型高级外语外事人才的重要基地。

学校牢固树立“市场为本，服务学生”的工作理念，以“确保毕业生充分就业和不断提高就业质量”为目标，以“对内强化就业指导，提升学生就业竞争力；对外开拓就业市场，拓宽就业渠道”为两翼，积极推进就业工作全程化、全员化、专业化、信息化的“四化”建设，完善机制，创新思路，强化服务、科学管理，不断加强自身建设，努力提高就业工作水平。经过多年的发展，已基本形成集教育、管理、指导和服务于一体的就业工作体系。

学校先后被授予全国企业招聘首选十佳民办高校，全国学生就业实力十强民办高校、吉林省普通高校就业管理工作先进集体等称号。有 119 个创新创业项目被列为“吉林省高等学校大学生创新创业训练计划”。校友先后获得“第六届吉林省高校毕业生十大创业先锋”、“长春市百名青年创业人才”荣誉称号。

作为全国唯一一家非营利性民办高校办学模式改革试点单位以及国内民办高校中唯一的省级重点高校，学校紧紧围绕“一切为了学生成人、成才、成功”的办学理念，坚持对学生进行全过程的科学设计与指导，形成了专业教育与职业需求融合培育，创新创业教育为助力，就业预警全程保障的就业工作特色，不断提高就业质量，开创了大学生就业工作新局面。

一、面向社会，全程专业教育融合职业需求

学校办学以来始终坚持应用型人才培养定位，紧密结合社会需求，专业教育融合职业需求，将就业工作融于人才培养全过程。

1. 以社会需求为导向，综合培养

学校制定并实施了系统的“全套人才培养规格及方案”，实现了学生“知识、能力、人格”全面发展。方案明确了应用型人才培养目标定位。突出了德育为首、注重实践能力和创新能力培养的理念。在专业特色上，外语专业坚持培养“双外语”、“外语 + 专业”的复合型人才；非外语专业坚持培养“专业 + 外语”的复合型人才。在知识结构上，外语专业课程设置原则为：语言技能 + 必要的文化文学知识 + 服务面向行业的专业知识和技能；非外语专业课程设置原则为：服务面向行业必需的专业基础知识 + 专业知识和技能 + 外语。在全过程专业教育中，实现职业能力的转化。学校毕业生获得了用人单位的广泛好评和欢迎，例如作为学校重要就业基地的一汽大众，评选优秀翻译 21 名，其中 8 名是学校毕业生。

职业能力训练

2. 注重校企合作，提升就业质量

学校注重就业市场开发和就业基地建设，着手实施“十百千工程”、“星级就业信

息库”建设，全方位拓展就业渠道。每年春秋两季组织对长三角、珠三角、京津冀等经济发达地区开展就业市场考察，现已建立就业基地602个。学校与印度塔塔集团、一汽大众、西门子公司、德尔福派克等几十家世界500强企业建立了校企合作关系，为学生的专业实践及就业提供了可靠保障。随着就业市场的不断开发，毕业生就业质量逐年提升，每年有25%左右的毕业生进入世界500强企业和行业100强企业就业。

校企合作就业

二、以人为本，全程职业发展指导不断线

学校坚持就业指导四年不断线，全程提高学生就业竞争力。设立了“大学生职业发展与就业指导中心”，开设了贯穿大学四年的大学生职业发展与就业指导和创业管理课程，构建了“五维立体职业发展教育体系”并为学生建立了《成长之路》档案和《职业生涯规划》档案，把职业生涯规划指导贯穿大学学习的始终。

1. 搭建平台，加强就业思想教育工作

思想工作是就业指导的先导，学校为学生积极搭建各种平台进行就业思想教育活动。一是开展入学教育和开学教育活动，进行专业讲解和就业前景分析，帮助学生树立专业认同感和正确的择业观，提高学习内驱力和明确择业方向；二是聘请就业指导专家、职业经理人、优秀校友来校做专题报告；三是辅导员利用《职业生涯规划》档案对学生进行一对一动态的跟踪指导；四是通过主题班会，让学生在座谈和研讨中相互借鉴和学习；五是每年5—6月开展“就业服务月”活动，通过毕业生文明离校、

上岗前指导教育，做好毕业生上岗前的管理和服务工作。

2. 强化课程建设，奠定指导理论基础

为使学生获得专业化的指导，学校开设了贯穿大学四年的大学生职业发展与就业指导课程，将课程内容创新整合为：知识模块、能力模块、素养模块、求职就业模块、形势政策模块、就业心理模块、职场适应模块共七个主干模块，共38学时，学分为2学分，使学生在态度、知识、能力三个层面得到提升，满足应用型人才培养需求。并为学生建立了《职业生涯规划》档案，研究编辑了学生主要从事的25种职业的职业标准《大学生职业生涯规划与指导手册》，将职业生涯规划教育贯穿大学学习的始终。

3. 提供全覆盖、分层次咨询辅导，拓展指导实效

学校把全程化的跟踪服务作为就业工作的关键，在就业咨询辅导方面提供了全覆盖、分层次咨询。建立了就业指导团队、职业生涯任课教师、专家指导团队三层专兼职相结合的就业指导工作队伍。按照学校《全套人才培养规格及方案》的要求，突出全程管理、综合培养的办学特色，以“全过程进行”和“全员参与”工作理念和“以学生为本”的教育观为指导思想，开展模拟招聘大赛、职业工作坊、简历门诊，模拟面试厅、生涯人物访谈、职业发展开放日、职业社团活动、岗位实境指导活动等精致化、深层次的职业咨询活动。校内专兼职教师对学生进行日常咨询，解决学生就业困惑，每周三下午特设立“招生就业处咨询开放日”，满足学生个体性与时效性的需求。另外由各院系辅导员经常性对毕业生进行地毯式谈话，确保了咨询覆盖面，每年各项咨询达到2000人左右。

大学生职业发展与就业指导咨询日

三、创新创业，全程助推就业

学校成立了“创业工作领导小组”，构建了以“课程教育、创业指导、创业训练、综合测评、创业实践”为一体的创业教育体系，建立了专兼职相结合的创业工作队伍，以创业基础课、大学生创业园、“华外杯”创意创业大赛等为载体，全方位积极推进大学生创新创业工作。

1. 搭建创业实践平台，打造创新人才

为了更好地促进创业工作，为学生搭建创业实践平台，学校建设了1000多平方米的集创业孵化、创业服务、创业培训、成果展示、项目推介、政策宣传为一体的大学生创业园。学校已累计开展创业通识教育5000余人，开展SIYB创业培训500余人，进行创业模拟实训1000余人，孵化创业企业30家。带动160人创业或工作，年产值达到72万余元。

2. 设立专项扶持基金，助推创业成功

学校设立了大学生创业专项扶持基金，用于师资培训和学生的创业活动经费，激励学生的创业热情，每年为学生积极争取省级创新创业计划项目，并配套相应的扶持基金。学校创新创业教育成效得到吉林省相关部门的充分肯定，吉林省财政厅于2012年、2013年先后共拨付150万元大学生创业专项补助资金，支持大学生创业园建设。学校的大学生创业园被吉林省人力资源保障厅确定为省级大学生创业园和省级创业培训基地，更加促进学校创新创业教育蓬勃发展。

大学生创业园对外服务型企业工作室

四、科学预警，全程保障就业质量

就业预警是学校始终坚持的保障机制，形成了“专业—招生—就业”的全面联动。

学校每年进行就业、招生数据综合分析以形成年度分析报告，并引入麦可思权威社会评价机构进行就业及人才培养质量评估，一并作为专业设置、学科、招生计划调整的预判基础，将就业状况与专业设置、招生计划挂钩。根据就业和各专业高考志愿填报情况进行专业预警评估。对毕业生市场需求量小、就业前景不理想，高考第一志愿填报率低的专业进行适时调整，并根据社会需求变化，增设新的专业。学校通过考评、提醒、帮助、引导等方式，依据经济社会发展和市场需求对专业进行调整和优化，构建更为合理的学科专业体系，推动学校深化教育教学改革，提高人才培养质量，从而形成了良性循环。

2013 年校园招聘会

近年来，吉林华侨外国语学院毕业生就业工作成效显著，毕业生就业率持续保持在 96% 以上，专业对口率达 85%，进入世界 500 强及国内行业 100 强企业毕业生达 25%，就业质量不断提升。麦可思发布的 2009 年度“非 211”本科院校就业能力排行榜，学校在东北地区排名第三位。该机构对学校 2012 届毕业生毕业半年后的社会需求与培养质量进行调查，毕业生就业总体能力满足度、总体知识满足度、求职成功次数、月收入、职业吻合度、就业现状满意度、校友对母校满意度等指标均高于全国“非 211”本科院校。学校先后被授予全国企业招聘首选十佳民办高校、全国学生就业实力十强民办高校、吉林省普通高等学校就业管理工作先进集体称号。

创新“四型人才”培养模式 构建“三位一体”就业工作体系 促进学生充分就业

东北农业大学

一、学校概况

（一）学校简介

东北农业大学1948年创建于哈尔滨，始称东北农学院，是中国共产党创办的第一所普通高等农业院校，是国家“211工程”重点建设大学、黑龙江省人民政府与农业部共建大学、国家“中西部高校基础能力建设工程”项目入选高校、教育部本科教学工作水平评估优秀院校。学校设有18个学院和1个教学部，现有9个博士学位授权一级学科点、48个博士学位授权点，20个硕士学位授权一级学科点、101个硕士学位授权点，10个博士后科研流动站、2个博士后科研工作站，75个本科专业。现有全日制在校生26816人，专任教师1532人。

（二）就业工作目标定位

学校秉承“艰苦奋斗、自强不息”的东农精神，坚持把促进学生职业生涯发展作为百姓满意的民生工程、衡量学校人才培养的质量工程、高等教育适应经济社会发展的名片工程，深入落实“一把手工程”，全员参与、全心服务、全程关注、全面提升，保障较高水平的学生就业满意度、用人单位认可度、社会美誉度，引领和推动学生实现充分就业。

二、就业工作典型特色

（一）着力构建就业工作“三大体系”

1. 以课程体系为依托，重在规划，强在实训，建设“全覆盖”就业指导体系

一是课堂实训，模拟就业，发挥就业课程体系主渠道作用。开设职业规划、大学生就业指导等课程，均为通识类必选课，设 2 学分，辅之以职业测评、模拟招聘比赛、观摩企业面试、个体职业咨询等方式，引导学生进行职业生涯规划。

二是思想教育，引领就业，发挥思想政治教育主导作用。学校以“基层地方小，作为空间大，青年敢担当”的职业思想理念为指导，将职业规划内容有机融入“两课”、形势与政策课、社会实践课、党课、团课和学生干部培训课程内容，通过“一课一报”，即农业科学与人类讲座作为新生教育第一课，《东北农业大学就业报》作为宣传求职理念的主阵地，引导学生到祖国需要的地方和农业、水利、地质、勘测、石油等艰苦行业就业创业。

三是职业规划，指导就业，构建梯度递进式、全程化就业指导体系。以学生入学为起点，构成全程式、循序渐进的职业规划指导，把握目标定位期（一年级）、评估调整期（二年级）、实践体验期（三年级）、求职择业期（四年级）四个重要环节，深入开展职业教育。

校园职场讲座

2. 以学生需求为引导，重在积累，强在开拓，建设“全方位”就业服务体系

一是多手段激活就业市场。依托企业、行业、校友资源，以培育长三角、珠三角、环渤海湾等经济发达地区、大中小城市、省外就业基地为目标，实施“走出去”战略，以农业、生物科技、医药、食品、建筑、工程等行业和国内外500强企业、国字号企业、三大垦区、油田企业、中西部地区大企业等用人单位为重点，积极开拓就业市场。仅2013年举办专场招聘会635场，大型招聘会3场，参会企业1369家，提供岗位29500余个。

春季供需见面会

二是多渠道实现就业服务信息化。不断升级学校就业信息网站，嵌入全国大学生一站式服务系统，构成“就业管理、就业咨询、就业信息服务”一体化的网络服务平台。年均发布招聘信息3000余条，提供岗位3万余个。建立企业招聘QQ群、中小企业招聘QQ群、招生就业工作QQ群和18个毕业生互通飞信组。

三是多形式拓宽合作渠道。搭建校地合作、校企合作平台，拓宽就业渠道，不断增设学生实习、就业基地。设立“报喜鸟班”、“生泰尔班”等企业订单制培养班，六和集团、大北农集团等企业在学校设立了奖（助）学金。

四是多方关注帮扶特殊群体。制定特殊群体帮扶方案，建立特殊群体档案，开展“一对一”跟踪和帮扶工作，做到就业帮扶“一个也不少”，实现全覆盖。针对离校未就业学生，开展帮扶衔接、帮扶延伸和指导服务。

3. 以满足需要为宗旨，重在投入，强在管理，建设“高标准”就业保障体系

学校成立招生与就业指导处和就业指导教研室。有校级专职就业工作人员和兼职就业工作人员，均为硕士及以上学历或中级以上职称，就业专职工作人员与毕业生比例为1:415。选派工作人员参加各级各类培训班学习，不定期开展校内业务培训，每年都进行就业工作考核和表彰奖励。

每年投入就业专项经费，含就业办公经费、学院就业工作经费、就业工作奖励经费、师资培训经费、困难毕业生补贴经费、就业课程建设经费、毕业生档案转递经费等，占在校学生全部学费的1.13%。

建有就业招聘厅、就业洽谈室、就业面试室等就业服务专用场地共计1058.23平方米，毕业生人均占0.2平方米。配备PC机、服务器、投影仪、音响系统、复印机、激光打印机、宽幅打印机、数码相机、传真机、数码摄像机、笔记本电脑等先进设备。

通过就业工作“三大体系”的构建和完善，学校就业工作有序开展并不断取得进步，实现学生更加充分、更高质量就业，毕业生初次就业率连续三年保持85%以上，其中2011年为89.3%，2012年为89.09%，2013年为90.15%。

（二）努力培养“四型人才”

学校遵循高等教育发展规律，依托学科优势，突显办学特色，坚持立足龙江，服务“三农”，面向经济建设主战场，上循国家要求、下应一线需要，培养创新型、创业型、应用型、落地型人才，为小康社会建设、商品粮基地建设和老工业振兴，输送大批行业领军人才、高级专门人才和一流的科技人才。

1. 以创新导师团队为引领，构建科技创新育人体系，培养创新型人才

一是组建创新导师队伍，培养创新型人才。组建以专业教师为学业导师、以政工队伍为人生导师、以校内外专家为创新导师团队，为学生创新创业提供师资保障。

二是构建科技创新育人体系，创造创新型人才培养条件。建立以创新指导与培训、

项目申报与评审、资金扶持与政策帮扶为中心的科技创新育人体系，以重点支持大学生科技创新、实验中心开放项目和大学生创新训练计划项目为依托，建立创新教育基地。

在华人取得的世界首例克隆哺乳动物研究中，学校毕业生约占1/3，形成了哺乳动物克隆研究的“东北农业大学现象”。

2. 以创业教育为基础，搭建创业实训平台，培养创业型人才

一是建立创业教育课程体系，夯实创业理论基础。确立以创业意识培养为目的，立足专业、分类引导、突出实践的创业教育原则，形成以专业必修课、公共必修课、通识选修课的课程教学体系为核心，以大学生KAB培训、SYB培训、创业管理为辅助的一体化课程教学体系。

二是建立大学生创业实训平台，培养创业本领。依托学校学生科技创业实习基地、国家大豆中心、国家乳品中心、“省直属大学生创业基地”等优势资源平台，创建大学生实践教育、创业实训和创业孵化平台。

动物科学专业毕业生中有1000多人创办了400多家饲料和动物养殖企业，总资产达到200多亿元，黑龙江饲料行业中85%以上的管理者出自东北农大。

3. 以社会需求为导向，不断优化专业设置，培养应用型人才

一是强化“招生、培养、就业”联动机制。根据学校办学定位和人才培养目标，依据本科教学质量报告、就业质量分析报告，以社会需求和学生需求为导向，采取缩减招生、隔年招生或停止招生措施，构建学科专业体系。

二是探索人才培养新模式，按类招生。加强专业内涵建设，在本硕班、本硕博连读班基础上，增设拔尖人才培养和按大类招生等措施，探索“厚基础、宽口径、重实践、强能力”人才培养新模式，提升人才培养质量。

在乳品加工领域，光明、蒙牛、三元、娃哈哈、完达山等大型乳品企业的技术骨干大多数是学校毕业生，被誉为“东农学子撑起了中国乳业的半壁江山”。

4. 以服务生产为目标，发挥学校优势，培养落地型人才

一是输送行业紧缺人才。推进校企合作办学，培养服务生产建设和管理一线的紧缺人才；二是培养产业专业人才。依据现代农业产业链，设立专业群，培养服务现代农业产业需要的高素质人才；三是培育成果转化人才。发挥学校国家立项建设农科教合作人才培养基地院校优势，培养技术转化人才。

在黑龙江金融系统和电力系统，做到了银行网点延伸到哪里，哪里就有东农人；输电线路架设到哪里，哪里就有东农人。

创新法学人才培养特色　提升学生就业核心竞争力

华东政法大学

华东政法大学是一所以法学为主、多学科协调发展的教学研究型的多科性特色大学。学校是教育部首批卓越法律人才培养基地，法学综合实验教学中心是国家级实验教学示范中心；在教育部学位与研究生教育发展中心第三轮学科评估中，法学一级学科在全国排名第五；法学一级学科和公共管理一级学科被列入上海高校一流学科建设计划，社会管理综合治理研究院为上海市高校知识服务平台。学校有两个校区，目前在校生21000余名，教职工近1400人。

学校遵循“笃行致知，明德崇法”的校训，以提高毕业生核心竞争力为就业工作目标，注重毕业生充分就业和满意就业相统一，职业发展能力和服务社会能力相统一，构建了具有特色的就业工作指导和服务体系。毕业生就业率保持在95%以上比较稳定的水平，就业质量良好，就业去向结构分布多元，社会评价总体良好。

一、完善工作机制，建立市场导向就业“大循环”

华东政法大学切实把加强毕业生就业工作作为现代大学建设的基础性、关键性环节，整合校内外资源和力量，形成市场导向、校企融合、培养联动的大循环就业工作格局。

学校切实落实就业工作“四到位”和“四化”，建设规范化管理制度，健全信息化管理体制，充分利用网络平台，建立了就业官方微博以及“华政V职场”微信平台等信息媒介，全方位地与学生、企业互动，做到就业信息与服务的专业化、分类化、普及化。

学校健全市场导向就业“大循环”，实现招生培养就业联动。将就业工作视为学校各项工作的“晴雨表”，通过编制和发布毕业生就业状况白皮书，将毕业生就业状况与找准学校办学定位、凸显办学特色、提高办学质量有机结合起来。建立了人才质量跟踪评价机制，立足社会需要，适时调整专业方向、办学规模和教学内容。通过毕业生跟踪调查、用人单位跟踪调查等方式，根据毕业跟踪调查的结果汇总，及时调整和完善专业结构和课程设置，提升学校的办学水平和竞争力。

二、形成两个体系并重的就业工作模式

1. 创新法学人才培养，对接社会需求，提升人才培养质量

开展“卓越法律人才”培养计划，培养高质量人才。贯通学校本、硕、博“培养链”，开设卓越法律人才、律师人才实验班，开展产学研合作教育，构建了“学科教育、素质养成、实践锻造、科研提升”的高质量人才素质培育体系。以探索法律人才培养模式为中心开展卓越法律人才试点项目，试行“4+2”模式本硕贯通培养体制；重点培养国际金融、国际贸易、国际航运等方面的国际化经贸法律人才；试行“3+1”、“4+1”方式的国际化人才培养模式。

拓展专业面向，加强学科融合，优化人才培养模式。对接社会需求，推进优势学科、交叉学科、新兴学科建设，形成以法学为主，经济学、管理学、文学、理学等学科协调发展、相互支撑的学科群。关注未来人才需求，构建新的专业体系。对接上海“四个中心”建设和中国（上海）自由贸易试验区建设对国际化法律实务人才的需求，增设知识产权学、国际金融法、航运法等专业。为武警部队、西部地区政法部门培养国防生和政法干警。开展实践教学平台建设与合作创新项目，加强拓展学生培养的国家化，通过全英语、双语教学、与国外高校交换生计划、海外法律机构实习等方式，培养拥有扎实法律功底和娴熟外语能力、具有国际化视野的人才。

推进校企合作，构建人才培养实践平台。建立了250余家校外实习基地，实现学校人才培养与社会需求的无缝衔接。依托校外基地资源，开设实务类课程；与市律师协会共同建立的“华东政法大学现代法律服务实习实践平台”，被列为上海市市属高校校外实习基地重点建设项目；借助法院资源，举办“法院庭审进校园”活动。开设

模拟法庭、模拟仲裁庭、模拟律师事务所等常态化实务技能训练项目，建设有国家级法学实践教学中心，有知识产权仿真实验室等各类实验室，开设多门实务类课程。建立研究生联合培养基地，实现“两段式、双导师”的培养模式。

强化职业素养，提升科研创新能力。根据法律行业职业要求，关注法律职业素养的培育，开设司法考试相关的实务课程，提供公益“法律援助”、模拟法庭等实践载体，应届本科毕业生司法考试一次通过率超50%，应届毕业研究生司法考试通过率在95%以上。通过发布学生科研指南、导师科研指导、建立学术激励机制等方式，鼓励学生积极参加科研活动。2013年155个项目被确定为上海市级大学生创新创业训练计划项目，50个项目被确定为国家级大学生创新创业训练计划项目。2个项目入选第六届全国大学生创新创业年会参展项目。

培育法治精神，塑造法律人格。坚持将法治教育渗透于学校教育、管理和服务工作各方面、各环节，通过“依托法学专业课程、融入政治理论课、利用形势政策课平台”等方式将法治理念渗透于课堂教育中；重视加强学生事务法治化管理和校园文化建设在学生精神塑造和人格完善方面的推动作用。

2. 构建全程化生涯教育模式，优化就业服务，加强内涵建设

形成“阶段递进”的全程化生涯指导体系。坚持以“发展学生”为工作理念，把职业生涯规划、就业指导、创业指导等内容分布于在校学习的每个阶段。形成了以《生涯规划手册》为载体，建立“学生自我规划＋教师专业辅导”互动的生涯辅导模式。建设十个生涯工作室，为学生提供个性化的指导和服务。开展“职业导师导生”工程，引入校外专家、专业人士和校友作为学生成长导师。

构建“1＋X”立体课程体系。将职业生涯规划纳入学校的教学计划，形成以新生职业导航必修课、生涯教育选修课为主体，专题讲座为辅导，形势政策课为拓展的立体课程体系。开设有一门职业生涯规划主干课，另开设有劳动法与大学生就业、大学生就业和创业指导、大学生就业和公务员应试指导、创业基础等多门辅助课程。

开展以“四项计划”为主体的生涯实践活动。形成“职业风”主题教育月、“导航”、“起航”、“扬帆”四项计划为主体的生涯实践内容体系。“职业风”主题教育月活动有企业HR讲坛、模拟面试、生涯规划大赛、创业大赛等一系列活动。“导航”、“起航”、“扬帆”计划分别面向各年级的学生，通过讲座、工作坊、团体辅导等方式为学生提供生涯规划指导。发挥学生社团“大学生职业发展协会”作用，举办各类职业探索活动。学校设立“剑峰”、“欧博”奖学金，奖励在各类职业生涯教育实践中表现突出的学生。

建设多元化就业市场。加大就业市场拓展力度，注重充分利用校友资源，建立校园主体就业市场。探索校企合作机制共建就业实习基地，开辟多个海外实习基地。恒

方知识产权职业生涯校外实践基地被列为上海市级生涯教育实践基地。

形成“阳光助航”就业帮扶体系。着眼“就业一人，帮扶一家，温暖一片”的理念，推进“阳光助航”计划，开展职业能力培训与就业推荐、经济帮助并重的就业援助计划。

实施大学生创新创业引领工程。设立专项资金对大学生创新创业项目进行资助，成立了总金额为1000万元的上海市大学生科技创业基金华东政法大学分基金会，支持学生创业。构建创新创业教育体系，完善了第一课堂教学，聘请社会导师开展创业指导。

三、开拓创新特色发展，实现社会需求与学生就业的良性互动

1. 对接社会需求，深化校企合作

开展多种形式的校企合作培养，开展“卓越律师培育计划”，采用学校和律所联合培养的模式，聘请国内外知名律师、实务界专家担任特聘教授，共同制定培养目标、设计实务课程、组建教学团队、实行双导师制。实施“金鹰”计划，与用人单位共同开展“选苗育苗”工作，前移选拔关口，开展合作教育，重点针对性培育单位需要的高素质人才。建设国际化培养平台，通过海外实践基地建设、合作培养等项目，培养出复合型高端涉外法律人才。

2. 引领基层就业，强化育人功能

在学生中弘扬主旋律，倡导学生“立大志，入主流”，以服务国家、奉献社会为自我价值和使命。注重引导毕业生到基层、中小企业、中西部、城乡社区等国家最需要的地方建功立业，成长成才。近年，毕业生到基层单位、到西部地区就业以及参加国家项目的人数逐年增加，荣获多项荣誉，基层单位反馈满意度高。

3. 打造专业平台，形成高效队伍

学校自2009年与加拿大维多利亚大学建立了职业咨询师培训合作方案，每年选送教师赴维多利亚大学进行为期四个月的职业发展教育的培训学习，已有20名老师参加海外学习。通过职业发展教育教研室、生涯工作室、挂职锻炼、创新实践项目等方式搭建培养平台，提升培养的科学化水平，提升职业咨询教师的专业复合化程度。

强化人才培养质量　创新服务体系 全面提升学生就业创业能力

上海海洋大学

一、学校概况

上海海洋大学是一所海洋、水产、食品等学科优势明显，多学科协调发展，教育教学体系完备，特色鲜明的百年高等学府。学校秉承“勤朴忠实”的校训精神，践行“为了学生的终身发展”的核心教育理念，始终坚持特色办学的发展道路，始终坚持主动服务国家和地方经济建设、产学合作的优良传统，始终坚持国际化、开放型的办学方向，积极推动以职业发展和社会需求为导向的人才培养模式改革，形成了理论教学与生产实践紧密结合、“产学研”一体化的人才培养模式，为国家的海洋、水产、食品三大领域和各个行业输送了数万名优秀人才。

学校始终坚持育人为本、德育为先、能力为重、全面发展的人才培养理念，努力做到让每一位学生在校期间受到更好的教育，让每一位学生在毕业时找到合适的工作，让更多的毕业生在工作中受到用人单位的好评。不断加强内涵建设，深化教育教学改革，实现以学生为中心、以市场需求为导向的“两个转变”，推动工作对象、工作重心“两个下移”，完善领导机制、保障机制、工作机制“三项机制”，构建网络化就业创业信息、立体化就业创业指导、系统化就业创业服务等“三大平台”，做细做实目标考核、全员参与、创业助跑等八大促进就业工程，有效推动就业工作的良性、健康开展，学校就业率一直保持在95%以上。

二、典型特色

（一）强化“五个结合”，建立促进就业工作的联动机制

一是就业与人才培养相结合，实施专业招生、培养方案、培养模式一体化综合改革，通过大类招生，分流培养，按需培养教改试点，推进了人才培养规格与途径的多样化；开展PBL（Project Base Learning）学习课程的实践，构建专业教育、实践教育、创新教育、职业生涯教育为一体的实践教学体系；二是就业与业绩考核相结合，把就业工作纳入学院年度目标考核，结果与学院班子年终奖励、评优挂钩；三是就业与科研合作相结合，先后与中国水科院、江苏中洋集团等200余家单位签订协议，共建实验室及实习实训基地；四是就业与专业调整相结合，参照就业状况及时调整专业招生，新增国家和社会急需的空间信息与数字技术、海洋技术（海洋测绘）、水生动物医学等新型紧缺专业，首届海洋测绘专业中90%毕业生到上海海事测绘、上海海图中心等测绘行业内就业；五是就业与心理教育相结合，发挥心理健康教育必修课、“上海市心理健康教育区域示范中心”和“上海高校心理协会理事长单位”资源优势，为学生职业发展、选择、适应等提供辅导。

校党委书记吴嘉敏出席2014届毕业生需求信息发布会

（二）构建“三大平台”，不断提高就业创业工作的有效性

一是网络化就业创业信息平台，升级就业信息网，开发基于智能手机和易班互动社区的“SHOU就业速递系统”，引进职前教育网络学堂、大学生创业模拟教学系统等。二是立体化就业创业指导平台，以“课程指导全程化、师资队伍专业化、实践体验常态化、辅导方式多样化”为载体，建立以“诊断式”学生职业测评为基础，以全程化的生涯发展和创业教育为重点，以能力素质拓展为辅助，以个性化咨询为补充的生涯教育服务体系。三是系统化就业创业服务平台，每年投入20余万元用于市场开拓与建设，组建了“前程工作室”，发动低年级学生参与市场建设，积极挖掘、发挥校友资源，收集和发布有效就业信息；切实落实“一位帮扶老师、一次个体咨询、一次优先推荐、一次技能培训、一项就业补贴”等就业帮扶举措；设立“求职红包”，在毕业生异地就业、市区求职交通和住宿等方面给予补贴。

校长程裕东、校党委副书记汪歙萍为受聘校友联络大使颁发聘书

（三）鼓励毕业生投身基层工作，培育和践行社会主义核心价值观

注重引导大学生在服务人民奉献社会中践行社会主义核心价值观，鼓励和引导毕业生到基层、到西部、到祖国最需要的地方建功立业。先后出台《应届毕业生赴西部志愿服务享受优惠政策》《应届毕业生赴西部或艰苦行业就业奖励办法》等文件，对到西部地区或有关水产企业一线从事海洋捕捞、水产养殖等工作的毕业生给予奖励；对报考生源地或外省市国家就业项目以及到上海以外地区求职就业的给予300—500元不等的交通补贴；精心组织实施“大学生到村任职计划”、“大学生志愿服务西部计

划”等基层就业项目；关心参加基层就业项目的毕业生，在服务期满时，为他们的“再就业”提供政策及信息服务。

在“植根基层的沃土　唱响时代的强音”专题教育和激励政策引导下，毕业生积极唱响基层就业主旋律，近三年来毕业生到基层就业人数占比分别为18.73%、18.32%、29.73%。国家基层项目实施以来，学校共有385位毕业生参加大学生志愿服务西部计划、上海高校毕业生“三支一扶”计划、上海高校毕业生到村任职计划、上海高校毕业生社区服务计划，学校连续六次被中共上海市委组织部、上海市教委、上海市农委、团市委、上海市人保局、上海市财政局、上海市卫生局授予“上海市高校毕业生‘三支一扶’计划先进集体”以及“全国大学生志愿服务西部计划优秀项目办”等荣誉称号。

学校与用人单位举行就业工作促进座谈会

（四）围绕“三结合”强化创新型人才培养

一是特色专业建设与创新精神能力培养相结合。将培养创新创业型人才作为人才培养的核心指向，加强水族科学与技术、园林、水产养殖、生物科学、海洋渔业等特色专业与创新创业教育的融合，发挥人才培养中的学科交叉聚力优势，培养学生成为既懂理论技术，又懂经营管理的复合型人才。二是普惠式教育与精英式教育相结合。面向全校学生，开设大学生创业基础选修课，开展大学生创新训练计划等活动；2011年，为重点强化学生的科学素养、创新思维，提高学生创新创业能力，培养具有广视野、高技能、敢创业的卓越人才，成立“元鼎学院”，对入选学生进行“增量和VIP”培养，设立“双导师”制度，为学生配备专业和创业两位导师，已有涵盖37个专业的173名学生受益。三是理论教育与实践教育相结合。学校注重第一、第二、第三课堂的联动，建设各类学生创新创业实践教育平台，实施国家—上海市—学校—学院四级创新创业实践项目，每年资助学生开展创新创业项目达200余万元。

近年来，学校成功培育出了60余支学生创业团队，注册资金达到5000余万元，10余个项目得到了上海市大学生科技创业基金和上海市“觉群大学生创业基金”的资助。与此同时，也涌现出了一批大学生创业成功典型，如上海市大学生“村官”创业第一人、“水母达人”、“鲈鱼王子”、第一个入驻上海自贸区的大学生创业者等得到了较高的社会评价。学生在各级各类创新创业竞赛中屡获佳绩，先后荣获“昆山杯”全国大学生优秀创业团队大赛上海赛区一等奖、第十三届“挑战杯”全国大学生课外科技作品竞赛累计创新奖金奖、第八届“挑战杯”中国大学生创业计划大赛银奖等。学校也先后荣获全国大学生优秀创业团队大赛优秀组织奖、水产类人才创新创业教育实验基地、上海高校教学成果二等奖等荣誉。

学校大学生创业团队荣获“昆山杯”创业大赛上海赛区冠军

（五）加强校政企合作，创新行业急需人才的培养模式

2012年，根据“2011计划”的精神和要求，学校联合国内有关涉海类高校、科研院所、渔业企业、行业协会共同成立“远洋渔业协同创新中心”。立足国家战略和企业需求，为培养一批懂专业、懂外语、懂法律、懂经营、懂实践的高层次远洋渔业专业人才，学校与中国远洋渔业协会、中国水产集团总公司、上海水产集团共同参与组成理事会，依托学校学科优势，发挥企业的基地作用，建立远洋渔业学院，选拔品学兼优、立志于海洋事业的学生进行强化培养。学生培养方案由学校和协议单位联合制定，学生毕业后即进入合作单位工作。这种科研订单式培养加速了学校科技成果转化，培养了艰苦行业紧缺人才，为促进我国海洋捕捞业可持续发展提供强有力的技术

支撑，填补了我国远洋渔业没有高等学府的空白。“远洋渔业学院”自成立以来，已招生56人，已毕业的32人全部到中国水产总公司、上海水产集团等远洋渔业企业就业，这一校政企合作育人模式得到了农业部有关领导以及用人单位的高度认可。

远洋渔业学院毕业生陈程远航万里抵达摩洛哥远洋渔业基地

在今后的工作中，上海海洋大学将进一步推进高水平特色大学内涵建设，不断完善政策措施，深化教育教学改革，拓宽就业渠道，健全就业服务体系，将就业工作贯穿于人才培养全过程，提高毕业生综合素质和市场竞争力，努力实现毕业生更高质量的就业。

分类培养　四方联动　提升就业能力

南京信息工程大学

南京信息工程大学的前身是有“中国气象人才摇篮”美誉的南京气象学院，始建于1960年，1978年被确定为全国重点大学，2004年更名为南京信息工程大学，是教育部、中国气象局和江苏省人民政府三方共建的全国重点高校，是江苏省高等教育综合改革试点校、人才强校首批试点单位，教育部本科教学工作水平评估优秀学校，具有完整的学士、硕士、博士教育培养体系，并设有博士后科研流动站。学校现有全日制在校本科生3万多人，教师1500多人，50个本科专业覆盖理、工、管、文、经、法、农、艺八大学科门类，硕士、博士点基本涵盖本科专业。学校大气科学学科在2012年教育部一级学科评估中排名全国第一，在国际上有较大影响。

学校一直高度重视毕业生就业工作，坚持就业工作“一把手”工程。在长期的就业工作实践中，学校始终以“促进毕业生充分就业，提升毕业生就业层次”的目标为引领，强化全员和全过程参与的服务意识，通过明确一个理念（三个导向，分类培养，全面提升，充分就业），建立两项机制（就业与招生、人才培养联动机制，学校、政府、企业、行业部门“四方耦合”机制），落实三种保障（组织保障、制度保障、条件保障），实施四大举措（以提升培养质量为导向的人才培养改革工程，以促进毕业生充分就业为导向的就业服务优化工程，以加强毕业生就业能力为导向的就业指导和研究强化工程，以提高毕业生实践能力为导向的创新创业教育实践工程），不断提升毕业生就业质量，取得了显著成效。主要特色工作如下：

一、明确“三个导向，分类培养，全面提升，充分就业”的就业工作理念

学校准确把握高等教育发展规律、大学生成长成才规律和新时期经济社会发展对人才需求变化规律，明确“三个导向，分类培养，全面提升，充分就业”的毕业生就业工作理念，按照应用型、精英型、国际型人才培养导向，结合学生个性特点和发展需求制定人才培养计划，更好地满足地方经济和气象行业对人才的多层次、多样化需求。(1) 以“卓越工程师计划”、“服务外包计划”等为建设平台，按照“厚基础、强能力”的原则优化课程体系，以平台课拓宽基础、以模块课程实施专业培养和分类分流、以特色课程进行学科交叉融合，培养肯干、能干的“应用型”人才；(2) 成立“长望学院”，制定专门的培养方案，培养气象类“精英型”人才；(3) 遴选10个专业进行国际化建设试点，采用英文教材、推进全英文授课，同时在其他专业方向中增加外语国际拓展课程和国际交流项目，培养“国际型”人才。

举行人才培养研讨会

二、打造大气象就业品牌

作为“培养气象人才的摇篮”，学校一贯坚持“主动融入、主动接轨、主动服务”

行业的工作方针，立足气象特色，加强与各级气象部门合作。学校每年多次深入调研气象事业发展需求，推进教育教学改革，完善气象人才培养模式。由学校和中国气象局联手打造的“全国气象部门人才招聘会”，已经成为一年一度全国气象行业人才招聘的盛会，其功能已经扩展到区域合作、人才培养、科学研究等各个方面；学校还定期邀请全国各级、各类气象部门来校举办专场校园招聘宣讲会，以提高毕业生求职的针对性和实效性；根据国家气象事业发展的总体形势，学校相关职能部门主动和西部地区气象局联系，一起商讨如何为西部地区培养急需的高质量气象人才，引导和鼓励毕业生转变就业观念，主动到西部、到基层气象部门就业，为西部、基层气象事业发展贡献力量。经过几年的积累，学校气象类毕业生就业的品牌效应已经十分突出，每年除升学、出国的学生外，90%以上的气象类毕业生通过校内就业市场实现了高质量就业。

针对气象行业对各级各类人才的需求，学校在人才培养方案中还设置“3+5+10”气象特色课程，即全校各专业学生必须学习3门气象类课程，部分学生可以选择5门（中国气象局要求非气象专业进入气象领域工作的学生必须培训的5门课）或10门（学校颁发辅修证书）气象类课程，使各专业学生均能掌握一定气象专业知识，有利于非气象类专业毕业生进入气象系统就业，形成大气象就业工作格局。

三、开展全程化就业指导

四年期间就业指导不断线，构建全程化就业指导体系。对于一年级学生，着重开展专业认知教育、大学适应性教育，帮助学生明确大学目标规划；对于二年级学生，在系统学习专业基础知识的基础上，着重加强专业技能教育和创新创业意识培育；对于三年级学生，引导学生明确就业去向（升学、出国、就业、创业等）、转变就业观念，帮助学生提前做好就业准备；对于四年级学生，着重开展就业能力提升培训，同时指导学会维护个人就业权益。

学校将就业指导、职业生涯规划、创业教育设为必修课，按照模块化教学的思路，设置了气象类、理工类、文管类三大课程模块，以提高课程教学的针对性；建立了包括视频课程、试题库、教学师资库、课程PPT以及习题等在内的多样化教学资源库；组织任课教师定期进行课程研讨，开展教师集体备课，形成完善的教学大纲、教学计划和教案；组织专门师资编写了《大学生就业指导》、《大学生涯规划》、《大学生创业教育教程》等三部教材，并在全校范围内投入使用。

此外，学校还不断创新就业指导内容和形式，提升就业指导实效。如开展就业广场咨询、预约咨询等活动，安排有丰富实践经验、具有相关资格证书的就业指导教师、就业工作人员与学生面对面交流，使就业指导更加贴近学生，更能满足学生的需求；引进校外专门机构开展专业实践技能培训和就业能力提升培训，增强学生的就业竞争力；开设内容丰富的网上就业指导课程，为毕业生求职就业提供全面的指导；购买专门职业测评软件，为学生提供职业测评服务，帮助学生找准职业定位，提前做好求职准备。

四、建立学校、政府、企业、行业部门“四方耦合”机制

深入挖掘各类就业资源，大力推进学校与政府、企业、行业部门的合作共建，有效提高毕业生的社会适配性与就业竞争力，拓展毕业生就业空间。（1）推进就业与招生、人才培养联动，明确将毕业生就业情况、社会需求情况作为编制招生计划、修订人才培养方案、开设新专业的主要依据。（2）坚持“主动融入、主动接轨、主动服务”气象行业的发展战略，在人才培养过程中建立气象行业人才需求的交流、反馈机制，为气象行业发展提供更好的智力支持。（3）主动征求地方政府主管部门、合作企业的意见和建议，明确专业发展现状与前景、人才需求状况，在人才培养目标定位、培养特色、核心课程确定、教学与实践环节的设计方面能够更加适应社会经济发展需要，提高人才培养的社会符合度。（4）积极争取地方政府的大力支持，加强与行业和优势企业的合作，在毕业生就业市场开拓、引进优质用人单位资源、搭建大学生创新创业平台等方面进行了积极尝试，先后合作共建校企研究院21个，校外大学生就业基地175个，为学生参与实习实践、提升就业能力、实现高质量就业提供了平台支撑。与江苏省13个市人社部门及各地人才服务机构共同举行了苏南、苏中和苏北等专场招聘会9场，进校优质单位达到353家，提供高端就业岗位14000多个。

地方政府组团进校招聘

共建校企研究院

五、就业工作成效显著

近年来，学校毕业生就业率稳居江苏高校前列。学校2013届普通本科毕业生初次总就业率为93.86%，初次协议、升学、出国率为93.46%，初次就业率中灵活就业率为0.4%；年终总就业率达到99.19%，其中协议、升学、出国率达到97.42%，灵活就业率仅为1.77%。

作为气象行业特色高校，学校服务气象行业毕业生数居国内高校第一，同时也是航空、航天、空管、海洋、环境、水文、城市管理等行业选聘气象类毕业生的首选高校。学校就业工作得到广大毕业生及用人单位的充分肯定，调查显示：毕业生对学校就业指导和服务工作的总体满意率达到95.1%，用人单位对学校毕业生就业工作的总体满意率达95.36%。

学生获得“高教社杯”奖励

近三年，学校在各类高层次创新创业类竞赛中也取得了骄人的成绩。获得了“挑战杯”全国大学生课外学术科技作品竞赛国家一等奖、2011全国大学生数学建模竞赛“高教社杯”（全国第一）、美国大学生数学建模竞赛国家特等奖等高等级奖励18项，获得省级及以上奖励48项。成功树立了32个就业创业学生典型，其中带领村民创业致富的大学生村官方达还受到李源潮同志的亲切接见。

李源潮看望学校学生典型方达

学校连续五次被评为“江苏省毕业生就业工作先进集体”，学校就业工作还获评“江苏省教学成果特等奖”、“全国普通高等学校毕业生预征工作先进集体”、“首届全国大学生简历制作大赛优秀组织奖”等省级以上奖励16次。近三年，学校就业工作受到中央电视台、中国中央政府网、人民网、中国江苏网、《新华日报》等多家主流媒体报道110次，省就业工作简报4次介绍推广学校就业工作经验，西华大学、成都信息工程学院等多所高校也来校交流就业工作。学校还应邀在中国高等教育学会学生工作分会上面向参会的200多所高校作经验交流。

内涵培养提升就业能力　行业特色彰显就业优势

浙江传媒学院

浙江传媒学院是国家新闻出版广电总局和浙江省人民政府共建高校，是目前全国培养广播影视及其他传媒专门人才的主要基地之一，建校30多年来学校为中央和地方传媒行业输送了大批专业人才。目前有全日制在校生1.2万余人。

学校拥有两个校区，分别坐落于素有“人间天堂”美誉的杭州市下沙高教园区和江南名城桐乡市。学校现有14个二级学院和3个教学部。学校于2011年10月经教育部批准获新闻与传播专业硕士学位授予权，2012年开始招收第一批新闻与传播硕士专业学位研究生。

学校联手行业合作培养传媒应用型人才，全面实施教育质量和教学改革工程。与全国广电系统合作，建立170多个产学研合作基地，积极构建学生专业实践和就业的平台。毕业生深受业界及社会好评，每年毕业生就业率在93%以上，许多毕业生成为广电传媒领域的精英骨干。

浙江传媒学院

一、创新人才培养模式，提高人才培养质量，大力提升就业竞争力

大学生就业的核心问题是人才培养质量问题。长期以来，学校不断创新人才培养模式，以提高人才培养质量为核心，切实增强大学生的就业竞争力。

1. 以行业需求为导向，以国家级人才培养模式创新实验区为平台，积极探索应用型传媒人才培养模式的改革

学校提出联手行业、产学合作，培养应用创新型传媒人才的人才培养模式改革新思路，充分利用学校与行业、企业单位等两种不同教学环境和教学资源以及在人才培养方面的各自优势，把以课堂传授知识为主的学校教育与直接获取实际经验、实践能力的生产、科研实践有机结合的教育形式相结合。经过充分的行业调研，学校将人才培养的总目标确定为：培养能主动适应现代社会经济、科技与文化艺术事业发展需要的，知识、能力、素质协调发展的，具有较强社会责任感、良好职业素养和一定国际视野的应用型、复合型、创新型人才。

学校依托国家级“联手行业产学合作培养广播影视人才创新实验区”和浙江省“文化产业管理人才培养模式创新实验区”，逐步形成了“学校顶层设计—二级学院自主创新—学校总结提升”的产学合作人才培养路径，产生了多个产学合作教育的培养模式。包括“未来主打星模式”、“实践即实战模式”“中广班模式”、“名师高徒模式”等产学合作人才培养方案。

2. 以强化能力培养为主线，构建多层次的校内外实践实训基地，积极搭建专业实习与岗位就业相互促进的新平台

根据学校学科专业对实践能力培养的要求，在全国建立了170余个长期稳定的校外实践教学基地。包括杭州文化广播电视集团国家级大学生校外实践教育基地，浙江广电集团省级校外实践教学基地，覆盖省、市、县不同级别，包括广播电台、电视台、报社、出版社等不同类别，为学生提供了不同层次不同种类的实习与就业选择。

学校积极引进社会资源，在校园内创建融实践实训一体的就业平台。利用演播大楼的优势，先后引进浙江广电集团的“好易购”购物频道、“中国梦想秀”、“我爱记歌词”栏目等；与浙江人民出版社合作在校内建立出版编辑工作室、与浙江在线合作建立新媒体实验室、与华数集团共建学生工作室。这些平台即是经营实体，可以提供

大量的实训和工作岗位，不仅每年能提供1000多实习实践岗位，更成为学校学生就业的首选单位之一。

浙江传媒学院演播楼

3. 融合三个课堂，构建学生创新创业教育体系，全面提高大学生创新创业能力

自2009年以来学校在不断完善理论教学体系和实践教学体系之外，提出了构建融合一、二、三课堂，旨在培养学生创新创业能力的创新创业教育体系。学校专门成立了“大学生创新中心”负责统筹协调和指导，与湖南广电集团共同组建本金100万元的“湘广创新基金”用于扶持、资助各类创新项目。

学校搭建各级各类学科和专业大赛平台，提升学生的创新能力，2013年学校被教育部批准为第二批国家级大学生创新创业训练计划学校。在全国大学生挑战杯、电子设计竞赛、英语演讲比赛、广告大赛等学科专业顶级比赛中屡获佳绩。

二、创新就业工作服务体系，确保毕业生充分就业

几年来，学校在充分调动校内就业服务资源的同时，主动开发和挖掘社会资源，构建“4+1”跟踪服务模式，延伸毕业生就业服务工作触角。

1. 走出去开拓就业市场，请进来做好做精校园招聘会

一是加强毕业生就业市场开拓，由校领导带队走访用人单位进行就业市场调研，

宣传推荐毕业生，巩固老市场，开辟新市场。各二级学院也是想方设法，充分挖掘业务合作单位和校友、学生家长等社会资源拓展就业市场。同时，鼓励和动员学生“走出去”，安排车辆组织学生参加各类人才市场、相关高校专场招聘会及校企见面会，2013 年以此种方式就为学生提供就业招聘岗位机会达 3000 余个。二是以“做好”、“做精”、“做品牌”的理念，组织好校内招聘会。联合省教育厅、市文创办、市人社局、市就业管理服务局等政府部门，举办冬季广电艺术类专场招聘会、夏季文化创意人才招聘会和暑期实习见习招聘会等大型招聘活动。因为毕业生质量高、动手能力强，受到用人单位欢迎，2013 年有 1000 余家用人单位带着 12000 多个招聘岗位来参加招聘会。其中冬季举办的“文化创意人才招聘会”得到了浙江省委常委、杭州市委书记龚正的重要批示和充分肯定。

“师友计划”导师现场咨询会

2. 构建“4+1”跟踪服务模式，延伸毕业生就业服务工作触角

“4+1”跟踪服务模式，即大学四年的全程化服务和毕业后一年的延伸跟踪服务。学校利用每年寒假在全国十个省市开展艺术类专业考试的机会，以座谈会、调查表等形式在当地召开校友跟踪调查工作。通过延伸服务可以掌握新毕业学生的就业状况，为下一届学生的就业指导提供第一手研究资料，加强了与用人单位的交流，听取了用人单位的意见，巩固了双方长期的供求合作关系。在跟踪服务中凸显了学校“以人为本”的办学理念，在校友中凝聚了人心，在用人单位中树立了负责任的“售后服务”形象。

3. 关注特殊群体毕业生，实施就业帮扶体系

一是落实《浙江传媒学院毕业生就业资（补）助办法》，每位贫困毕业生补助200元求职补贴。二是建立特殊群体毕业生动态信息库，对家庭经济困难、学业困难、心理困难、少数民族、身体残疾等就业困难群体开展有针对性的帮扶活动。三是开通毕业生心理咨询绿色通道，及时满足毕业生的咨询需求。在9月份以“点对点”的方式向每位毕业生推送心理援助信息，帮助他们疏理缓解心理压力；在毕业生实习返校后设立“宣泄周”，帮助其释放压力。四是就业指导中心联合资助中心和创业孵化中心、大学生创业企业共同举办每年一度的“寒门学子专场招聘会”，为贫困学生提供更多的就业机会。五是借助学校校报的宣传平台，在《浙江传媒学院校报》上宣传推荐112名优秀贫困毕业生。2013年，508名就业困难毕业生实现了100%就业。

三、精心培育创业孵化中心，强力助推大学生创新创业，有效推进创业带动力

学校大学生创业孵化中心，经过几年的发展已经成为杭州市级科技孵化器。孵化场地面积达4800平方米，成立了专门的管理公司进行管理和服务，设立了100万元的创业扶持基金，配备了25名创业导师。几年来，累计孵化大学生企业31家，累计发放学校创业基金20余万元，累计为学生企业争取到了政府资助经费33万元、房租补贴100余万元，累计培育了4家学生企业为“杭州市高新技术企业”。近三年，孵化中心的学生企业营业额达到1560.11万元，净利润458.9万元，上缴利税167.28万元，年营业额超百万元的学生企业有4家，其中，杭州华友影视文化有限公司已发展成为注册资金2000万元的文化影视公司。

学校文化创意产业园

1. 培育创业苗子，提升学生创新创业能力

学校不断完善创新创业教育体系，开展各类创业培训项目，推进大学生创业教育。2009 年至今，学校联合 SYB、全球模拟公司联合体中国中心等，为 1100 余名在校学生免费提供创业培训，开办网络创业课程。“文化创意（创业）苗圃班”每年招收 30 个学生创业团队，设置 6 个学分，通过理论教学、模拟实训和孵化实践三位一体的创业教育，精心培育创业苗子，提高大学生的创新创业能力。

2. 挖掘优秀项目，帮助转化创业实体

通过举办和组织各类创业大赛，发现和扶持优秀创业项目，助力项目的实体转化。在浙江省教育厅举办的大学生职业生涯规划大赛中，学校共取得一等奖 6 个、二等奖 1 个，三等奖 1 个，优胜奖 11 个。这些优秀项目在学校的扶持帮助下，大多已经转化为实体公司，其中 31 家学生企业在本校的孵化中心得到孵化，另有 20 多家学生企业被推荐到校外孵化园参加孵化，2011 届毕业生张军军创办的杭州墨融文化创意有限公司被浙江省推荐为全国创业典型。这些大学生企业在逐步发展壮大的过程中，还吸纳了 200 多位同学顺利就业，创业推进就业效果明显。

学生在省职业生涯规划大赛中喜获佳绩

学校就业创业工作在浙江卫视、浙江经视、浙江教育科技频道、杭州电视台、《浙江日报》、《杭州日报》等多家媒体进行过大量报道。根据 2013 年 12 月浙江省教育评估院发布的毕业生职业发展与人才培养质量跟踪调查结果显示，学校在本科院校综合调查排名全省高校第七位；升学率排名第九；月收入为 3776.62 元，排名第五；毕业生就业满意度排名第五，得到社会的普遍好评。

构建“两创四基六平台”体系
引导毕业生面向基层　实现充分就业

浙江科技学院

一、学校概况

浙江科技学院是一所以工学为主，集工、理、文、艺术、经济、管理为一体的多学科全日制省属本科地方性高校。现设有50个本科专业，5个硕士点，在校生15600余人，留学生1000余人。作为一所“特色鲜明”的地方性本科院校，具有30年中德合作办学历程，是中德联合培养应用型人才示范高校、首批实施“卓越工程师教育培养计划”试点学校、全国创业教育示范高校。

“动手能力强，能吃苦、留得住，干得好”，这是浙江省企业给学校毕业生最多的一句评价。浙江省作为民营企业大省，区域经济发达，经济发展充满活力。近几年，受国际国内经济形势低迷的影响，浙江经济面临转型升级的挑战，急需一大批受过高等教育的高素质应用型人才。学校坚定不移地走特色办学之路，以服务地方经济发展为导向，借鉴德国应用科学大学办学经验，按照“国际化、应用型”的特色发展要求和“学以致用、全面发展”的育人理念，致力于培养具有创新精神、实践能力和国际素养的高素质应用型人才，通过构建“两创四基六平台”特色体系，引导学生面向基层，实现充分就业。近三年来毕业生初次就业率都在97%以上，名列浙江省同类本科院校前列，去基层就业的毕业生超过86%。为社会输送了大批“下得去、留得住、用得上、干得好”的优秀人才。

二、典型特色

（一）深化教学改革，构建和完善“两创”人才培养模式

1. 发挥校企合作和国际交流优势，创新创业平台建设扎实有效

30年中德合作办学历程，学校坚持全面学习和借鉴德国应用科学大学人才培养模式，是国内学习借鉴德国应用科学大学办学经验培养本科应用型人才最具特色的院校之一。2010年被教育部定为首批“卓越工程师教育培养计划”试点高校。不断深化创新创业平台建设，与德、法、美20余所院校构建创新创业项目合作平台，与地方经济紧密对接，实施“校企合作工程”。成立校企合作理事会，组建创业校友导师团，聘任210位企业资深工程师担任兼职教师，为推进高素质创新创业人才培养奠定了坚实的基础。

2. 组织机构健全，工作载体多样，创新创业教育工作机制完善

学校成立创新创业教育工作领导小组、创业教育研究所和1000多平方米的大学生创业园等。建立校领导牵头、学校重点资助的KAB/SYB创业教育教学团队，开设了创业导论、科技创新、发明创造、专利申请、浙商创业经典案例等课程；出台政策，规定创新创业教育进课堂、进实践、进学分的教学模式，建立了16个大学生科技创新基地设计中心，出台《关于资助高年级学生自主创业的试行办法》，形成了创新创业教学与创新创业实践相互促进的工作机制。

3. 中德合作应用型人才培养体现成效，“两创”教育开花结果

学校的创新创业教育课程被评为国家级精品课程，并成为国家教育部高校教师网络培训课程；2014年“基于中德合作本科应用型人才培养20年探索与实践”获得国家级教学成果二等奖；经过学校大学生创业园孵化，并在大学生创业园成功注册的杭

州执到宝环保科技有限公司参赛作品获浙江省大学生挑战杯特等奖和全国电子商务大赛一等奖；学校的创新创业教育培养了许多具有创新创业精神的学生，近几年，校大学生创业园也孵化出了一批创业的典型代表和成功的创业项目，受到了社会媒体的广泛关注和报道。

（二）整合社会资源，“四基”建设强化内涵提升质量

1. 建立教学实践基地

出台实践基地建设文件，设立实践基地建设专项经费、实践教学专项经费，规定实践2个学分。现有218家校外实践基地涵盖学校所有专业。2012年与企业共建了7个“国家级工程实践教育中心”，国家级大学生校外实践教育基地1个，省级大学生校外实践教育基地1个，有效保障了应用型人才培养的质量，增强了毕业生的就业竞争力。

2. 建立稳定的就业基地

出台《关于建立毕业生就业基地的实施办法》，通过就业基地的建设建立相对稳定的高质量的就业市场，现有毕业生就业基地133家。

3. 建立教师实践进修制度和进修基地

出台《关于青年教师进企事业单位实践进修的暂行规定》，每年派15—17名青年教师到地方、企业等进修基地挂职进修，强化“双师型”师资队伍。

4. 建设校企合作科研基地

依托长期紧密的校企科研合作关系，与企业共建校企合作基地（研发中心）70多家，为学生实习、实训、就业提供强大支撑。

（三）调动各方力量，“六平台”工作体系整体推进学生就业

学校出台了鼓励毕业生面向基层就业的政策，把课程建设作为大学生职业价值观教育的主渠道，结合各种工作载体，引导学生到基层就业。通过全方位的教育渗透，毕业生踊跃到基层就业、回家乡建设，成效显著。

1. “课程建设”为载体的教育平台

2007年起开设大学生职业发展与就业指导必修课，现为38学时计2个学分，统一教学大纲、教材教案；开辟了图书馆“就业资料阅览专区”；2012年和2013年分别派40多名教师、职业指导师和TTT课程培训，建立完整的职业生涯教学体系。

学校设有就业咨询室和就业心理辅导站，服务个性化咨询与职业辅导；开辟“职业规划测评”和“在线咨询门诊”网站，架构“线上+线下”高效便捷的职业指导与生涯咨询服务体系。2013届毕业生人均至少接受1次职业指导与生涯咨询服务，毕业生对指导和咨询的满意度平均达96%。

2. “课堂进企业”和“工程师进课堂”相结合的企业导师平台

学校出台了“卓越计划”企业兼职教师聘任和管理办法，从企业聘请210位有经验的工程师作为兼职教师，工程师进课堂，强化理论与实践的结合。

3. 以“职场加油站”和“职业技能训练营”为载体的技能培训平台

每年邀请10多位企业界知名人士、高校学者来校开展系列专题讲座和培训活动，开辟“职场加油站”和“职业技能训练营”平台，帮助学生提高就业技能。2013年共有200多名就业困难毕业生接受了训练营的职业技能训练后走向社会。

4. IT新技术为手段的信息服务平台

学校利用IT新技术，不断完善就业信息发布、就业指导咨询功能，通过微信、短信、QQ和EMAIL等方式，将就业需求信息、就业指导直接推送至毕业生。针对2013届毕业生收集发布了2800家企业需求信息，提供了近5万个需求岗位。

5. “企业直通车”为桥梁的需求对接平台

学校加强与行业协会、企业联系，建立了相对稳定的就业区域群、企业群和4000多家企业信息库，建立了10个地区生源地就业联络站。以“企业直通车”为桥梁，组织学生赴各地县市参加招聘活动；与浙江省工商联、阿里巴巴、浙江汽摩配协会、浙江省建设投资集团等行业合作，开通了“行业直通车”，引进1000多家企业进校园开展招聘活动。

6. 以“就业双师制”和“就业援助工程”为抓手的全员参与平台

2012年学校出台《特殊群体就业帮扶管理暂行办法》，开通网上特殊群体援助通道。各二级学院建立就业特殊群体动态信息库，推行就业双师制和就业援助工程，帮助困难学生顺利实现就业。每年有10%左右学生通过就业援助获得岗位。2013年共有352名毕业生通过就业援助成功就业，占毕业生总数的11.2%。通过“两创四基六平台”就业工作体系的多年实践，学校毕业生深受用人单位欢迎，近三年毕业生初次就业率为97.83%、98.65%和97.30%，稳居浙江省同类高校前列；面向基层就业的比例超过86%。

通过对528家用人单位的调查，用人单位对学校毕业生的满意度达到98%。对近三年1504名在中小型企业就业的毕业生的调查中发现，5%曾获得先进工作者或优秀党员，30%曾获得优秀员工，就业稳定度较高，一年内没有调换单位的占82%。通过基层锻炼涌现了一大批优秀管理干部和技术骨干，如“全国五一劳动奖章”获得者郑旭晨、“全国公安系统十佳青年”魏平岩、“中国十佳服装设计师”祁刚和胡晓明、扎根衢州贫困乡带领村民创业致富并被多家媒体争相报道的优秀党员朱敏等一批优秀毕业生，为地方经济的发展贡献了我们的力量。

提升人才培养质量　提高就业服务水平 努力促进毕业生高质量充分就业

浙江师范大学

一、学校概况

浙江师范大学是一所以教师教育为主的多科性省属重点大学，现有19个学院，3个一级学科博士点，23个一级学科硕士点、11个专业学位硕士点，65个本专科专业，全日制本专科在校生25700余人，研究生（含专业学位研究生）4970余人，留学生近400人，各类成人高等学历教育学生15000余人。

近年来，浙江师范大学坚持“三为”工作理念，相继出台一系列政策，为提高学生就业水平，重点打造“三个力”，即：通过理顺体制、完善机制、强化保障，努力形成“就业工作合力”；通过改革人才培养模式、夯实创新创业训练体系、推进就业实践基地建设，努力提升“就业核心竞争力”；通过狠抓就业课程建设、提升咨询服务水平、拓展就业渠道、开展就业帮扶等，努力增强“就业服务力”。

近三年，学校毕业生初次就业率均在95%以上。2005年学校被评为省级高校就业工作优秀单位，2010年被评为全国毕业生入伍预征工作先进集体，2012年被浙江省人民政府评为近四年来全省本科高校唯一的“浙江省就业先进工作单位”。2013年，《大学生职业生涯规划与就业指导》课程入选全国高校职业发展与就业指导示范课程。“就业体检”主题实践活动、校企合作办班等就业工作新举措受到省领导的充分肯定。据省教育评估院调查，学校2012届毕业生对母校总体满意度在全省本科院校中列第一位，毕业生就业满意度列第二位。《中国教育报》、《浙江日报》、教育部《高教领导参考》、《中国大学生就业》等多次刊文介绍学校毕业生就业工作经验。

浙江师范大学毕业生就业工作以“三为”理念为指导，全面提升人才培养质量，积极提高就业服务水平，努力促进毕业生高质量充分就业，形成了一些特色做法和经验。

二、典型特色

（一）突出普及教育和个性体验结合，重点强化示范课程建设

学校大学生职业生涯规划与就业指导课程建设构建了“一体两翼”发展模式：“一体”即职业生涯规划与就业指导课程，“两翼”分别是就业体验实践和职业生涯规划大赛。职规课程主要解决学生职业生涯规划普及性教育问题，就业体验实践主要解决理论与实践对接、提升学生行动力的问题，而职规大赛主要搭建宣传和展示学生职业规划风采的平台。

职业生涯规划课程始于2003年的公共选修课，2009年列为公共必修课，设有40学时、2个学分，纳入全校本专科教学计划。学校专门成立教研室，修订教学大纲，编写校本教材，建设课程网站。在课程建设实施中，明确“一个意识三种能力（职业发展自主意识、生涯管理能力、就业创业能力、职业发展能力）”的培养目标，有效构建了“三维四式五合”的大学生职业发展教育体系，获校教学成果一等奖、省级教学成果二等奖，受到《中国教育报》详细报道。目前，该课程为全国高校职业发展与就业指导示范课程，共有60余名任课教师，其中全球职业规划师24名、生涯教练15名、国家级中高级职业指导师27名、二三级心理咨询师18名。全员参加TTT课程教学培训，选派教师参加GCDF、BCC、UCT、KAB等认证培训。课程推行体验式教学，学生评教满意度得分95.65，远高于其他通识课程。

同时，完善作为课程延伸的“两翼”建设，形成了就业体验实践和职业生涯规划大赛两大品牌，目的是为了增加学生对于职业的个性体验。开展课程实践和就业“体

检”主题实践活动，组织学生开展岗位见习、行业调研、生涯人物访谈和求职体验等，感受当前企业人才需求、管理模式，检测自己的就业“健康值”，重新进行自我定位，完善职业生涯规划，不断改进自身弱点，加速由“校园人”向“社会人”的转变，更好地为就业积累经验。每年4000余人参与课程实践和就业“体检”主题实践。

学校自2005开始举办大学生职业生涯规划大赛，经过10年积累与磨砺，该赛事已成为就业工作和学科竞赛中的一项品牌活动。自浙江省举办大学生职业生涯规划大赛的5年来，学校共有32名选手获奖，16名选手获“省十佳职（创）业规划之星”，2人分获全国二等奖、优秀奖，成绩全省高校最佳，学校连年获最佳组织奖。

（二）突出创新精神和实践能力融合，大力促进学生创新创业

1. 项目引领，强化创新创业训练

学校是浙江省较早实施大学生科研训练项目、较早将实践活动引入第一课堂教学、较早设立大学生能力建设项目的高校之一，为首批国家大学生创新创业训练计划高校。1999年，学校设立大学生课外学术科技活动课题，至今已成功开展了15期。2003年以来，先后设立开放实验项目、研究性学习与创新性实验项目、师范生教育实践项目、大学生能力建设项目、课程实践教学项目等，逐渐形成贯穿四个年级的“国、省、校、院”四级大学生创新创业训练体系，至今累计立项校级项目8600余项，资助金额近900万元，确保100%的学生在大学期间有参与一次以上科技创新项目训练的机会。

2. 注重联动，强化创新创业指导

一是加强课程设计。从2002年开始在通识课程中开设研究性学习和创新创业类课程，如开设了KAB创业教育、创业设计、电子商务概论、网上创业实训等课程。自2007级学生开始，部分专业将创新创业教育学分纳入本科人才培养教学计划，到2009级所有专业均将创新创业教育学分纳入教学计划，根据专业特色设置2—4学分的要求。二是加强师资保障。近五年来，学校参与大学生创新创业的指导教师近800人，教师获省部级及以上项目1000余项，其中国家基金项目312项，承担横向合作项目800余项，为大学生开展科技创新创业教育提供了高质量的研究课题来源。三是加强氛围营造。2002年，举办了校首届创业计划大赛，以竞技的方式培养学生创业意识，提高创业能力；2004年开始，每年举办创业文化节，着力营造了大学生创新创业的浓厚氛围。

3. 加大投入，强化创新创业平台建设

学校每年划拨150余万元专项基金用于学生创新创业能力培养，重点搭建了“一园一院”平台：2009年建立1700平方米大学生创业实验园（基地），先后有100多个项目进驻，成功注册公司20多家，迄今共孵化100多个创业项目。2011年成立创新创业学院，以创业精神、创业知识和创业实训为教学重点，开展全程式跟踪、立体化覆盖、系统化运作，推出了“百元创万”创新创业实践，组织学生开展创业体验活动。

学校在各类竞赛中获国家级特等奖1项、一等奖27项、二等奖62项。参照浙江省教育厅本科教学业绩指标体系，学校学生学科竞赛2012年总得分为8.76分，是2008年的3.22倍。2010—2013年，本科生以第一作者发表论文2213篇，其中SCI一区收录1篇，二区6篇，其他SCI、EI、ISTP收录74篇；获得授权专利、软件著作权登记720项。研究生在核心期刊发表论文2005篇，被SCI、EI、ISTP等索引收录论文957篇；申请发明专利132项，授权发明专利21项。

（三）突出资源整合与平台嫁接并举，全面深化校地合作进程

学校特别注重深化校地合作，并且呈现多形式、多环节、多渠道、全方位的合作趋势，助推毕业生就业效果明显。

师范专业重点强化与各地教育局、各类中小学的合作关系。一是基础信息服务。学校每年10月份主动向全省各地教育局寄送当年毕业生专业介绍和当地生源信息，编印的《学子英才》成为各中小学招聘优秀人才的重要要参考。二是优秀毕业生推介。每年向镇海中学等省一级重点中学推荐优秀毕业生。三是“附属学校”战略优势。学校充分利用教师教育优势，大力实施社会服务提升计划，主动服务浙江基础教育改革，目前已与永康市、杭州市江干区、嘉兴市秀洲区、东阳花园集团等签约建设附属学校，为学生实习和就业提供了更多渠道。由于学校与地方教育系统的良好关系，加上毕业生优良的素质，每年有近40家地方教育局专程来校招聘教师。为了方便学生报考，多家教育局直接将考场设在学校。

非师范专业重点加强与各地人才中心、重点企业的合作关系。一是人才中心主任恳谈会。从2010年开始每两年召开全省各地人才中心主任恳谈会，先后聘请了省内人才交流中心负责人60人次作为学校学生就业导师，他们在就业指导、推荐就业、建立就业基地等方面发挥了积极作用；二是与各地人才中心合办招聘会。举办萧山企业专场、金华市“百企万岗”春季校园招聘会、浙江省中小企业“百日招聘”校园招聘会暨实习对接会等；三是积极争取属地资源。作为不在省会城市的省属高校，学校积极

争取属地的政策支持和服务资源，获得金华市创建办和人社局支持，在学校建立了“大学生创业基地”和“就业指导站”；四是企业订单式培养毕业生。与杭州地铁集团、金温铁道公司、浙江省邮政金华分公司等合作开设订单式校企合作班；五是产学研全方位合作。学校已与浙江在线、金华广播电视总台等在人才培养、科学研究、节目制作、新媒体学科创新平台建设以及文化产业开发和产学研结合方面开展全面合作，相关学院与太平鸟风尚男装公司等签订战略合作框架协议；六是发挥校友资源优势。校庆纪念周举办校友专场招聘会；七是就业地区包干制度。各学院走访就业包干地区人才中心、重点企业等，组织学生赴全省 11 个地市及个别发达县市开展寒假人才市场调研，收集和共享就业信息。

长期以来，学校毕业生用人单位总体满意度一直在 95% 以上。10 余万名毕业生奋战在教育战线，浙江省 50% 一级重点中学校长、在职特级教师是学校校友；10 余万名毕业生成为各行各业的骨干和精英，很多成为地方和高校党政领导、文化名人、知名企业家，涌现出中科院院士杨学明，“长江学者”陈志敏、郁国樑，《甄嬛传》作者吴雪岚等一批知名校友。

深化教育教学改革　提升就业创业质量

安徽大学

安徽大学是国家“211工程”重点建设高校，是安徽省人民政府与教育部共建高校，安徽省属重点综合性大学。建校86年来，学校承担着为国家和区域经济社会发展提供人才和智力支撑的重要职责。学校现有4个校区和1个大学科技园，校园面积3200余亩。现有教职工2500余人，全日制在校生规模约27000余人。学校有8个博士后科研流动站、11个博士学位授权一级学科、48个博士学位授权点、31个硕士学位授权一级学科、148个硕士学位授权点、17个专业硕士学位授权点；设有26个院（系、部），87个本科专业。

多年来，学校坚持走内涵发展之路，坚守人才培养质量为立校之本的办学之道，将毕业生就业工作纳入学校人才培养一体化系统，树立“大就业”工作理念，统筹规划、整体推进。以高质量的人才培养为基础，以优质的就业指导服务和创业教育培育为支撑，以完善的工作机制为保障，在稳定就业率的基础上，着眼于学生长远发展，重视不断提高就业质量，鼓励支持创业尝试，探索具有自身特色的就业创业工作体系，努力实现“人才培养质量高、毕业生就业质量高”的“双高”就业工作目标，推动创业氛围更加浓厚，为国家特别是区域经济社会发展输送高素质人才，实现安徽大学人才培养与社会服务的重要使命。

随着学校办学水平的不断提高，安徽大学毕业生质量得到了社会的广泛认可。学校成为外交部选拔录用公务员定点高校，为外交部输送了近60名外交官；成为国家安全部门等各级政府公务员重要来源高校，以及国际和国内500强企业重要的员工基地。

学校先后获得全国专业学位研究生教育综合改革试点单位、国家第三批大学英语教学改革示范点、国家首批卓越法律人才教育培养基地、国家级英语专业综合改革试点单位，连续三年获评“全省高校毕业生就业工作先进集体标兵”，获评首批“安徽省普通高校大学生创新创业教育示范校”。《光明日报》、《中国教育报》、《安徽日报》等主流媒体多次报道学校就业工作有关做法。

一、以社会发展需求为依据，以提高人才培养质量为核心，完善招生、培养、就业联动机制，深化教育教学改革

1. 实施生源质量提升计划

学校着力完善招生政策，强化招生宣传与树立学校人才培养品牌的有机结合，拓展宣传途径、层次和水平，在国家各类主流媒体、权威媒体、专业媒体上宣传报道学校教育教学改革成绩，与85所省级示范中学共建优质生源基地，充分发挥校友以及在校大学生招生宣传的作用，不断扩大学校在省内外考生中的影响力。

2. 依据社会发展需求优化专业布局

学校紧密结合经济社会发展要求和高等教育发展实际，合理扩大直接面向经济社会发展前沿的专业比例，着力构建招生、培养、就业联动的学科专业动态调整机制，形成文、理、工协调发展的专业布局。新设了物联网工程、信息安全和地质学等战略性新兴产业相关专业，以及数字媒体艺术和工业设计等新兴交叉学科专业。坚持将就业率指标作为专业建设和招生规模的重要依据，2013年停招8个专业，减招5个专业，增设4个新专业。

3. 探索多样化人才培养模式

实施分层分类人才培养模式改革，设立“文典学院”，在文、理基础学科和管理学科实施拔尖人才培养计划；在工科、数学、生物、法学、经济类实施“卓越人才培养计划”，培养创新意识和实践能力强、适应经济社会发展需要的高素质专业人才。与英国曼彻斯特大学、美国衣阿华州立大学等国（境）外高校合作联合培养本科生，构建协同育人平台。与中国科学院和解放军军事医学科学研究院等13个科研院所合作，以“3+1”、“2+2”模式联合培养研究生和本科生。在省内庐江、太湖、舒城、怀宁

等8个县级人民政府建立研究生培养创新基地，与23家大型企业联合培养研究生。被多家主流媒体誉为“安大模式”的研究生联合培养模式，入选了国务院学位办编印的《中国学位三十年》“制度创新、科学发展”栏目，赢得社会的广泛赞誉。

我校与中国科学院昆明动物研究所开展研究生联合培养

二、以深化实践教学改革、打造三个平台为依托，构建创新创业教育体系，培养学生创新创业意识和实践能力

1. 构筑制度平台

学校成立创新创业教育工作领导小组，制定并实施了《安徽大学创新创业教育实施办法》等一系列规章制度。2013年专项投入创新创业教育经费1240万元，初步形成了以创新创业课程为基础、以创新创业平台为支撑、以各类创新创业竞赛和学术科技活动为载体的创新创业教育体系。建立灵活的人才使用及双向流动机制，提升“双师型”教师队伍数量和质量，先后聘任572名机关及企事业单位专业技术人才担任兼职教师。

2. 搭建实践创新平台

实施“学术创新研究扶持项目”、“研究生学术创新研究强化项目”和“推免生”科研训练等资助计划。自2006年起设立了校级大学生创新性实验计划项目，2008年入选国家首批大学生创新性实验计划立项学校，累计已完成405项国家级创新项目。

2012年入选教育部大学生创新创业计划实施高校，2013年获批国家级和省级大学生创新创业项目345项，参与学生2000多人。连续10年举办“大学生学术科技节”，大力开展创新创业教育活动。2008年以来，学校在国内外各项创新类竞赛活动中获得国际级奖励24项、国家级奖励854项。国内首创安徽大学机器人剧场赛，受到了中央电视台新闻频道和中央一套的“朝闻天下”等国内众多媒体的关注。

学校机器人足球代表队在国际水中机器人大赛中获一等奖

3. 建设创业孵化平台

与合肥国家大学科技园创业孵化中心、安徽大学科技园合作共建创业实践基地，成立“大学生创新创业服务中心”。开设创业学、创业学理论与实践等创业类选修课，出版《大学生创业实践与实务》教材。依托管理学专业设立创业教育实验区，组建创业教育团队，聘请50余位省内企业界精英担任大学生创业导师，组织“大学生创业特训营”，开展创业训练、KAB、模拟实训等创业培训活动。

三、以提高就业质量为目标，以提升专业化、全员化、全程化、信息化服务水平为抓手，完善就业指导与服务体系

1. 实施职业规划、心理辅导、就业指导三位一体的就业教育

2006年在省内高校率先针对大一、大三学生全面开设就业指导课，并列入必修课程。2008年，启动面向大一新生的“人生启航工程”，进一步将学生生涯规划教育系统化。2012年深化就业指导课程改革，采用“团体辅导、任务驱动、情境模拟”三位

一体教学组织模式，建立集体备课、听课评课、教学大赛等质量监控体系和评价体系，聘任 57 位职业经理担任兼职就业导师走进课堂。设立社区“学生发展指导室”，选聘一批具备职业指导师、创业指导师、心理咨询师等资格的学生发展指导专家队伍进驻，开展个性化指导。连续多年面向毕业生开展“就业导航”系列活动，通过政策宣传、就业沙龙、专题辅导等形式，帮助学生充分了解就业形势与政策，掌握就业技巧。每年 4—6 月份以感恩母校、毕业庆典、追寻梦想等主题，隆重举办毕业典礼、毕业纪念日等毕业纪念活动。

外交部大使来校开展公务员考录宣讲

学校聘任兼职就业导师

2. 统筹“网上”“网下”两个市场建设

立足安徽省内和长三角地区，与知名企业、地方人才机构、开发园区等建立稳定的合作关系，2013 年联合毕业生去向较为集中的行业知名企业和地方人才机构，发起成立“安徽大学毕业生就业合作联盟”，为学生就业创业搭建平台。2013 年举办 200

余家用人单位参加的大型招聘会2场，地方人才机构中型组团招聘会13场，专场招聘会556场，接待用人单位1535家，提供就业岗位23652个，每年近80%毕业生通过各类校园招聘成功就业。

学校发起成立毕业生就业合作联盟

3. 形成全员参与就业的工作格局

学校成立了以校长为组长的毕业生就业指导委员会，学生处作为具体职能部门，统筹研究生院、国际商学院做好研究生、本科生和专科生就业指导和服务工作。教务处、团委、校友会等人才培养的其他部门从各自分工参与就业工作。各院系成立以党政一把手为组长的就业工作领导小组。形成了“市场导向、学校统筹、院系为主、分级负责、全员参与”的就业工作管理体制和运行机制。

适应需求　加强协同
全力提升毕业生就业工作水平

安徽工程大学

安徽工程大学是一所以工为主的省属多科性高等院校和安徽省重点建设院校，坐落在国家级开放城市芜湖。学校办学始于1935年。目前，学校占地面积1500余亩，现有全日制本科生和研究生22000余人，教职工近1300人。学校现有学科涵盖工、理、文、管、经、法、艺等门类，设有61个本科专业，其中，机械设计制造及其自动化、自动化、艺术设计等专业为国家级特色专业建设点。有9个一级学科和38个二级学科硕士学位授权点，有工程硕士、艺术硕士和公共管理硕士（MPA）等3类硕士专业学位授权类别，其中工程硕士有5个授权领域。学校为教育部本科教学工作水平评估优秀高校、安徽省人才工作先进单位、安徽省“卓越工程师教育培养计划”高校、安徽省联合培养研究生示范基地。

作为一所以工为主的省属多科性大学，在严峻的就业形势下，学校牢固确立服务地方经济社会发展的办学定位、高素质应用型人才的培养目标定位、面向基层面向企业的服务面向定位，始终坚持招生、培养、就业联动，创新、创业、就业互动，学校、政府、企业协同，确立“以专业结构调整适应社会需求，提升就业规模；以培养模式改革适应岗位需求，提高就业质量；以加强各方协同突破现实瓶颈，提高就业水平”的就业工作思路，深入实施“一把手”工程，切实落实“四到位”和“四化”要求，全力提升毕业生就业工作水平。在长期的工作实践中，取得了显著成效，形成了鲜明特色。多年来，毕业生就业率一直位于全省前列，多年保持在95%以上，就业流向分布与学校办学定位吻合度高、毕业生就业满意度高。毕业生在工作岗位能吃苦，肯奉献，逐渐成长为安徽各个行业的骨干力量，为服务安徽崛起做出了重要贡献。尤其在安徽机械加工、汽车制造、电子信息、食品、轻纺等行业的知名公司中，涌现出一大批中高层管理和技术领军人才。“愿下基层，能上高层”是用人单位对学校毕业生的广泛认同，“下得去、留得住、用得上、干得好”成为学校毕业生的典型特点。广大校友饮水思源，以基金、奖学金、人才招聘、经验分享等方式积极回馈母校。如2013年，学校校友、安徽鑫龙电器股份有限公司董事长束龙胜个人向母校捐款1000万元，支持母校人才培养和就业工作。

学校校友束龙胜向母校捐赠1000万元

近年来，学校毕业生就业工作共获得省政府就业工作领导小组先进集体表彰1次，省高校毕业生就业工作委员会先进单位表彰连续8次，其中近五年为安徽省高校毕业生就业工作标兵单位；荣获“2013年安徽省大学生创新创业教育示范校”称号；就业工作人员获教育部、省教育厅高校毕业生就业工作先进表彰17人次。学校毕业生就业工作所积累的典型经验被《光明日报》《中国青年报》《安徽日报》、安徽电视台、芜湖电视台等多家主流媒体报道20余次，并多次应邀在不同层面的会议作经验交流。主要特色如下：

一、深化教育教学改革，以质量促就业

一是紧扣社会需求，科学调整学科专业结构，加强招生、培养、就业三方联动。学校紧扣地方经济发展需要设置专业，与地方支柱产业和新兴产业发展需求契合，建

立了招生专业动态调整、预警和退出机制，每年编撰《专业招生情况分析报告》和《毕业生就业白皮书》，将招生专业与就业状况紧密结合，招生计划与人才规划紧密结合，教育教学与社会需求紧密结合，全面提高人才培养的针对性和适应性。近三年，学校停办了7个专业，增设了符合地方支柱产业和新兴产业发展需求的10个专业，遴选了社会需求大、就业形势好的12个专业进入一本招生，实现社会需求与专业发展的良性互动。

二是紧贴社会需求，确定高素质应用型人才培养目标，及时调整人才培养方案。学校确立了培养“德智体美全面发展、诚信实干、基础扎实、实践能力强、综合素质高、具有创新精神的高素质应用型人才”的目标定位，并紧贴就业岗位需求，将行业标准、企业标准和职业资格标准引入人才培养方案，建立专业培养标准，按照“通识教育平台+学科专业教育平台+实践教育平台+专业方向模块”的“N平台+模块”思路构建课程体系，更加强调学生知识、能力和素质的协调发展，更加突出学生实践能力的培养。

学校大学生在全国大学生工程训练综合能力竞赛荣获一等奖

三是围绕社会需求，服务学生成长需要，创新人才培养模式。学校围绕社会需求，积极创新人才培养模式，为学生成长和个性化发展提供更加多样化的选择空间，以提高学生的综合素质和社会适应能力。在本科生培养方面，立项实施“卓越工程师”教育培养计划，形成了企业冠名班、主辅修双学位、“赛学研”相结合、“教学研做”一体化等适应岗位需求的人才培养模式，全面提高学生的创新精神与就业、创业能力。在研究生培养方面，推进校企联合培养的“双导师”、“双基地”模式，建立开放的研究生培养体系。

四是下移工作重心，激励基层人才培养创新，推动校院两级教育教学改革同步社会需求。各学院将专业、创新、创业、就业有机结合，形成了点多面广、各具特色的培养模式和工作模式。如机械学院、生化学院将产学研合作作为提升学生实践技能的重要抓手，计算机学院、电气学院将专业创新能力培养作为促进就业的突破口，艺术学院、纺服学院将创新创业实践作为提升就业质量的有效途径，管理学院根据专业特点建立“创业学校”积极培育学生的企业家精神，体育学院建立颇具特色的素质拓展基地，有效提升学生应对困难、敢于挑战的心理素质等。

二、强化校政企联动，以协同促就业

一是校校协同，建立联盟，打造毕业生就业大市场。2009 年，在金融危机背景下，学校联合芜湖 12 所大中专院校牵头成立了芜湖大中专毕业生就业联盟，协同对外开拓就业市场。联盟学校毕业生涵盖博、硕、本、专、技等不同层次，学历层次链条完整，专业门类齐全，毕业生规模庞大，充分满足了各类用人单位的多样化需求。这种开放共享、协同共赢的做法受到上级主管部门、用人单位、联盟学校、毕业生和社会的高度评价，被安徽省教育厅称为“毕业生就业的大超市”。近年来联盟共举办了 20 余场组团招聘会，与全国 20 多个地市就业主管部门建立稳定的合作关系。2013 年底，安徽省教育厅要求学校以“芜湖大中专毕业生就业联盟”为基础，组建“皖南片大中专毕业生就业联盟”，加强合作交流，发挥更大的示范作用。

2009 年学校牵头成立芜湖大中专毕业生就业联盟

二是校政协同，深度融合，学校与地方发展良性互动。学校与地方特需人才需求和重大项目建设协同，围绕“皖江城市带承接产业转移示范区”产业发展规划，建设“皖江高端装备协同创新中心”和“安徽工程大学机器人产业研究院”，设置车辆工程、机器人等专业与方向。学校积极融入芜湖市“自主创新人才特区战略”，开展包括产教合作、研究生培养、就业创业在内的“七大工程”战略合作。2014 年，学校又与芜湖市达成人才供需合作协议，由校长实名推荐优秀硕士毕业生赴芜湖事业单位入编工作。

三是校企协同，合力增效，实现合作就业、合作发展。一方面，学校主动加强同行业领军企业的协同与合作，根据企业个性化需求，联合开办企业班，服务人才培养。如联合开办“奇瑞班”、“讯飞班”、“合力高级营销班”等，与鑫龙电器股份有限公司联合成立国家级大学生校外实践教育基地、联合培养研究生省级示范基地等。另一方面，紧密对接，双向互动，强化校企间的人才共享。近三年，学校选派 79 名科技特派员到企业担任技术顾问，选派近 70 名教师到企业挂职，企业通过选派高级工程师到学校承担教学任务，增设企业特需课程和内容，实施“菜单式”教学。这些举措既增强了人才培养规格与企业需求的符合度，又促进了毕业生到行业领军企业就业的规模，还满足了企业对人才的个性化需求。

奇瑞汽车公司董事长尹同跃来校洽谈合作

学校与安徽叉车集团签署战略合作协议

以建设“创业型大学”为引领
着力推进大学生高质量就业

福州大学

福州大学创建于1958年，是教育部与福建省人民政府共建的国家“211工程”重点建设高校。学校形成以工为主、理工结合，多学科协调发展的办学格局。现有在校本一批学生24000余人，博硕士研究生近9300人。2010年，时任中共中央政治局常委、中央书记处书记、国家副主席习近平同志莅临学校视察指导，他勉励福大学子珍惜大学生活，勤于学习、敏于求知，扩大知识面，努力成为德智体美劳全面发展的中国特色社会主义建设者和接班人。

2010年9月4日，时任中共中央政治局常委、中央书记处书记、国家副主席习近平同志莅临学校视察指导

2009 年，学校紧密围绕国家特别是福建经济社会发展需要，确立了走区域特色创业型强校之路的办学理念。学校始终高度重视人才培养工作，大力推进毕业生就业工作，毕业生初次就业率连续多年保持在 90% 以上，签约率超过 70%。建校以来，学校为社会培养了 20 余万名毕业生，其中不乏学术专家、政界领导、商业精英和企业高管。学校在中国校友会网“2014 中国大学校友捐赠排行榜”中排名第 9 位，在“2013 中国大学杰出校友排行榜”中排名第 56 位。

福州大学旗山校区

一、以引领产业行业发展理念，培养高质量人才

1. 根据产业发展需要，优化学科专业结构

筹建海洋学院，培养海洋新兴产业发展紧缺人才；创办石油化工学院，培养高层次石油化工人才，引领福建产业升级。主动对接福建产业结构调整，按照“稳定规模，重在质量、突出重点、形成特色”的总体思路，积极调整和优化学科专业结构。在战略产业方面，专业覆盖率达到 93%；对战略性新兴产业基本达到全覆盖。

2. 探索多样化育人模式，提升人才培养质量

探索应用型、研究型、复合型、创业型等多样化人才培养模式，满足社会发展对不同类型人才的需求。在 7 个学院试点实施“创新研究型拔尖人才实验班”计划；以首批教育部“卓越工程师教育培养计划”试点高校为契机，通过优化培养方案、增设企业课程、创建具有工程背景的师资队伍、建设国家级工程实践教育中心等措施，培养优秀工程技术人才。

3. 加强毕业生质量跟踪，促进人才培养良性循环

重视就业调研，定期开展毕业生质量跟踪调研，将调研结果和毕业生就业状况反馈到招生、教学、培养等环节，促进专业设置、人才培养与就业工作的良性互动。

多年来，学校培养的人才尤其是理工类毕业生，遍布福建及周边地区的电力、机械、化工、建筑、地矿、生物工程等重要行业领域，并涌现出一批行业领军人物，引领了相关产业发展，学校被誉为福建省“企业家的摇篮”。

二、融入创业型大学建设实践，大力推进大学生创业工作

1. 融入人才培养，培育大学生创业意识和创新实践能力

一是把创业教育融入专业教育。依托“创业管理”硕士点及工商管理专业，在全校跨专业、跨学科开设创业通识课程11门，设立创业类学分；充分结合国家级企业经济活动虚拟仿真实验教学中心、新大陆物联网实验室等优质实验教学资源，引导学生开展创业实践活动。

二是把创业教育融入教师教学科研。专业教师主动吸纳学生参与专业创新创业科研工作，结合课程教学的要求，带领学生科研团队开展项目研究和科研训练。近三年专业教师通过横向课题研究为企业解决技术问题891项，并将实践经验和科研成果应用于大学生创业教育。

三是把创业教育融入专项拓展培训。每年投入60万元，开设创业基础班、提升班、精英班、骨干训练营等，形成“创业通识—创业技能—创业实战”逐层提升的培训体系，培训学生达6000多人次。

四是把创业教育融入科技文化活动。通过国家、省、校三级本科生创新创业训练计划、近40种学科竞赛、10多项创新创业赛事等，多渠道提高学生的创新创业能力。每年约有10%的在校本科生参与各级创新创业训练，40%的学生参与各类学科竞赛创新活动，5000人次参与各类创业赛事。

福州大学荣获2012年第36届ACM国际大学生

程序设计竞赛全球总决赛第18名

2. 整合校内外资源，多渠道助力大学生创业工作

一是深化校企合作，培养创业型人才。与紫金矿业集团等6家大型企业联合创办学院或专业，开展深度合作，培养创业型人才；2004年率先启动“预就业”人才培养模式，与厦门航空等53家知名企业签订校企合作协议，培养学生的企业家精神和专业技能；深入开展产学研合作，提高研究生创新创业实践能力。

二是借助校友资源，助力大学生创业。校友企业大力支持学生创新创业，成立“福州大学创业校友联盟”，利用校友的资源服务于学校的创新教育和创业工作，先后创立了“新楚大学生创业基金”等各类创业基金计3410万元。

2014年4月，福州大学与中央电视台财经频道、中国联通

联合主办“中国创业榜样”高校行活动

通过以创新引领大学生创业、以创业带动大学生就业。目前在校生中共有113个创业项目在运营，实现工商注册30家，近500名学生参与创业项目运作，实现了以创新引领创业，以创业带动就业。

三、构建职业发展教育体系，促进学生全面可持续发展

1. 将职业发展教育贯穿于大学教育全过程

一是引导低年级学生认知自我。将职业发展教育纳入新生入学教育，通过发放《职业生涯规划新生特刊》、开设大学生职业生涯规划与管理课程启发新生职业规划意识；通过职业规划大赛、生涯辅导个体咨询、团体辅导等活动，引导学生探索自我。

二是鼓励中年级学生探索职业世界。结合“职场文化节”，通过邀请企业HR开展主题沙龙、名家讲座，组织“行业分析大赛”、名企观摩等活动，帮助学生了解职场文化，提升职业素养。

三是提升高年级学生求职及职场适应能力。开设大学生就业与创业指导必修课，并通过“备战毕业季就业指导系列讲座”、“大学生求职技能训练营”、“简历设计大赛”、“全真面试大赛”等活动，帮助学生顺利进入并适应职场。

2. 将职业发展教育融入学科专业教育

在开设职业规划、就业指导全校必修课基础上，二级学院也充分结合学科专业特点，研究设置适合学生职业发展的课程模块。“职业发展教育团队”教师借助课题立项、教学研讨，开展结合学科专业特点的教研科研；专业教师以担任大学生职业发展导师、参与教材编写等方式，主动参与大学生职业生涯规划指导。

经过多年发展，形成了系统化、全程化、立体化的职业发展教育体系，学生职业规划意识和能力明显提升，职业规划课程获评“福建省高校职业发展与就业指导示范课程”；学校教师在全国及全省就业指导课程大赛上多次获奖。

四、加大基层就业引导力度，增强毕业生社会责任感

1. 引导毕业生将个人发展与实现中国梦相结合

坚持引导和鼓励毕业生积极投身国家和地区发展最需要的领域与行业，通过举办“基层就业优秀校友论坛”、“新老选调生面对面”、“基层创业培训班”，推出“走近基层就业优秀校友”系列报道，营造基层就业光荣的校园氛围；主动走访山区县市和生产一线用人单位，与地方政府合作组团招聘，积极开拓基层就业市场。

2. 注重将基层就业岗前指导与后续跟踪服务相结合

开展岗前培训与指导，定期走访慰问基层就业毕业生，邀请基层一线校友回校座谈交流，为服务基层的校友提供持续的职业生涯指导。不断完善优惠政策和保障措施，自2006年设立“基层就业奖励金”以来，已累计奖励西部计划、大学生村官、三支一扶等国家地方项目及到福建省偏远地区就业的1220名毕业生246.62万元。

逐步形成“整体动员、岗前指导，择优推荐、重点奖励，典型示范、跟踪指导”的基层就业工作机制。每年约有10%毕业生投身基层，且人数逐年增加，不仅为基层发展增添活力，也涌现出一批从基层成长起来的优秀校友。

2013年10月，福州大学举办55周年校庆校友返校日活动暨基层就业优秀校友论坛

五、坚持以生为本工作理念，提升就业指导服务水平

1. 打造数字化就业服务体系

依托就业信息门户网站，以学生工作信息系统、就业方案登记系统、档案去向查询系统、就业率统计系统等为平台，结合微博、微信等新媒体技术，打造高效、安全、系统的数字化就业服务体系，为广大学生提供便捷的就业信息、实习见习信息、个性化的就业信息邮件订阅等服务。

2. 畅通双困生就业绿色通道

从经济帮扶、自信心重塑、职业能力提升、就业创业服务等入手，把整体分类指导与一对一个性化帮扶相结合，为“双困生”等特殊群体开辟了就业绿色通道。2009年至今，共为631名“双困毕业生”发放求职择业补助金累计87.15万元。

3. 开展个性化就业指导服务

组建了一支由校内外30名就业创业指导专家组成的“大学生职业发展导师”团队；创建生涯辅导咨询室，设立预约热线面向学生开放预约，一对一帮助学生解决职业选择、生涯发展、创业指导等个性化问题；邀请企业HR、职业规划专家，举办“每个人都是自己命运的设计师”主题沙龙、“大学生求职技能训练营”等团体辅导活动，辅导内容包括职业定位、职业素养提升、职场适应、求职材料制作等，贴近学生需求。

几年来，学校荣获“福建省大中专毕业生就业工作先进集体”、“全国高等学校创业教育研究与实践先进单位”、“全国青年就业创业教育2011年度先进集体”、“福建省‘工人先锋号’”等荣誉称号。

求真务实　开拓创新
全力以赴为毕业生就业保驾护航

青岛科技大学

青岛科技大学是一所以工为主，理、工、文、经、管、医、法、艺等学科协调发展的多科性大学，具有64年的办学历史。学校现有崂山、四方、高密三个校区，全日制在校生3万余人。多年来，学校在教育部和山东省委省政府的正确领导下，坚持“面向行业、面向区域、面向世界”的特色办学理念，不断优化学科专业设置，深化教育教学改革，创新实施“一体两翼三化”就业工作模式，不断突出“学科创业、国际化就业、立体化招聘”三个特色，力求实现“就业率和就业质量”双提高。学校签约率连续八年位列省属本科高校第一位。

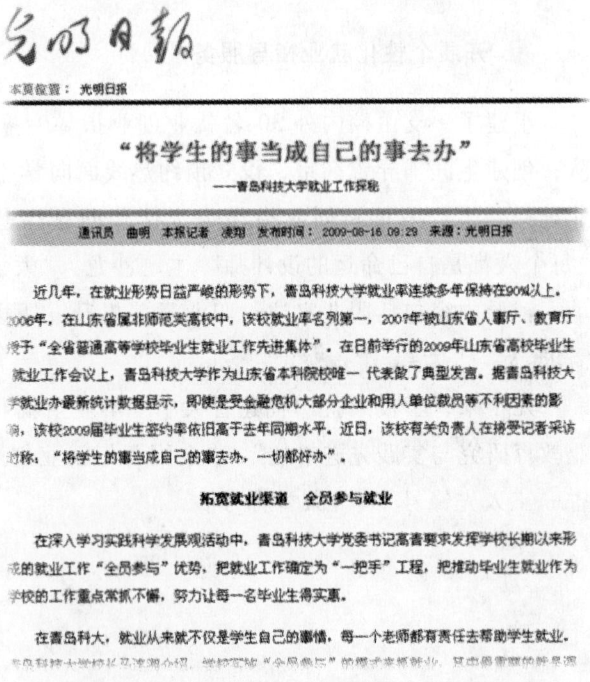

光明日报

本页位置：光明日报

“将学生的事当成自己的事去办”

——青岛科技大学就业工作探秘

通讯员　曲明　本报记者　凌翔　发布时间：2009-08-16 09:29　来源：光明日报

近几年，在就业形势日益严峻的形势下，青岛科技大学就业率连续多年保持在90%以上。2006年，在山东省属非师范类高校中，该校就业率名列第一，2007年被山东省人事厅、教育厅授予“全省普通高等学校毕业生就业工作先进集体”。在日前举行的2009年山东省高校毕业生就业工作会议上，青岛科技大学作为山东省本科院校唯一代表做了典型发言。据青岛科技大学就业办最新统计数据显示，即使是受金融危机大部分企业和用人单位裁员等不利因素的影响，该校2009届毕业生签约率依旧高于去年同期水平。近日，该校有关负责人在接受记者采访时称，“将学生的事当成自己的事去办，一切都好办”。

拓宽就业渠道　全员参与就业

在深入学习实践科学发展观活动中，青岛科技大学党委书记高青要求发挥学校长期以来形成的就业工作“全员参与”优势，把就业工作确定为“一把手”工程，把推动毕业生就业作为学校的工作重点常抓不懈，努力让每一名毕业生得实惠。

在青岛科大，就业从来就不仅是学生自己的事情，每一个老师都有责任去帮助学生就业。

光明日报报道学校毕业生就业工作

一、五位一体，促进学科创业

多年来，青岛科技大学坚持“面向行业、面向区域、面向世界”的办学方针，形成了“五位一体”的创业工作模式，即“以科大模式为依托，培育校园创业文化；以主题活动为载体，培养学生创业意识；以课堂教学为主渠道，提升学生创业能力；以基地平台为支撑，推进学生创业孵化；以政策服务为保障，推动学生创新创业”，形成了“科技创新，学科创业”的学校创业工作特色。

1. 以科大模式为依托，培育校园创业文化

学校历来重视科学研究，努力营造创新创业的校园文化氛围。学校积极承担各级各类科研课题，取得一批标志性成果，在推进科研成果转化方面成绩突出。学校始终坚持走“政产学研”融合之路，广大教师主动与企业联系，走出实验室、走进企业，发现企业技术难题，推介自己的科研成果；许多老师基于科研优势纷纷成立学科性公司，助推成果转化，抢占高端市场。学校连续两次被山东省政府授予“山东省产学研合作创新突出贡献奖”，省委副书记王军民充分肯定了学校在产学研合作中所取得的成绩，并将其称之为“科大模式”。

在产学研合作过程中，广大老师在自主开展技术转让和项目合作的同时，推荐学生到合作企业实习，让学生参与科研项目，将技术转让、校企合作与学生就业创业结合起来。而学生通过实践锻炼，提高了创业技能，积累了创业经验，形成了老师带领学生创业的可喜局面。经过全校师生的不懈努力，学校逐步形成了“科技创新、学科创业”的校园创业文化。在此文化的熏陶下，广大学生努力培养创新思维，不断加深对学科创业的认识，激发创新欲望和创造激情，发挥专业优势，把聪明才智集中到科技攻关和技术开发上来，自觉投身创业实践。

2. 以主题活动为载体，培养学生创业意识

学校出台《青岛科技大学关于加强和改进大学生科技创新活动的实施意见》，每年拨付30万元专项经费，用于大学生创新创业活动奖励。

学校设有青岛科技大学“求思得”论坛，先后邀请谷歌大中华区总裁李开复、中科院院士颜德岳、北京大学副校长梁柱，浙江大学长江学院教授郑强等来校举办创业教育专题讲座，激发学生创业热情。

学校每年举办大学生创业季、大学生创业计划大赛、大学生课外学术科技作品大赛、“ALPS”机电杯创业计划大赛等活动，近年来共有万余名学生参与，累计完成创业项目200余个。

学校目前有科技类社团17个，创业社团8个。近三年大学生科技创新共获得全国一等奖7项、二等奖13项、三等奖22项，山东省特等奖4项、一等奖21项、二等奖23项、三等奖27项。建立青岛首家高校“YBC”创业服务站；参与大学生KAB培训项目5期共计800人次。学校引入资金180万元建立青岛创业大学青科大教学点，每年培训毕业生1200人次。

3. 以课堂教学为主渠道，提升学生创业能力

学校出台《青岛科技大学关于制订本科专业人才培养计划的实施意见》，把创业教育列入人才培养方案，与职业生涯规划课、就业指导课一起，作为学生必修课。建立由专业教师、创业工作专职人员、校外专家组成的“专业、专家、职业”化师资队伍。这支队伍中包括教授18人，国家职业指导师61人。实行创业教育导师制，对学生进行定期创业、就业及学业教育培训。在教学过程中，引入互动体验、案例分析等立体化教学方式，实现课程体系与实践平台的相互支撑。

4. 以基地平台为支撑，推进学生创业孵化

学校积极打造大学生创新创业孵化器平台，秉承“以创业带动就业”的发展理念，设立创业服务中心，引入工商税务服务、市场策划、咨询、法律、工商注册、资产评估、专利申请、技术合同认定和交易等服务机构，提高创业企业抵御风险能力。学校从2004年开始建立行业特色鲜明、区域布局合理的大学生就业创业基地。于2009年建立了“青岛科技大学大学生创业孵化基地”，于2012年在橡胶谷建立大学生“创业苗圃”，为大学生创业提供了广阔平台。

5. 以政策服务为保障，推动学生创新创业

2003年，学校成立“创业工作指导委员会”，校长担任委员会主任，各学院院长和职能部门负责人作为委员。同年10月，成立青岛科技大学大学生创业中心，各学院相应成立“学院创业工作办公室”，校院两级创业工作领导小组为大学生创业工作的有效开展提供组织保障。学校出台《青岛科技大学关于加强和改进大学生科技创新活动的实施意见》、《青岛科技大学关于推进大学生创业的实施意见》等文件，为大学生创业提供制度保障。

学校设立总额为324万元的大学生创业基金，用于学生创业重点扶持；设立“大

学生创业项目专项目录”，依托学校科研优势，为学生创业提供项目支持；对创业团队学生免费开放校内实验室及各种测试仪器；根据学生创业项目，提供一名专业老师定向指导；创业团队主要成员学籍在学校规定基础上可延长一年，研究生可获10个科研成果量化分，本科生可获12个创业实践学分，免修公共选修类课程。成功创业成员可作为具有突出培养潜质学生推免研究生。

经过多年的培育，学校涌现出大批创业典型。学校已成功孵化企业85家，其中成功孵化并推向社会53家，正处于孵化期内的企业32家。如学校创业学生柴大程，与导师合作研究“橡胶胶片隔离剂SP－20”，自创青岛高科新材料有限公司，已经成功实现技术转化，现年产量15000吨；学生葛茂旭与学院老师共同研发自动化污水处理系统，自创“青岛清科环保新材料有限公司”，在潍坊市新农村建设的改造工程中成功中标14项；研究生鲁汇智创办了青岛同科橡塑科技有限公司，为新飞集团、烟台万华等大型企业提供橡塑材料研发、测试分析等技术服务，同时为青岛、日照经济技术开发区提供技术开发、技术咨询等服务，年营业额达3000万元，签约毕业生42人。技术含量高、成果转化效果显著，已成为学校大学生自主创业的显著标识。

学校先后被评为国家级“高校学生科技创业实习基地”、首批“山东省大学生创业孵化示范基地”、“山东省大学生创业教育示范院校”、“青岛市优秀高校毕业生创业孵化基地”，多人获得省市“创业明星”、“十佳创业标兵”、“明星企业”、“优秀大学生创业者”等荣誉称号。2009年，在山东省高校毕业生就业工作会议上，学校作为山东省唯一代表就毕业生就业创业工作作了经验介绍；2010年，山东省大学生创业现场会在学校召开，全省143所高校分管校长参观了学校创业孵化基地；2011年，人社部信长星副部长、省人社厅李伯平副厅长先后参观学校创业孵化基地，2012年“国务院就业工作联合督察组”参观学校创业孵化基地并给予积极评价；中央人民广播电台、《光明日报》《中国青年报》《科学时报》、新华网、中国教育新闻网等国家级媒体对学校就业创业工作给予了宣传报道。

二、放眼未来，推进国际化就业

学校积极开拓国际化就业领域，实施“名牌就业”战略。2004年成立“青岛科技大学ALPS国际工程师培训中心”，已有8批1000多名学生进入中心培训，其中260名学生分别与ALPS科技有限公司、三菱电机、五十菱、丰田汽车等日本企业签约就业；学校还与日本TRANSCOSMOS集团公司组建国外企业人才输送平台，已有210名学生先后到 TRANSCOSMOS 集团工作。

青岛科技大学国际工程师培训班

此外，学校还积极拓展学生出国通道，与德国帕德博恩大学、美国特洛伊大学、加拿大玛拉斯宾那大学和韩国汉阳大学等开展联合办学，输送学生到国外深造。学校中德科技学院被誉为中外合作办学的典范，利用帕德博恩大学与德国企业界联系密切的优势，先后有430余人进入巴斯夫、拜耳、大众、德固萨、菲尼克斯、安德烈斯蒂尔、汉森等德国公司工作。目前，有878名毕业生已经走出国门，实现国外就业，这些跨国公司为学生提供了良好的实习机会和就业去向。

青岛科技大学副校长李庆领在德国柏林受到习近平总书记亲切接见

三、点面结合，搭建立体化招聘平台

学校搭建“大型供需见面会——中型行业招聘会——小型化专业化招聘会——远程视频双选会”四位一体的招聘平台，建立“抓大放小、点面结合、形式多样”的招聘会模式。即：学校集中力量抓好大型招聘会和企业专场招聘会；学院依托专业特色，面向专业所对应的行业市场，办好小型化专业化招聘会，既有大型招聘会的“面”，又有小型化招聘会的“点”，优势互补。近年来，通过校内立体化招聘平台实现就业的毕业生占到签约学生的80%以上。

青岛科技大学举办山东省最大规模毕业生供需见面会现场

伴随社会经济产业结构的不断调整以及毕业生数量的增加，面对新形势、新情况、新问题，学校不断创新毕业生就业工作理念、机制及方法，努力用特色工作推动就业工作取得新进展，上下齐心、全员参与、举全校之力，为毕业生就业保驾护航，青岛科技大学校长马连湘经常挂在嘴边的一句话是：学生有工作，老师才有饭碗！

坚持一种理念　把握三个重点　打造六大平台 努力构建“三高”就业工作新格局

华南农业大学

华南农业大学（原农业部直属院校）是广东省和农业部共建的“211工程”全国重点大学，有着105年的办学历程。学校总体是以农业科学和生命科学为主要优势学科，以热带亚热带区域农业研究为特色，农、工、文、理、经、管、法等多学科协调发展的综合性教学研究型大学，设有23个学院（部），现有全日制在校生4.2万余人。

学校坚持崇尚学术、质量第一的办学理念，坚持立德树人、德育为先的教育理念，坚持学术立校、人才强校、特色扬校、学风塑校、和谐兴校的办学方略，坚持规模、结构、质量、效益协调发展的办学方针，坚持农林学科创新发展、理工学科择优发展、人文社科特色发展的发展思路，坚持以提高人才培养质量为根本，以多样化人才培养模式改革与创新为抓手，培养了包括10名院士在内的10多万各类优秀人才，被誉为“农业干部和农业企业家摇篮”。

学校高度重视大学生就业工作，坚决贯彻就业工作“一把手工程”，切实实施就业工作“136”工程，也就是坚持1种理念，把握3个重点，构建6大平台，努力构建就业率、就业质量、就业满意度的“三高”就业工作格局。在大学生就业工作的内容、方法、手段、机制等方面采取了一系列行之有效的措施，在深化校企合作，精心打造就业指导课程等方面形成了鲜明的工作特色。近三年，毕业生初次就业率稳居省内同类高校前列，就业质量和社会对毕业生满意度较高。

一、以生为本，高度重视学生就业工作

学校始终坚决贯彻就业工作“一把手工程”和“学生就业是学校最大的民生工程”的工作理念，为学生就业做好全方位的支持。

一是加强组织领导，落实“一把手工程”。学校通过签订第一责任人责任书，建立领导责任制。建立了校领导小组、校就业部门、学院领导小组、辅导员、班主任老师抓就业的工作机制。建立了本科生就业工作评奖考核机制，对学院就业工作开展考核评比，加强二级管理和监督，提升整体就业工作水平。

二是整合多方资源，保证机构、场地、人员、经费“四到位”。学校成立招生就业处，下设就业创业指导中心，拥有就业工作专用场地共1650平方米。学校配备校级就业工作专职人员16人，学院均有专人负责毕业生就业工作。学校每年就业工作经费约占毕业生缴纳学费的1.4%，均用于与就业工作密切相关的支出。

三是完善就业工作机制，完善目标管理考核。学校先后发布了《华南农业大学本科生就业工作评奖办法》《华南农业大学大学生招聘活动管理规定》《关于加强职业发展与就业指导课程教学管理提高教学质量的实施意见》等多项办法及意见，以制度规范就业工作，不断完善就业工作机制。

二、把握三个重点，打造六大平台，构筑高效就业工作体系

（一）重点一：创新人才培养模式

1. 多样化的人才培养平台

学校将学生分为继续深造型、对口就业和跨专业就业三类学生，相应地构建了

"丁颖实验班"等学术研究型人才培养模式，"小动物临床医学班"、"温氏班"、"芭田班"等对口就业型培养模式和"课程国际班"等国际合作人才培养模式。探索宽口径人才培养模式，开展经济学类、工商管理类、公共管理类、电气类、电子信息类、机械类等大类招生大类培养及完善主辅修、双学位等培养模式。

2. 深层次的校企合作平台

学校非常重视强化校企合作，努力实现互利共赢的人才培养新格局。一是构建了"教学、科研、育人"三位一体的校企协同的人才培养模式。学校开办了培养"技术管理骨干"的"温氏班"、培养"未来企业家"的"创业班"、培养"营销骨干"的"扬翔班"、与自然班互补的"芭田班"、"诺普信班"等多种校企协同创新班，邀请企业家为学生授课，安排学生到企业进行参观体验，参加实训锻炼。

二是不断加强对贫困生的励志教育和精神扶贫力度，帮助毕业生提升就业能力。学校依托广东省合生珠江教育发展基金会，创新"免费培训＋双学位资助＋暑期出国研修"的资助形式，开展贫困生励志强能工程——"竹铭计划"，加强贫困生的励志教育和精神扶贫力度，帮助毕业生更好地找到工作。

三是充分利用社会资源，实现校企联合培养人才的新格局。学校与地方政府、企业、科研院所等单位合作共建了4个农科教合作人才培养基地与457个"大学生就业实习基地"。学校注重就业反馈机制，走访了316家用人单位，与社会独立调查机构合作，定期调查毕业校友，为人才培养模式的优化提供借鉴。

（二）重点二：全程化就业指导

1. 全程化的就业课程平台

学校自2002年即开设就业指导选修课，也是广东省第一所正式开设就业指导必修课程的本科院校。就业课程逐步形成了"规划职业生涯—提升职业素养—强化求职技能—启蒙创业意识"的"全程一体化"就业指导体系。每年有9600多人接受系统的就业创业指导必修课程学习。学校编写的教材先后被列入全国高等农林院校"十一五"规划教材以及获得中国就业促进会职业指导优秀成果三等奖。课程也获得"广东省高校职业发展与就业指导示范课程”的称号。

学校十分注重就业师资队伍建设，年均投入20万元用于就业指导师资队伍建设，近年来共派出200多人次参加国内外就业课程培训以及就业学术研讨会，有效地提升了教师队伍的职业化、专业化和专家化水平，建立起一支90余人的专业团队，此外还聘请了一批企业高管作为学生生涯导师。

团队成员在就业指导领域获得多项殊荣，1名教师被评为“全国就业指导感动人物”；2名教师被聘为“广东省高校就业指导教研高级导师团”成员；2名教师获“安博杯”首届全国高校就业指导课程教学大赛全国决赛优胜奖，也是全省获奖人数最多的院校。近五年来，学校就业指导教师团队主持及参与有关就业、创业的课题34项，发表论文158篇。

2. 前沿化的创新创业教育平台

学校对创新创业活动的培育实现了从培训到实践的一体化服务。一是开办创业培训班，对具有创业意向和符合创业条件的学生进行培训。二是组织创新创业沙龙，开展创新创业论坛，拓展创业经验交流的空间，打造技术交流的创新平台。三是组织创新创业峰会，举办大学生创业集市，开拓学生创新创业视野，提供实践平台。四是成立“创新梦工场”，培育优秀学生科研团队。学校还对学生创业团队予以统一登记、造册认证，为学生创业团队提供决策和法律咨询。学校建立的创业孵化基地被批准认定为“广州市创业（孵化）示范基地”，并获得基地专项建设资金支持。

（三）重点三：实施全员化就业服务

1. 便捷化的就业信息服务平台

学校建立了以“就业信息平台”为主体，职业测试、就业服务、信息传递等技术平台为辅助手段的网络信息服务平台，每年为上万学生提供网上服务。学校通过“就业信息平台”发布招聘信息，并做好就业实名制的动态管理。

学校大力拓展就业有形市场，吸引优质企业进校揽才。根据“走出去，请进来”战略，学校积极与地市就业主管单位、行业协会、用人单位及珠三角地区大型人才市场等单位合作，成功举办了农林类大型招聘会、“阳光就业”高校毕业生供需见面会、百家名企大型综合人才等大型招聘活动。同时，学校加强了“行业招聘会”的建设，定期、分行业举办现场招聘活动。

2. 一站式的社区服务平台

学校分别在四个学生宿舍区成立了学生成长服务中心，专门办理各类学生工作事务，其中就包括就业相关事务和咨询，努力为学生打造“10分钟服务圈”。学校选拔社区辅导员到学生社区办公，安排就业创业指导中心老师为学生提供咨询和服务，并开展了团体辅导、过来人沙龙，完成了社区就业咨询1000多人次。学校还通过网上与网下、团体与个体相结合的就业咨询服务覆盖全体学生，帮助学生解决职业规划、求职指导、就业派遣等各种困惑。

今后，学校将继续深入贯彻落实科学发展观，发扬优良传统，坚持办学定位，突出办学特色，积极改革创新，努力建设有特色、高水平的现代大学，进一步提高办学水平和人才培养质量，增强科技创新和服务“三农”能力，积极探索中国特色社会主义现代高等教育发展之路，努力构建就业率、就业质量、就业满意度的“三高”就业工作格局。

服务水利发展战略特色办学
联动提升办学内涵力促就业

华北水利水电大学

华北水利水电大学坐落于中华民族的母亲河——黄河之滨的郑州市，1951年始建于北京，目前是水利部与河南省共建、以河南省管理为主的高校，河南重点建设骨干高校，是河南省唯一一所，全国两所之一以水利为特色的本科高校。

华北水利水电大学因水而生，缘水而兴，始终坚持“情系水利、自强不息”的办学精神、“固本强基、特色发展”的办学道路和“育人为本、学以致用”办学理念，伴随着水利事业的发展而发展。近年来，学校紧紧围绕国家水利行业发展战略规划，以就业和社会需求为牵引，制定考核与分配措施，大力促进教育教学改革，完善人才培养模式，形成了以“社会需求”为导向的“招生、培养、就业”协调联动提升机制，整体办学水平不断提高。

作为一所以水利水电为特色的高校，学校毕业生形成了“下得去、吃得苦、留得住、用得上、干得好”的华水特色品牌。他们不仅有现任水利部部长陈雷、南水北调办公室主任鄂竟平、水利部副部长矫勇、李国英等水利水电行业的领导骨干和技术精英，而且在全国水利系统厅局级领导干部中学校毕业生占1/3以上，毕业生足迹遍布祖国的江河湖海。近五年，学校毕业生就业率保持在95%以上，位居河南省高校前列。“全国高校毕业生就业市场河南分市场”、“河南省毕业生就业市场水利电力类分市场”和“河南省大中专毕业生就业创业培训基地”先后落户学校。学校先后荣获“全国高校毕业生就业工作先进集体”、“河南省大中专就业工作先进单位”和“河南考生心目中最理想高校”等多项荣誉称号，在河南省毕业生就业工作评估中位居第一名并获得“优秀”，毕业生就业工作在河南省高校中名列前茅，2013 年麦克思数据有限公司对河南本科高校毕业生就业调查分析，就业竞争力指数排名第一。学校的知名度和美誉度不断增强，招生形势火爆，吸引了省内外媒体的争相报道和兄弟高校的赞许，形成了独具特色、社会公认的华水就业品牌。

学校近年来部分就业获奖证书

一、服务水利行业，坚持特色办学

2011 年中央一号文件指出：“水是生命之源、生产之要、生态之基”。作为新中国诞生初期就成立起来的水利高等院校，学校始终坚持“情系水利，自强不息”的办学精神。为满足国家水利电力行业对高层次人才的不断需求，培养和输送了大批高素质人才，爱水利、贡献水利是华水人的历史使命和社会责任。水利特色是学校的办学传统，更是品牌依托优势。1999 年大学扩招、更名盛行之际，学校慎重研究，采取果断措施，制定了“以水利水电行业为依托，立足黄河、面向三北，建设具有鲜明特色的水利水电大学”的中长期发展规划（2000—2020 年）。世纪之交，学校实行了水利部与河南省共建的管理体制，又确立了“立足黄河，服务水利，立足河南，面向全国”的办学定位。更名大学以后，学校按照“办一流特色大学，创一流办学业绩”的目标、“固本强基，特色发展”的办学思路，进一步更新教育教学观念，创新人才培养模式，逐步形成了具有华水特色的人才培养体系。学校始终围绕国家水利发展战略调整优化专业布局结构，瞄准行业与社会需求交叉学科人才特别紧缺的情况，通过“招生、培养、就业”与“社会需求”协调联动，不断凸显行业背景与专业“特色化”，从建校之初的3个专业发展到现在的63个专业，从过去以水利专业为主干的单科性院校逐步发展成以水利为特色的，工科为主干，工学、理学、管理学、农学等8大学科门类协调发展的高等学校。目前学校毕业生以“下得去、吃得苦、留得住、用得上、干得好”的人才培养特色蜚声行业内外。目前，学校是全国唯一使用“水利水电”命名的高校，“水利水电”是学校办学特色和优势的集中体现，学校的特色办学历程体现了传承与发展、保持特色与拓宽领域的统一，体现了服务水利发展战略与学校自身发展壮大的统一。

学校参与的水利工程建设

二、“招生、培养、就业”与“社会需求”联动提升

针对目前存在的办学“大众化”、培养“同质化”现象，学校把握大局，审时度势，提出办学新思路、新理念。在学校年度工作目标、就业考核、津贴分配上采取强有力保障措施，坚定建立并实实在在运行“招生、培养、就业”与“社会需求”协调联动提升机制。基本模式是：每年通过采取“学校与用人单位联动”、“学校与地方政府联动”、“学校与校友联动”等校外联动方式，对社会需求和毕业生就业状况进行调研回访、就业状态和质量跟踪调查等，科学详细地编写《就业白皮书》和《年度招生总结》，分层次对全校各专业招生、就业数量和质量进行分析评价，提出改革建议，反馈给学校决策层、职能部门及二级教学单位。然后通过“就业与招生联动”、“招生、就业与培养联动”的校内联动方式，对于就业率偏低、就业质量下降的专业收紧招生

规模或停招，并在培养目标与定位、专业设置、课程体系、教学内容、培养模式等方面进行革新调整，逐步实现人才培养与就业市场的有机结合。改革中力避“同质化”、“大众化”，尽力“特色化”、“个性化”。例如外语类专业，依据社会调研，建议加入水利工程概论、水利英语、FIDIC 合同管理等特色培养内容；法学专业加入水政、水法等内容；经济类专业加入水利经济等内容，强化行业应用性，“招生、培养、就业”联动效果成效明显。在学校工科类毕业生供不应求的背景下，文理科毕业生也凸显独特优势。近年来学校高考录取率、录取分数线屡创新高，招生形势持续火爆，生源质量在省内二本院校中名列前茅。学校以报考率高、录取线高、就业率高、就业质量逐步攀升，形成了与社会需求相呼应的“入口旺、出口畅、培养体系做保障”的良性循环。

副校长尚宝平一行与贵州校友代表座谈

三、参与就业“全员化”

面对全国高校连续多年扩招后出现的就业新形势，学校及时提出全员参与就业的新思路。学校把毕业生就业作为教师、学校生存的根本来定位，把学生就业当作衡量学校办学水平的重要尺度。多次召开会议研讨学生发展、教师发展和学校发展间的辩证关系，树立“办学以学生为本”的理念。学校上下，不论职务、职称高低，不论岗位偏正，心里想着学生就业，把就业看作学校与教师生存发展的生命线，形成人人关心就业、人人参与就业的良好氛围。学校在不断拓展专、兼职人员队伍的同时，建立了学校党政一把手负总责，招生就业处为主导，学院为主体，全校教职员工广泛参与的工作体制。学校出台一系列促进全员参与就业的保障措施，学校把就业纳入目标管理考核范围，专门出台约束与激励并重的制度保障文件。对各单位是否有效促进就业进行年度专项考核，考核结果与学院年终评优评先、津贴分配等利益挂钩，形成就业

“倒逼”机制和牵引动力，制度建设推动了各部门、各学院参与就业工作的主动性、积极性。各学院教师把参与就业工作当作分内的事，认为为学生就是为自己。除积极参与教学改革外，积极和同学、朋友、用人单位联系推荐学生就业，涌现了许多就业帮扶典型。除教师参与外，广大职能部门也身体力行，他们除在工作上间接支持，有求必应，一路绿灯外，许多同志都直接参与学生就业推荐，比如学报编辑部、成人教育学院、图书馆、团委等等，每年推荐人员达150人以上，他们为推荐学生就业成功而引以为豪，就业困难的学生，感到了温暖与力量。这些现象又影响了许许多多的非专兼职人员参与其中，学校有1/3的毕业生是通过非专职介绍就业。学校不失时机地跟进奖励措施，每年召开就业表彰大会，对表现突出的专兼职人员、非专兼职人员，给予通报奖励，宣显传扬，树立成风气、正能量。学校形成了朝气蓬勃、生机盎然的全员支持就业的良好氛围。

学校就业先进单位和先进个人合影

四、每项工作抓铁有痕突出“实效”

“一把手工程”落到实处。学校真真切切落实一把手工程，学校党委书记、校长亲自抓，各学院书记、院长亲自抓，把就业当成办学“生命线”抓，当成“办学成功与否的根本标准”来抓。校院二级层层落实抓就业，树立就业为导向的办学思路，就业意志贯穿培养各环节的始终。

保障措施保实效。在制度建设方面，学校近三年出台涉及就业管理、创新创业、就业考核、就业奖惩、绩效分配等全方位文件7个。从宏观设计，到具体执行，再到效果控制与考核，每个文件落地有声，环环相扣，形成机制，激励、导向有力，促就业“抓铁有痕”。

“四到位”落实处。从机构设置、人员安排、资金投入和场地保障均落实到位。在招生就业处下属就业管理服务中心、就业市场中心、就业指导中心、招生管理科、综合科等5个科室基础上，学校又增设了创新创业指导中心、创新创业孵化中心、大学生就业发展促进中心。在办公设施方面，学校拥有招聘大厅、就业信息查询室、职业咨询室、就业洽谈室和就业接待室等各种多媒体就业工作场所共计4250余平方米，另有创新创业场地3900余平方米，能满足各种层次、各种规模的招聘需求及创新创业实训需要。在经费保障方面，学校每年从本年度学生学费中划拨不少于1%的经费作为就业专项经费，并呈现逐年增长态势。

“联动机制建设”扎实有效。学校坚持就业调研制度，通过制度建设，促使内部联动、外部联动常态化和制度化，把二级学院的办学经费、津贴分配、招生计划同学生的就业率、就业质量结合起来，激发学院广大教师的积极性，破解改革动力不足的难题。以就业和社会需求为衡量尺度，强力推进“招生、培养、就业”与“社会需求”良性联动。通过联动机制建设，正在形成工科类专业保“行业优势”，文理学科应用“有特色”，所有专业“无洼地”的高水平就业局面。

“创新创业培养”见实效。学校党委非常重视学生创新创业能力的培养。学校及时成立了校级创新创业能力培养指导小组，校党委书记和校长亲自担任组长；成立了学院的创新创业办公室，学院院长、书记牵头，设立创新创业专项经费（每年投入不低于150万元）用于学生的创新、创业活动。并出台立项办法、场地管理办法、资金使用管理办法，保障创新创业工作的有效开展，师生积极性空前高涨。

学校领导参加招聘会与用人单位交谈

新形势下，就业工作任重道远。学校将以此次交流为契机，向兄弟院校学习，秉承“依托水利水电行业特色办学”的理念，完善“办学和社会需求联动，促进学校内涵发展”的工作机制，继续强化“全员关注、全员参与就业”的工作氛围，加快专业化、信息化建设，扎扎实实促就业，办好人民满意的大学。

秉持全国第一所民办高校传统
构建全方位就业服务体系　实现毕业生高质量就业

黄河科技学院

黄河科技学院是全国第一所民办普通本科高校，创办于1984年，1994年实施专科学历教育，2000年实施本科学历教育，2013年被教育部批准为应用科技大学改革试点战略研究项目单位。学校目前占地2138亩，开设58个本科专业，31个专科专业，普通本专科在校生27000余人。

学校历来重视毕业生就业工作，始终坚持就业导向，不断深入探索“本科学历教育与职业技能培养相结合”人才培养模式，实施分类指导，强化全方位服务，真正实现了学生“好就业，就好业”的目标。学校就业率近年来始终保持在96%以上，先后被授予“河南省毕业生就业工作评估优秀单位”、“河南省普通大中专毕业生就业工作先进集体”等称号，毕业生综合素质得到了社会的高度肯定。

一、坚定转型发展，不断深入探索“本科学历教育与职业技能培养相结合”人才培养模式

学校坚持走向应用技术型大学转型之路，服务地方，产教融合，创办企业，实现“学历教育与职业技能培养一体化”。

1. 全方位推进人才培养过程与生产实践对接

一是成立校企合作指导委员会。由学校和企业共同研究决定学校专业结构优化、培养方案修订、人才质量评价、就业等重大问题。做到培养目标对接企业需要，课程对接企业实务，教学实践对接现场环境，教学质量评估体系对接行业（企业）标准。校企联合制定培养方案，确保课程体系对接职业标准，如将职业道德与思政课融合，增设职业资格认证课程；实行“第三方评价”，邀请行业、企业人员参与人才培养质量评价，根据行业、企业反馈意见，调整和优化教育教学。

二是获得行业工程师认证资质。学校重视与行业学会、协会的合作，共同开展职业认证，促进学校教学与职业标准的对接。学校被中国电子学会授权，成为河南省“电子设计工程师认证”点，是河南省本科高校中唯一授权单位。

三是与国内外知名企业联办行业学院。如学校与华为技术有限公司联合创办“黄河科技学院华为网络学院”，华为公司从人才标准、教育资源、运营管理、协作同盟四个方面协助学校建设完整的ICT人才培养体系，与学校合力打造高品质的优秀人才。

四是建立职业技能鉴定所。可以对56个工种进行初、中、高级的培训和鉴定，近三年来，学生职业资格证通过率平均达到80%以上，“双证书”有效增强了学生就业力。

2. 创办企业开辟多元化、高层次实习就业直通车

一是收购、创建企业。学校收购企业，成立河南华中星科技电子有限公司，目前该公司生产能力达到年产400万组“超级电容器”和2500套“运动伺服系统装置”；与河南省交通建设有限公司按照股份制联合成立河南路建路桥工程技术有限公司，共建“工程检测中心”。这些公司运营过程中，企业技术人员和专业教师作为导师，由学生开展相关测试实际工作，参与技术革新，提升就业竞争力。

二是引企入校。学校通过引企入校，与企业、行业合作重点建设具有真实环境和实际生产的实训基地15个，总面积达到13.59万平方米。如河南省西工机电设备有限公司进驻学校，租用学校数控实训基地场地和设备，由公司提供耗材和生产原料进行实际生产，每年提供工位1500个。公司技师带领学生为郑煤机、郑纺机、宇通客车等

设计、加工和生产机械零配件。学生专业水平和职业技能大幅提升，为更加顺利的就业奠定了基础。

三是校企共建。学校与208个国内外知名企业共建实践教学基地，与郑州宇通重工有限公司联合建设校外工程实践教育中心，2013年被评为国家级大学生校外实践教育基地。首批“宇通订单班”74名学生毕业后全部被企业留用，其中赵子阳工作后第二年即在公司技能大比武中荣获冠军；河南生茂光电科技有限公司为毕业生提供真实命题毕业设计，参与的36名学生中22名因设计成绩优秀，被公司正式录用，有3位同学在半年内被破格提拔为助理工程师；学校选拔大三学生进驻惠普（洛阳）基地完成专业学习和企业实习，考核合格直接被公司录用。

二、立足职业发展方向分类指导，实现职业生涯规划教育目标

学校积极实施全员全程化的职业发展与就业指导教育，认真开展系统化个性化的分类就业指导，助力学生更好地实现职业规划目标。

1. 开设模块化就业指导课程，实施分类指导教学

学校职业发展与就业指导课程确立了“理论加实践，四年不断线”的指导思想，将教学过程分为职业生涯规划、创业基础、就业指导3个模块，在大一至大四开设。在必修课程基础之上，学校加大升学学生的理论教学比例；同时开设演讲与口才、职场礼仪等课程供直接就业的学生选修；开设SIYB、GYB培训班提升创业学生的知识技能，帮助学生实现职业发展目标。

2. 突出精细化学生管理，创新分类指导模式

一是两个手册明晰学生职业发展目标。大一时，学校根据学生的兴趣、能力等对其进行测评，使学生明确职业发展方向。在学业进行过程中，学校依托《职业规划手册》指导学生不断修正、调整发展目标。大三开始，学校以年级为单位建立升学班、创业班及就业班，以《职业生涯规划记录本》为载体，制定分类培养计划及月份工作目标，并加强跟踪辅导力度，帮助学生清晰阶段发展目标。

二是双导师引领学生职业发展方向。为满足学生综合发展与个性发展的需求，学校积极推行双导师制，邀请优秀校友作为课外导师，在升学复习技巧、就业创业实践、能力拓展等方面给予学生辅导帮助，帮助学生规划自我。

三是学生社团提升学生职业素养。为对应学生不同的职业发展方向，学校成立了考研提升协会、就业指导促进协会、营销精英俱乐部、创业协会等社团，并配备辅导教师，加大指导力度。社团积极开展考研强化培训、“我的求职体验”征文、模拟招聘大赛、学涯规划大赛、创业梦营销大赛等活动，有效提升了学生的职业素养。

3. 健全特色化政策保障体系，确保分类指导实效

一是课程设置全面推行学分制。学校一方面适度降低公共课的必修比例，由升学意向的学生重点选修；一方面在大一至大三加大选修课比例，大四不再设置必修课，直接就业、升学的学生可结合个人职业发展意向选修课程，创业的学生可专注于创业实践。学校还积极开展学分互认、学分置换，创业成效明显、取得职业资格证书的学生可获得一定的创新性学分。

二是积极开展分类项目考核与奖励。学校制定有《就业工作考核细则》《就业工作奖惩办法》等，对升学、就业、基层服务、创业等工作成效分别专项考核、奖励。

三、全方位服务实现充分就业，立体化模式促进高质量创业

学校坚持服务导向推进就业工作，帮助学生充分就业；探索并实践了大学生创业的终身服务体系，提升了创业水平，实现了以创业促就业。

1. 多措并举，为学生提供全方位就业服务

一是倾力打造全覆盖信息平台。学校开发了就业信息网，建立毕业生就业动态信息库、基层就业毕业生信息库、完善毕业生派遣单位信息库、基层服务校友档案，并通过就业团队QQ群、官方微博和微信等多种渠道，全覆盖式地向毕业生送政策、送信息、送服务，每年为学生提供就业岗位近4万个。

二是免费开展基层项目就业专题培训。学校每年免费举办“大学生村官”、“选调生”等专题培训，为预征入伍学生提供全面咨询。学校荣获“全国大学生志愿服务西部计划优秀项目办”、“全国高校毕业生预征入伍先进单位”等称号，培养了“全国优秀乡村医生”魏国胜、“优秀大学生村官”靳利现等典范。

2. 终身服务，打造立体化创新创业支持体系

一是搭建课程支持平台。学校在36个必修创业课程的基础上，开设了创业学选修课及GYB等专项培训，进一步增强学生创新创业意识。

二是建立创新创业竞赛平台。学校积极组织创业营销大赛、创新创业实践项目训练计划等活动，通过竞赛锻炼和检验学生创业能力，并对优秀项目重点培育，给予资金支持。学生在全国性学科竞赛中获得奖项900个，获得国家专利80项，其中近两年

32 项。目前“船用起重机吊臂结构设计”、“节能减震道轨接头”、“太阳能 LED 照明系统控制器”等专利已投入生产使用，李威团队研发的“F – WHEEL 电动独轮车”专利，产品已取得欧盟 CE 国际认证。

三是建立创业孵化平台。学校建有大学科技园，将操作性、可行性强的创业项目推荐到园区进行重点孵化，提供场地、政策、资金、公司注册等全方位支持，组建创业导师团进行针对性指导和咨询，帮助学生转化专利成果。

四是建立可持续发展平台。学校注册成立郑州黄科企业管理咨询有限公司，依托校友企业联合会，为在孵项目和企业提供科技成果转化、投融资、培训等服务及支持，推动创业项目的市场及产业对接，确保创业企业可持续发展。学校校友会设立了 2 亿元的黄河大同创投基金，为学生创业提供经费支持。学校涌现了“中国 2013 十大年度创业家”酒仙网董事长郝鸿峰、“2012 首届深圳新生代创业风云人物”深圳市汇鑫科技有限责任公司董事长段鑫等诸多创业典型，学校也被评选为“河南省创业教育示范学校”、全国“大学生 KAB 创业教育基地”，全国“女大学生创业实践基地”。

以需求为导向　多措并举　不断提升毕业生就业水平

三峡大学

三峡大学是经国家教育部批准，由原武汉水利电力大学（宜昌）和原湖北三峡学院于2000年6月组建成立，是湖北省重点建设大学。原武汉水利电力大学（宜昌）直属水利电力部，1998年11月通过教育部立项审查，成为“211工程”建设大学的重要组成部分。学校面向31个省、自治区、直辖市及20余个国家（地区）招生，具有学士、硕士、博士学位授予权，有优秀本科生免试推荐硕士研究生权、在职人员申请硕士学位资格、招收留学生和中国政府奖学金生（CSC）资格。2005年学校在教育部本科教学工作水平评估中获得优秀；2009年国家水利部和湖北省人民政府决定部省共建三峡大学；2011年学校入选教育部第二批“卓越工程师教育培养计划”高校；2013年被国务院学位委员会批准为博士学位授予权单位。目前，学校已成为水电特色与优

势比较明显、综合办学实力较强、享有较好社会声誉的综合性大学。

学校现有70个本科专业，涵盖理、工、文、医、经、管、法、教育、艺术九大学科门类；有2个一级学科博士点，20多个一级学科硕士点、130多个二级学科硕士点，有15个硕士专业学位点。学校占地面积3787亩，现有全日制在校普通本科生24285人，硕士研究生3010人，留学生926人。

学校自组建以来，立足“双服务”（服务水利电力行业、服务地方经济社会发展）的服务面向，以科学发展观为指导，以社会需求为导向，以特色求发展，大力推进教育教学改革，不断开拓就业市场，创新就业工作机制，采取积极措施，切实有效地推进了毕业生就业工作。

一、以社会需求为导向，深化教育教学改革，提升人才培养的社会契合度

学校立足“双服务”的服务面向，坚持以“立德树人”为根本任务，确立“厚基础、强能力、志向远大、适应社会需求”人才培养目标，以社会需求为导向，深化教育教学改革，全面提升学校人才培养质量。

1. 以需求为导向，建立专业动态调整机制

学校逐步形成招生、培养、就业和学生管理的联动机制，教务处、学生处、招生及就业指导处定期联合调研、召开联席会，研讨就业市场和人才培养工作。学校以社会需求为导向，以“四率”为依据，即将一志愿报考率、转专业率、就业率、协议签约率作为重要参考依据，逐步建立了本科专业动态调整机制。学校自2000年合并以来，以需求导向、学科基础、优化整合为基本原则，多次对学科专业结构进行了调整，进一步凝练学科方向，提升学校核心竞争力和办学实力，提高服务水利电力行业和服务湖北经济发展契合度。

2. 以需求为导向，建立全面育人课程体系

学校积极推进人才培养模式改革，在全校范围内推进“四共同、一体化”的培养模式。“四共同、一体化”就是要求各专业应该积极与企事业单位保持深度合作，与企事业单位共同制定人才培养目标、共同编制人才培养方案、共同实施人才培养过程、共同评价人才培养质量。只有真正与企业保持人才培养全程的交流、对话和合作，人

才培养才能更好地契合社会需求。学校将《2013 版人才培养方案》，作为基本工作要求，譬如在编制人才培养方案过程中，各学院必须成立编制工作小组，小组中企业（事业）单位人员不少于 2 人。

三峡大学代表队获得全国机械创新设计大赛一等奖

学校已正式建立起全面育人课程体系。全面育人的课程体系由通识教育和专业教育组成。在确保专业核心课程前提下，加大素质教育力度，以便学生适应就业市场需求。光明网、湖北新闻网还以“素质拓展成为三峡大学学生必修课”为题作了全面报道。

3. 以需求为导向，提升人才培养质量市场契合度

学校不断加大建设力度、培育优势明显、特色鲜明的本科专业，逐步形成专业品牌和特色。学校目前有国家级特色本科专业 5 个，省级本科品牌专业 10 个，国家级卓越工程师教育培养计划专业 7 个，省级拔尖创新人才培育试验计划专业 1 个，省级战略性新兴（支柱）产业人才培养计划专业 6 个。2011 年 6 月，土木工程专业参加建设部高等教育专业本科教育评估获得通过；2012 年 6 月，工程管理专业通过了住房和城乡建设部高等教育工程管理专业评估委员会的专业评估，2013 年水利水电工程专业提交了工程教育认证申请并获得批准。

学校注重学生创新能力和实践能力的培养，真正落实开放办学战略，提升人才培养质量市场契合度。学校要求各学院、各专业邀请更多企业工程技术专家和管理专家给学生讲课，派出更多教师外出企事业单位进行锻炼学习，培养更多双师型教师。

二、创新就业工作机制，多措并举，推动毕业生充分就业、高质量就业

学校不断创新就业工作机制，多措并举，狠抓“四大工程”（“一把手”工程、“就业质量提升”工程、“基层专项”工程、“优质服务”工程），有效地促进了毕业生充分就业、高质量就业。

1. 建立就业工作新机制，落实“一把手”工程

学校专门成立了毕业生就业工作领导小组，由学校主要领导担任组长；各学院也相应成立了由院长或院党委书记担任组长的学院毕业生就业工作领导小组，校院两级党委将就业纳入“一把手”工程。

学校创新就业工作机制，形成全员参与的“大就业”体系。学校从2003年开始积极推动就业工作机制的创新，不断完善了“学校主导、部门协调、以院为主、全员参与”的工作机制。学校全面实行目标管理，把毕业生就业工作作为招生及就业指导处和各学院业绩考核的重要内容，加强考核及奖惩力度。各学院将目标分解到系、教研室和教师，形成全员参与的“大就业”工作体系。

2. 大力开拓就业市场，狠抓“就业质量提升”工程

一方面，学校不断巩固服务行业和地方优势。学校充分发挥自身的区域和行业优势，每年组织人员赴全国各地了解市场动态、收集需求信息、开拓就业市场。近三年，学校校领导亲自带队赴水利部、国家电网公司、中国南方电网公司、中国五大发电集团公司、中国能源建设集团有限公司、中国电力建设集团有限公司等水利电力行业内大型企业集团拜访，寻求合作。学校成为电力人才网络联盟常务理事单位、首批电力人才网络联盟校园招聘基地，水利电力行业在招聘过程中，一直把学校毕业生等同于“211工程”高校毕业生对待，学校原有的水利

学校领导率队走访国家电网湖北省电力公司

电力行业就业市场得到了进一步巩固。同时，学校不断增强服务地方经济社会发展的能力，宜昌及其周边的旅游、化工、机械等行业的大中型企业已成为接收学校毕业生的另一支主力军。

另一方面，学校不断寻求新合作，开拓新市场。学校根据不同学科专业特点，分类开拓就业市场。近年来，学校已把浙江东阳、横店、杭州湾上虞、台州及广东珠海等地生物工业园区发展成为学校生物化工类毕业生实习就业基地；学校外国语学院、经济与管理学院已成为深圳电商网商会、东莞网商会“优秀人才生源基地”；学校医学类毕业生也得到了省内外医疗卫生系统的充分认可。

3. 完善激励措施，抓好“基层专项”工程

学校出台了一系列激励措施鼓励毕业生踊跃参加“选聘高校毕业生到村任职”、“三支一扶”、“农村教师资助行动计划”、“农村义务教育阶段学校教师特设岗位计划”、“大学生志愿服务西部计划”及选调生等国家或地方基层就业项目。近三年，学校有300多名毕业生参加基层就业项目，其中涌现出了一批在全国反响强烈的先进典型，如获得中央电视台年度三农人物、第16届“中国青年五四奖章”高金磊，共青团第十七届中央委员会候补委员、荣获“甘肃省五四青年奖章”、“感动甘肃2011十大陇人骄子”、甘肃省“三八红旗手”称号的肖玉川等。

校友高金磊（右一）荣获中央电视台年度“三农人物”

4. 加强就业指导，强化“优质服务”工程

随着学校就业工作机制的完善，学校不断增强服务意识，竭尽全力为毕业生做好指导和服务。就业指导实现“全程化”、“专业化”。学校将就业指导纳入传统公共必修课程，作为通识核心课程进行教学；由于各学院学科特点、就业方向存在差异，学校要求各学院主要领导、系主任每年在学生中开展就业教育2次及以上，并邀请相关领域专家或校友开展就业教育2次及以上，让就业教育贯穿大学教育全过程。就业帮扶实现“个性化”、“多样化”。学校对家庭经济困难或就业困难的毕业生提供“一对一”的就业指导、就业服务和重点推荐，并定期了解毕业生的就业心理动态。就业平台实现“信息化”、“多元化”。学校大力推进就业信息化建设，开发了功能齐全的就

业信息网和毕业生就业办公信息系统，进一步提高了服务效率和服务水平。

校园一角

三、学校就业工作力求实现“四个满意”，就业工作成效显著，社会评价优秀

学校始终以“四个满意”作为就业工作目标，即学校就业工作力求让学生满意、家长满意、用人单位满意、社会满意。通过全校师生共同努力，学校就业工作一直保持良好态势。近年来，学校本科毕业生硕士研究生录取率、高质量就业率稳中有升。2011—2013年，学校毕业生到机关、事业单位和大型国有企业、上市公司及中国500强企业就业的人数分别为2148人、2018人、2065人，占就业总人数59.88%、55.93%、58.59%。学校每年到国家电网公司、南方电网公司及各省电力公司就业的毕业生占该公司接收毕业生总数的比重在全国所有高校排名前三位。

学校曾先后被评为“湖北省高等学校毕业生就业工作先进集体”、“湖北省农村教师资助行动计划实施工作先进单位”。学校已成为水利电力行业大型企事业单位重要人才基地，同时也正逐步成为地方经济社会发展的人才基地和智库，人才质量受到社会各界的普遍肯定。

今后，学校将以社会需求为导向，抓住机遇，求真务实，求索创新，进一步突出学校人才培养特色，提高人才培养质量，切实有效地推进学校毕业生充分就业、满意就业，着力打造毕业生满意的“就业工程”。

深度推进“产学对接、校企融合”不断提升毕业生就业竞争力

邵阳学院

邵阳学院创建于1958年，是经教育部批准的具有硕士学位研究生招生资格的省属多科性本科院校。学校校园占地面积1796亩，校舍建筑面积50.77万平方米，固定资产总值6.41亿元，馆藏图书162万册；设15个院系、54个本科专业，有食品工程、机械工程2个硕士点；有教职员工1143人，其中专任教师832人、教授105人、副教授253人、博士68人；有教育部第一类特色专业建设点4个、教育部地方高校第一批综合改革试点专业1个、湖南省“十二五”重点建设学科4个、湖南省重点专业3个、湖南省特色专业8个、湖南省综合改革试点专业2个，湖南省重点实验室2个、湖南省社会科学研究基地5个、湖南省高校哲学社会科学重点研究基地1个、湖南省高校科技创新团队1个、湖南省高校产学研合作示范基地1个、湖南省精品课程7门、湖南省优秀教学团队5个，国家级大学生校外实践教学基地1个、省级优秀实习基地7个、各类研究所14个、各类实验室23个、教育实践生产基地129个。建校56年来，为国家培养各类人才10万余人。

作为地方本科院校，邵阳学院始终坚持“校地互动”战略，不断深化以就业和社会需求为导向的教育教学改革，努力提高与地方经济社会发展的契合度，形成了“产学对接、校企融合”应用型人才培养模式和“两结合”创新创业教育模式，不断完善招生、培养及就业联动机制，全面推广“就业导师制”和“预就业模式”，人才培养质量不断提高，毕业生就业竞争力显著增强。近三年来，毕业生初次就业率、年终就

业率均居全省同类高校前列，用人单位对学校人才培养质量的满意度均在90%以上，毕业生对学校就业工作的满意率均在95%以上。学校连续两次被评为湖南省普通高校毕业生就业工作“一把手”工程优秀单位。《中国教育报》《湖南日报》均在头版头条对学校教育教学改革和毕业生就业工作进行了报道，社会反响良好。

一、“产学对接、校企融合”人才培养模式为就业夯实基础

1. 坚持专业设置与社会人才需求相对接

学校根据地方经济社会发展战略，瞄准地方经济社会发展的需求，对接地方经济和新兴产业发展方向，积极创办新专业、灵活设置专业方向、合理确定招生规模。根据湖南省“四化两型”发展战略和邵阳市“科技兴市”、“兴工强市”战略，以装备制造、食品加工、生物医药和建材工业等支柱产业为“轴心”，与地方经济社会发展实现“无缝对接”，着力培育工学优势，先后两次调整、优化专业结构，重点办好与区域经济发展密切相关的工学类学科专业，突出了专业的地方特色和行业特色。学校现有2个工学专业硕士点，有全日制本科专业54个，其中工学专业22个。

2. 坚持课程设置与用人单位人才质量相对接

坚持以就业和社会需求为导向，科学制定应用型人才培养目标，与企业联合成立本科教育教学指导委员会，共同研究人才的能力标准，共同制定培养方案，构建有利于培养学生创新精神和实践能力的平台，共同评价人才培养质量。科学设计课程体系，坚持以人文素养为基础、以专业能力为核心，构建了“科学+人文+艺术”的通识课程平台、“多学科交叉融合”的学科课程平台、“技术+特色+创新”的专业方向课程模块。加强教学与科研互动，及时吸收先进技术和研究成果，确保了教学内容的先进性和应用性，增强了学生就业的针对性。

3. 坚持专业教学与生产实际相对接

充分利用学校、企业两种资源，整合学校教师、企业专家两支队伍，搭建校内外两个实践平台，开辟学校理论教学、企业实践教学两种课堂，形成了“校企协同、项目承载”应用型人才培养的有效路径。学校负责理论教学，企业主导实践教学。学生工程实践贯穿教学全过程，根据学习进程穿插安排，或在校内工程中心实训，或去企

业顶岗实习。同时，学校通过5个省级产学研合作研究基地，以生物与化学工程系、机械与能源工程系的优势学科为依托，与湖南湘窖酒业有限公司、湖南西部牛仔食品有限公司、华菱管线等大型企业保持着长期稳定的产学研合作关系，在推动科技成果转化、技术研发、人员培训、管理咨询等方面，为地方经济建设和企业发展提供了卓有成效的服务，切实增强了学生的工程创新能力，进一步提升了学生的就业竞争力。

二、“两结合”创新创业教育模式为就业注入活力

1. 坚持实践教学与创新创业教学相结合

大力推行基于问题、基于案例、基于项目的实践教学，建立了“课内外衔接、校内外联动、产学研联盟”的实践教学模式，形成了“基本技能训练+综合能力提高+工程实践+创新应用”四个层次多模块实践教学体系。逐步加大实践教学学分比重，文科从19.7%提高到23.1%，理工科从29.0%提高到31.3%，理工科综合性、设计性的项目课程占实验课程总数的80%，同时，将创新创业教育纳入培养方案，将大学生职业发展与就业创业指导课列为全校公共必修课，将创新创业教育贯穿于应用型人才培养的全过程。

2. 坚持课堂创新教学与课外创新实践相结合

切实加强校内外创新创业平台建设，加强大学生校外实践教育基地、创新基地、校企合作人才培养基地的建设，学校建成了国家级大学生校外实践教育基地等各类创新教育平台30余个，为学校课内外创新实践提供了有力支撑。积极实施大学生研究性学习和创新性实验计划、大学生创新创业训练计划，大力资助学生创新训练项目、创业训练项目和创业实践项目，鼓励学生参加课外科技文化活动和各类学科竞赛，促进学生自主创新和创业能力的培养。三年来，学生完成各类课外创新创业项目240余项，参加全国大学生机械创新设计大赛等学科竞赛获得省级以上奖励189项，其中全国一等奖20项、二等奖29项。

三、“就业导师制”、“预就业模式”为就业架设桥梁

1.“就业导师制”为学生职业发展插上腾飞的“翅膀”

学校注重毕业生就业全程引导，在全省高校中率先推行了“就业导师制”。要求各系（院）给每位学生配备一名教师作为就业导师，根据学生实际情况进行有针对性的学业和就业辅导。就业导师的职责既有“软任务”，又有硬指标，还有高要求。“软任务”是开展职业生涯与就业教育、进行心理辅导、帮助缓解就业压力等；硬指标是提供就业信息、进行就业咨询、帮助联系用人单位等；高要求是辅导考研、指导报考选调生和公务员、引导报考大学生村官等。2009 年 4 月 27 日，《湖南日报》以“邵阳学院：创新工作机制帮助学生就业”为题，2013 年 7 月 2 日，《中国教育报》以“邵阳学院实行本科生导师制”为题，分别介绍了学校实行“就业导师制”工作成效。

2.“预就业模式”为毕业生就业提供快捷的“通道”

在全省高校率先推出了“预就业模式”，将毕业生“就业关口”前移，让学生参加与就业直接挂钩的实习实践活动。毕业生与用人单位签订“预就业”协议，到签约单位边顶岗实习，边完成毕业设计，边接受用人单位的考察，“预就业”签约单位从实习生中直接招聘工作人员，缩短了学生走向社会的适应期和用人单位对毕业生的考察期，实现了毕业生与用人单位快捷地对接与磨合。近三年来，学校与中联重科、三一重工、中国联通、湘窖酒业等用人单位签订了就业实习基地协议，通过“预就业”模式，近 300 名毕业生被合作企业直接留用，进一步助推学校大学生就业工作步入良性循环的轨道。

创新思路　深化改革　突出服务　打造特色 促进毕业生充分就业

南华大学

一、学校概况

南华大学由国家工业和信息化部、国家国防科技工业局、中国核工业集团公司、中国核工业建设集团公司与湖南省人民政府共建的湖南省属公办高校。现有71个本科专业，18个博士学位授权学科、专业点，124个硕士学位授权学科、专业点，79个专业硕士学位授权点，并设有3个一级学科博士后科研流动站，在校本科生30000多名，研究生3000多名。56年来，坚持面向国防工业、核工业、医疗卫生事业和环保事业发展的服务定位，为国家培养输送了13万余名毕业生，形成了鲜明的核学科特色、明显的医学区域优势和深厚的环保学科底蕴。

1. 以深入推进教育教学改革、提高人才培养质量为根本，持续增强毕业生就业竞争力

学校坚持以人才培养质量为生命线，不断推进教育教学改革，以人才培养的高质量赢得就业竞争的主动权。一是深化教育教学改革。以实施卓越工程师、卓越医生和

专业综合改革项目为契机，修订人才培养方案，突出实践能力、创新能力和人文素质教育，推进教育教学改革，强化实验平台和实践基地建设。二是建设就业指导特色课程。成立大学生职业发展与就业创业指导教研室，开设了大学生职业发展与就业指导等4门课程和KAB创业教育等10多门选修课程。将创业基础作为必修课程纳入人才培养方案；就业创业教育贯穿本科教育全过程。三是实施专业设置—招生—培养—就业联动机制。依据国家和地方政策，研判社会需求和就业趋势，调整专业设置与招生数量。相继与中国核工业集团地矿事业部等单位采取“订单+联合”培养模式；与湖南省儿童医院协作培养儿科医学生；新设了环保设备工程、城乡规划等一批新专业，撤销了社会体育学等社会需求较小的专业。四是提升实践能力和创新能力。将实验、实习、社会实践、劳动、就业和创业贯穿于学生的培养全过程。建立了中国原子能科学研究院、海南省人民医院、新疆辐射环境监督站等300多个长期稳定的校外实践基地。

2. 以拓展就业工作平台、加强就业指导体系建设为抓手，不断提高就业服务水平

学校坚持以就业为导向，突出就业服务功能，建设全程化、个性化、专业化的就业指导服务体系。一是拓宽就业平台。积极发挥董事会和校友会的就业联系作用，在国防、核工业、医疗卫生和环保等行业建立152个大型就业基地。90%以上的毕业生通过学校提供的就业岗位实现就业。二是打造贫困帮扶特色。积极推行就业援助，建立了特殊群体毕业生和离校未就业毕业生台账，实施资助育人项目，为家庭贫困生发放求职补贴。三是推行个性化咨询辅导。引进了北森职业规划测评，对特殊人群注重个别指导咨询，有针对性地帮助毕业生解决求职择业的问题。

3. 以开展创新创业教育为重点激发学生创新创业兴趣，着力培养学生创新精神和创业能力

强化大学生创新创业意识，是培养大学生创业及实践能力的前提和基础，也是学校开展创业教育的重点。一是构建创新创业教育长效机制。将创新创业教育纳入教学体系，融入人才培养全过程。举办GYB和SIYB培训班；成立大学生科学技术协会、KAB创业俱乐部；开展“挑战杯”大学生课外学术科技作品竞赛、职业生涯规划大赛等创新创业活动。二是培育创新创业典型。选拔优秀创业项目入驻校内大学生创业园；每年安排创业经费支持大学生创新创业实践项目；培育毕业后创业项目，现有多名毕业生成为上市公司董事长。获得全国青年就业创业教育先进集体、“SK－青年创业”优秀组织奖等多项创业荣誉。三是打造创新创业教育实践项目和基地。开展扬帆讲坛、创业培训、创业大赛、创业见习、资金支持等活动，实施大学生创业工程。校内有30

多个资助与创业教育实践基地；校外在多家单位设立的“扬帆创业基地”。学校获批为湖南省教育科学高校资助与创业教育研究基地。

4. 以完善工作机制、强化工作责任为保障，全面提高毕业生就业质量和水平

学校高度重视抓就业工作责任制，通过连续实施就业工作“一把手工程”等制度，全面提高了毕业生就业质量和水平。一是强化就业工作机制。实行毕业生就业工作“一把手工程”，成立了由校党委书记、校长任双组长的毕业生就业工作领导小组。各学院成立院级就业工作小组，负责毕业生就业指导、就业教育、就业推荐，制定并实施本学院就业工作计划。二是完善就业工作激励制度。制定了《南华大学毕业生就业工作评估体系》，对各学院就业工作进行评估，表彰先进集体和个人，同时将毕业生就业工作纳入学院年度目标考核中，形成了“全校动员、全力支持、全员参与”的良好局面。

二、典型特色

近年来，学校就业工作围绕行业发展，发挥办学特色，以“三个三工程”为抓手实现就业工作新提升。

1. 植根行业需要，专业设置服务“三个面向”

紧贴市场脉搏，植根行业需要，针对我国核类人才急需、医学人才不足、环保类人才匮乏的现状，学校坚持专业设置服务“三个面向”。一是面向国防、核工业人才需求。建立起核学科专业覆盖整个核工业产业链，以核工程与核技术为核心的覆盖18个专业的核学科类专业群。其中，核工程与核技术、矿物资源工程、安全工程等7个本科专业加入国家卓越工程师计划，核工程与核技术专业成为国防特色紧缺专业和国家特色专业。学校已成为国家核学科齐全、培养层次完整、本科培养规模最大的高校之一。近三年来，学校向核工业企业输送的毕业

中国核工业集团公司授予南华大学人才培养基地

生连续位居全国高校第一。中国核工业集团公司先后授予学校“十五”、“十一五”为中国核工业培养和输送人才“突出贡献奖”。二是面向医疗卫生事业发展需求。形成了以临床医学专业为龙头，医学影像、医学检验、药学、护理学和预防医学等11个专业协调发展的完整的医学专业体系。学校是湖南省首批国家级临床医学“卓越医生教育培养计划”试点单位，已成为湖南省医、药、护、公共卫生与预防等高级专门人才培养的重要基地，先后为国家培养了3万余名高级专门医疗卫生人才。三是面向环保事业发展需求。学校是我国最早从事辐射防护和铀矿资源开发人才培养、科学研究的高校之一，是国家环保部和IAEA授权的“辐射安全与防护”培训机构。为适应国家环保事业快速发展的需要，成立环境保护与安全工程学院，建立了以安全工程为核心的覆盖5个专业的环保专业群。

2. 融合行业发展，人才培养实现“三个对接”

主动面向社会和行业用人需求，积极探索人才培养模式改革，实现办学与需求的“三个对接”。一是人才培养规模与行业发展需求对接。根据行业和社会需求变化，研判专业适应性，调适培养规模。近年来学校稳步扩大临床医学、环境工程、安全工程等相关专业的招生规模，更好地满足了医疗卫生和能源环保行业的迫切需求。二是专业培养方案与人才规格要求对接。每年走访核工业企业、医疗卫生单位和环保部门，了解用人单位对毕业生能力和素质的要求，邀请用人单位参与人才培养过程，增强人才培养的针对性和适应性，及时优化人才培养方案。三是第一课堂与第二课堂对接。在强化“基础扎实、专长突出、富有创新精神”的同时，培育和彰显“勤勉务实、甘于奉献、刚健自强、敢为人先”的人才特质，校园文化丰富多彩，社会实践有声有色，第二课堂成效突显。学生相关执业资格考试通过率、考研上线率均位于较高水平，获得全国青年就业创业教育先进集体和“SK－青年创业”优秀组织奖等多项奖励。

2014年教育部医学教育临床教学研究中心主办第五届全国高等医学院校大学生临床技能竞赛，南华大学获得全国一等奖

3. 强化就业服务，突出重点协同“三个抓好”

将就业工作视为学生成才、学校发展最大的民生工程，始终把毕业生就业工作作为学校各项事业发展的根本和关键，强化就业服务，出重点协同抓好就业工作。一是抓好就业工作三支队伍建设。建立了以招生就业处和研究生处全体员工、学院党委副书记和就业专干为基础的专业化就业工作队伍，以专业教师为骨干的教学工作队伍和以研究生导师为核心的学科工作队伍，覆盖各部门、各学院和全体教职员工。二是抓好就业工作三个平台建设。为更好地开拓毕业生创业就业渠道，积极加强校园招聘平台、共建单位就业基地平台、董事会和校友会就业联系平台建设；中国原子能科学研究院、中国核动力设计研究院和中核四零四有限公司等核行业知名企业和湖南省儿童医院、海南省人民医院、广东省第二人民医院等医院已成为学生就业的大型基地；董事会、校友会牵线搭桥每年为毕业生提供了近5%的优质就业岗位。三是抓好就业困难特殊三个群体就业援助。以家庭经济困难和就业困难毕业生、纯农户家庭和少数民

10月15日，中核建设集团人事劳动部处长孟婷在向南华大学2014届毕业生介绍集团下属各公司用人计划和网络招聘办法

全国首届高校育人工作实践与理论研讨会推广南华大学“五五四五”资助育人、就业帮助的育人机制

南华大学校友：胡震（中组部“万人计划”科技创新领军人才，“蛟龙号”7000米载人潜水器项目副主办、副总设计师）返校作报告

族学生以及离校未就业毕业生等“三个群体”就业为重点，积极推行“一帮一”、“多帮一”的就业援助，对特殊群体毕业生的就业动态给予重点关注、特别指导和重点推介。学校毕业生就业工作取得初步成效。近三年毕业生初次就业率分别为84.58%、90.97%、91.32%，居湖南省高校第一方阵。毕业生就业工作真正做到了用人单位、学校和毕业生三满意。

创新工作机制　夯实工作基础　优化服务体系 促进毕业生充分就业

湖南农业大学

湖南农业大学是一所有111年办学历史的省属重点大学，是农业部与湖南省政府共建高校、国家教育部两轮教学水平评估优秀高校、全国首批新农村发展研究院试点单位、国家“中西部高校基础能力建设工程”高校。百年沧桑，几度易名，务本崇实，矢志不渝，学校现已发展成为以农科为特色，多学科综合发展的教学研究型大学，现有在校研究生4285人，全日制本科生26073人、专科生465人。长期以来，学校立足湖南，面向全国，服务“三农”，服务社会，全面落实毕业生就业工作“一把手”

湖南农业大学全景图

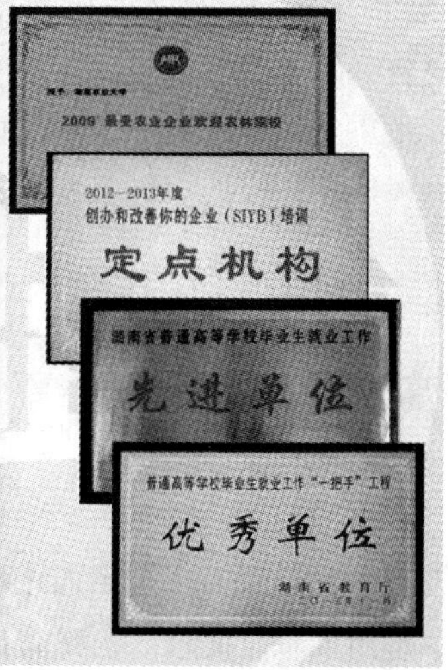

工程，创新机制，夯实基础，优化服务，引导和鼓励毕业生扎根基层，促进毕业生充分就业并取得显著成效。近三年，毕业生年度就业率稳定在90%左右，传统农科类专业就业率超过90%，稳居省内高校前列。用人单位对学校就业工作的满意度达98%；毕业生对学校就业工作的满意度达90%；毕业生对自身就业工作现状的满意度达到92%。学校先后荣获“最受农业企业欢迎农林院校”、“湖南省就业工作先进单位”、“湖南省就业工作‘一把手’工程先进单位”、“全国普通高等学校毕业生就业工作先进集体”等荣誉，中央电视台、《中国教育报》《中国青年报》、湖南卫视等多家新闻媒体多次对学校毕业生就业工作进行了宣传报道。

一、以加强组织领导为关键，创新工作机制

学校坚决落实就业工作“一把手工程”，始终将“两全服务”的理念贯穿于毕业生就业工作中，坚持全员服务就业工作、全程规划就业工作。对学院实行就业工作年度考核评估制度，并纳入学校综合目标管理，严格执行“三项制度”：一是“一票否决”制，对存在“四不准”、“被就业”现象的学院，实行就业工作一票否决；二是责任追究制，对年度考核排名倒数三位并出现“一票否决”现象的学院，联系校领导、院主要领导和分管领导年终考核不能评优，校党委对学院主要领导实行诫勉谈话；三是末位淘汰制，对就业率连续两年没有达到目标任务的专业，减少招生计划，对招生一志愿报考率低于30%且就业率没有达到目标的专业实行隔年招生。坚持“四个优先”：一是机构优先到位；二是人员优先配备；三是经费优先支持，学校在保证学费收入的1%用于就业工作的基础上，从成人高等教育收入中提取3%用于就业工作，近三年就业经费总额分别为285.95万元、344.88万元、312.2万元，用于基层就业、创业孵化的专项扶植资金为148.63万元；四是场地优先保证，建立了大学生创业孵化基地，配有招聘、洽谈、咨询、指导等就业用房18间，共计3377.3平方米。

二、以提高就业能力为核心，夯实工作基础

始终坚持“根据社会需求确定人才培养目标和人才培养方案”的基本思路，主动深入社会，了解用人单位需求。积极聘请用人单位代表参与修订人才培养方案和培养

计划，帮助学校“把脉问诊”；通过定向培养、合作办班、企业实训、设立企业奖学金等手段，全面加强校企合作，实现学校人才培养与社会需求的“无缝对接”，提高毕业生适应社会的能力。目前，学校与25家企业开展了IT实训，开办校企合作班13个，企业赞助合作教育班活动经费和奖助学金累计270余万元。

确立“基础教育（低年级）+专业教育（高年级）+素质拓展（四年）”的本科人才培养改革方案。坚持以专业的志愿填报率、就业率、签约率高低作为招生计划的主要依据，建立招生、培养、就业和管理“四位一体”的联动机制，全面优化学科专业设置，不断推行本科教学“三提工程”（即课堂教学提质、实践教学提档、活动教学提效），深化教育教学内容、方法及手段创新，着力培养“厚基础、宽口径、强能力、高素质”的综合型人才。近三年，学生以第一作者身份发表与毕业论文相关的学术论文119篇，获授权专利6项，制作科技作品11项，学生参加国家级、省级学科竞赛，获省级以上奖励150项。

创建了以“求真”学术科技、“求善”思想道德、“求美”文化艺术、“求实”社会实践、“求特”个性发展、“求强”就业创业为内容的“六求”活动教育体系，并先后写入本科人才培养方案、“十二五”规划和大学章程，对“六求”活动教育创新性实施学分制管理，规定本科学生必须修满4个素质拓展学分方可毕业，实现了活动教育与专业教育的有效融合与贯通，全面提升学生综合素质并取得突出成效，2008年被教育部本科教学水平评估专家组认定为学校重大育人特色。

选调生及公务员考试公益讲座　湖南农业大学第四届职业生涯规划大赛　考研英语培训讲座

湖南农业大学第十届“模拟职场”大赛　省就业指导中心主任曹敏为我校研究生进行就业指导　学校承办第二届省研究生创新论坛

学校不断完善就业教育体系，拓展就业指导形式。2004年在全省高校率先成立“大学生就业指导教研室”，开设了大学生就业指导课，2012年，将创业教育纳入必修课，自主编写教材，并先后引进了“吉讯系统”、“创业教育网络课堂”等线上系统，加强对学生生涯规划的指导。此外，每年定期举办校院两级职业生涯规划大赛、模拟职场、杰出校友和创业典型进校讲座、公务员考前公益培训、考研专题讲座等活动，有效提升毕业生就业竞争力。近三年，学校举办各类就业专题活动527场，参与学生达到6000余人次。

三、以实施“五大工程”为主体，优化服务体系

湖南农业大学大型供需洽谈会现场

学校带领困难毕业生赴珠三角等地区求职

陈冬林副校长给就业基地授牌

毕业生供需见面活动月启动仪式

实施“百千万就业工程”：以“依托农业、校企合作、立足本省、辐射全国”为建设思路，深入实施“百千万就业工程”，即每年开展百场招聘会、组织千家单位进校园、提供万个就业岗位。三年来，共进行就业市场开拓活动90次，走访用人单位413家，建立就业基地172家，举办校园招聘会1120场，吸引8642个用人单位进校招聘，提供就业岗位74864个。

大学生创业孵化基地

学校创业指导委员会

符少辉校长指导学生创业团队

湖南农业大学创业规划设计大赛

实施“信息平台建设工程”：开发了“四维一体”信息化管理服务平台，同步教育部“新职网”、湖南省就业网以及各学院就业网信息，实现了校院两级信息管理、统计、考核功能。三年来，学校上传生源信息11534条，发布各类就业信息9057条，共建网站以及二级网站发布信息31383条，累计提供就业岗位93451个。

实施“就业困难帮扶工程”：出台了就业困难个体帮扶制度，建立了困难毕业生信息库和台账，成立了“就业困难群体帮扶小组”，组织了就业困难毕业生专场招聘会。三年来，为1700余名就业困难毕业生建立了档案，发放“大学生就业一卡通”440张，组织300多名就业困难毕业生赴珠三角地区求职，落实就业单位的毕业生达93%以上。

实施“创新创业服务工程”：科技创新方面，成立了领导小组，设立了专项经费，构建了以“学术科技讲座、科创项目自助、学术节、学术科技作品竞赛”为主要内容的服务体系，近三年，立项大学生科创项目736项，50多件作品获挑战杯省级、全国“挑战杯”竞赛奖励。创业服务方面，成立了创业指导委员会，设立了创业服务中心，配备了专职管理人员和指导老师，建立了创业基地和服务网站，开设了创业指导课程，开展了GYB、SYB培训，组织了创业计划竞赛、创业论坛等活动。学校创业孵化基地获湖南省首批立项建设单位，共吸纳扶持资金100万元，入驻孵化基地创业项目88个，15个成功孵化。近三年累计指导服务创业团队196个，其中48个项目获得各级政府资助53.92万元，成功注册公司19个，获省级、国家级奖励项目13个。

校党委书记周清明教授
回访用人单位

符少辉校长、原校党委书记刘强教授
走访用人单位

陈冬林副校长带队赴张家界市回访基层
就业毕业生

学校领导到新疆走访服务西部志愿者

实施“基层就业引导工程”：大力宣传杰出校友基层服务的典型事例，通过讨论会、演讲赛、辩论赛等校园文化活动载体，积极营造基层就业氛围；通过开展社会实践活动，组织学生深入农村、深入基层，体验民情，增强大学生服务基层意识；通过开展“基层就业岗前培训”等专题培训，提升毕业生基层工作能力；通过设立专项奖励基金，鼓励毕业生赴基层建功立业，对参加基层项目考前、岗前培训的毕业生每人奖励200元，赴基层就业、创业的毕业生每人给予2000—5000元的奖励；坚持开展“下基层走访调研活动”，校领导连续12年带队看望在基层服务的毕业生，近三年来共走访基层60余家，看望扎根基层毕业生代表340余名。

构建GPS就业体系　扎实推进大学生就业

西南石油大学

一、学校概况

西南石油大学1958年建校，2000年从中国石油天然气集团公司划转到四川省，是一所以石油天然气为主要特色的多科性教学研究型大学。目前有本科专业60个，硕士点86个，博士点24个，全日制在校学生29000余人。本科专业涵盖理、工、管、经、文、法、教、艺8个学科门类。

学校在50多年的办学历程中，形成了“实事求是，艰苦奋斗”的优良传统和“为祖国加油，为民族争气”的大学精神，在石油天然气及其配套学科领域形成了自己的办学特色和优势。毕业生以其“思想素质好、团队精神强，扎根基层、踏实肯干，基础扎实、勇于创新，上手快、后劲足，业绩突出”受到用人单位广泛赞誉。扩招以来，学校毕业生就业率一直保持在92%以上。特别是2013届毕业生，在近三年全国就业形势异常严峻和就业人数急剧增长的情况下，毕业生就业率依然达到了93%以上，且有近50%的学生到国有大中型企事业单位就业，有效应对了复杂环境对毕业生就业工作的严峻考验，保持了学校毕业生就业率的基本稳定和就业人数的稳步增长，保持了学校可持续发展，为维护社会稳定、促进国家和地方经济发展、全面建设小康、构建和谐社会做出了积极贡献。

总结西南石油大学的就业工作，我们深深体会到，学校必须全力深化教育教学改革，建立确保教学质量的管理体制和运行机制，完善就业服务体系，加大就业指导力度；必须紧密结合国家经济建设和社会发展的需要，抵近市场培养人才；必须坚持自己的优良传统和办学理念，树立师生普遍认同的价值观——“为祖国加油，为民族争气”，帮助学生把实现自己的个人价值和国家需要结合起来，成功就业。

学校风景图片（学校正门）

二、就业工作特色创新与实施

学校在近年来的毕业生就业工作中，认真学习、贯彻、落实国家和四川省有关精神，始终把毕业生就业工作与学校的发展稳定相结合，始终把就业研究与学校的教学改革相结合，始终把就业情况与学校的招生计划相结合，积极探索富有学校特色的“GPS”就业体系，服务学生成长、成才，让就业工作真正实现从注重就业率转向注重就业质量、从注重就业服务转向注重就业指导、从注重帮助学生找工作转向注重教会学生找工作的三大转变，确保广大毕业生的充分就业和高质量就业。

（一）以G（Guidance）生涯辅导为抓手，树立学生规划未来的“新航标”

学校本着“以学生为中心”的生涯辅导理念，将生涯理念和人生理想作为生涯教育首要环节，引导学生全面认识自我，适应大学新生活，树立正确的价值观和成才观，赢在人生新的起跑线上，主要从如下四点着手：

1. 将生涯规划纳入新生入学教育体系，这是前提。通过入学教育专题报告、观看优秀毕业生成才事迹报告会等形式帮助学生更广泛地认识和适应大学生活。

2. 开展生涯导航计划，这是基础。通过选拔一批品学兼优的高低年级学生——“学长导航员”，用榜样的力量感染低年级学生，并帮助他们学生更全面地认识大学，认识自我，合理规划大学生涯，制订切实可行的学习和成长计划。

3. 实行“第一课堂”全程渗透，这是关键。面向低年级学生开设大学生职业生涯规划教育课程，在专业课程教学中加强专业认知和生涯发展内容，实行生涯教育在人才培养中全程渗透，开通生涯教育网络课堂和精品课程视频网站，为学生提供生涯教育课程和重点专业课程的全课程视频在线点播服务，为学生提供自我认知、专业选择和职业规划等个性化生涯辅导。

4. 招生就业处面向广大师生启用锦程职业发展教育平台，此平台包含了精品课程、职业测评、就业资讯、专家咨询、就业政策等各类信息。该平台的启用一方面使广大同学获得有效的自我定位、认知职业、规划生涯、提高素质、就业创业、职业发展等各方面能力提升；另一方面提高了学校就业指导师资队伍建设问题的全程化、专业化、信息化。

（二）以P（Promotion）能力提升为核心，搭建学生综合素质的“直通车”

学校以能力提升为核心，实践锻炼，拓展学生社会经验。为帮助学生更加全面和深刻地认识社会，提升核心竞争力，学校充分利用校内外多种资源为学生提供职场探索、社会实践和能力提升的平台。

1. 针对低年级同学（一、二年级）围绕“适应与规划”的主题：开展“生涯启航月”、“职业规划大赛”、“相约星期四”等一系列校园主题实践活动，为学生搭建职业素质提升平台，提供锻炼成长的机会（这是前提）。

2. 针对高年级同学（三、四年级）围绕“就业与发展”的主题，开展“挑战职场”培训班、“赢在职场”训练营、“求职技能展示”等活动。通过情境模拟、角色扮演、简历诊所、模拟招聘、礼仪展示等多种方法着重培养学生强化学生的创新能力和领导能力，全面提升学生的就业胜任力（这是基础）。

3. 鼓励各学院积极尝试“1 + N”特色人才培养模式，“1”要求学生学业合格，力争学业优良，“N”要求学生发展个性和特长，强调因材施教，培养综合能力强、个体特点突出的特色人才，比如石油工程学院为适应石油行业的国际化，开设了国际班，实行双语教学的模式（这是提高）。

（三）以S（Service）就业指导与服务为窗口，打造学生成功就业的“和谐号”

学校牢牢抓住“规划、提升、就业”这一主线，以就业指导为核心，以市场需求为导向，以信息平台为载体，创建就业工作机制，完善就业工作体系，促进毕业生就业与教育教学改革的良性互动，实现毕业生充分就业。

1. 健全就业工作制度，不断完善就业工作制度，服务毕业生就业工作（这是前提）。学校先后制定并实施了《就业市场开发战略制度》《就业工作满意度测评制度》《就业工作考核制度》《招聘用人单位资质审核制度》《就业工作先进集体和个人奖励制度》《就业指导报发行制度》等等。

2. 完善就业信息平台建设，规范用人单位人才需求信息发布制度（这是基础）。通过西南石油大学就业中心这一信息平台，发布就业信息，开展就业政策宣传、网络课堂学习等，通过“全国组织机构信息核查系统”确认招聘单位的合法性，保证所发信息的真实性和有效性，充分保障毕业生的利益。招聘信息做到“当天收集，当天处理，当天发布”，就业工作信息平台日均访问量高达千余人次。与此同时，还通过校内广播台、电子屏等方式及时发布招聘信息。毕业生求职简历、就业推荐表、就业协议书等材料全部在就业工作信息平台上完成。

3. 开设大学生就业指导、职业生涯必修课程，夯实就业指导工作基础（这是关键）。招生就业处按照《大学生职业发展与就业指导课程教学要求》，结合就业工作及人才培养现状，自2010级本科生起，将大学生就业指导和职业生涯规划课程作为必修课列入教学计划，将它固化为教学内容的一个重要环节。就业指导、职业生涯规划类必修课共2个学分，40个学时，主要包括：大学生就业形势政策宣讲、大学生择业技巧指导、职业生涯规划、大学生创业指导等主要内容。

4. 积极落实“彩虹助力”就业困难群体帮扶计划（这是保障）。学校采取摸查登记、专项训练、全面辅导、个体咨询、专项资助、特殊推荐等六项措施帮扶就业困难学生就业。对于家庭经济困难的学生，设立专项资金，资助求职费用；对于交流与协作能力较弱的学生，组织参加素质拓展、SYB创业培训、职业能力训练营等活动；对于实践动手能力较差的学生，加强实验室教学和实习环节，强化专业操作能力训练；

要求各学院对于学习综合排名后10%的学生，加强班主任、导师督导工作，帮助顺利完成学业。

三、特色实效

学校自实施“GPS”就业体系以来，广大学生的思想政治素质、道德品行素质、科学文化素质、就业能力素质得到显著提升。在2013年就业形势异常严峻的大背景下，学校及早并着力做好毕业生就业宣传及动员工作，开展各类求职指导讲座100余场，各类主题活动50余项，召开大型招聘会8场，专场招聘会600余场，提供就业岗位26000余个。截至2013年6月25日，2013届毕业生初次就业率已高达93.3%。至此，西南石油大学毕业生就业率连续12年保持在92%以上，学校也多次荣获全国、四川省普通高校毕业生就业工作先进集体。

招聘会场景

学校积极建立就业招生联动机制，以社会需求为导向，科学地调整专业布局，为教育教学提供有力参考；学校历届毕业生绝大多数在为石油工业服务，特别在油田一线生产技术岗人数多、比例大；学校毕业生持续踊跃赴边并形成良性循环机制，他们已成为我国西部石油天然气勘探开发、生产经营、科技攻关的骨干力量和生力军；学校毕业生尤其是主干专业、高层次人才优势明显、成绩出色，深受企业欢迎，需求前景良好；学校毕业生以爱岗敬业、扎根基层、献身事业、吃苦耐劳、思想品德好、党员比例大、整体成长快、科研攻关能力强、勇于创新、适应性强、业绩突出、综合素质高等群体良好表现，受到用人单位特别是油田的普遍好评和社会的广泛认可。

四、社会影响

2013年，学校积极构建“GPS”就业工作体系，全面推进毕业生就业工作的事迹先后得到新华网、新民网、大学生就业杂志、四川省教育厅专题简报、中国高等教育杂志、中国教育新闻网、中国大学生在线、中国学信就业网、中国教育品牌网、中国教育在线高考频道网、中国高校招聘信息网、中国114就业网、江苏高等教育网、中国江苏网、科技信息等多家媒体宣传报道，备受高校和社会各界的关注。

近年来，学校的就业工作和优秀毕业生成才事迹在中央电视台“焦点访谈”、凤凰卫视“鲁豫有约”、《亚洲周刊》《中国教育报》《中国青年报》《中青在线》新华网《四川日报》《华西都市报》以及《成都商报》等数十家媒体作了报道。学校毕业生积极赴边和茁壮成长的先进事迹还得到了中央部委和四川省政府的高度评价，中组部、教育部和四川省领导先后专程为学校赴西部毕业生壮行。

学校在仅有的两次全国就业工作先进单位评选中均被评为“全国普通高校毕业生就业工作先进单位”，且多次被行业相关部门和四川省教育工委评为“毕业生就业工作先进单位”。

发挥创业教育优势 “四联动”全力推进就业

贵州财经大学

贵州财经大学的前身贵州财经学院始建于1958年，是贵州省唯一一所以经济学、管理学学科为主体，法学、文学、理学、工学、教育学等多学科协调发展的综合性财经类大学。学校坐落于贵州省贵阳市，拥有河滨、鹿冲关和花溪三个校区，总面积5106.8亩。学校现有在校本科生25000余人，研究生1000人。现有65个本科专业（方向），6个教育部特色专业，9个省级示范专业；有7个一级学科硕士学位授权点，有49个二级学科硕士点，5个专业学位硕士点；4个省级特色重点学科、7个省级重点学科、6个省级科研机构或研究基地；1个国家级经济管理类实验教学示范中心，1个国家级人才培养模式创新实验区，2个省级实验教学示范中心。

贵州财经大学坚守“厚德、博学、笃行、鼎新”之校训，恪守职责，致力于锻铸“儒魂商才”，以科学发展观为指导，坚定不移地推进以社会需求为导向深化教育教学改革，培养学生创业意识和基本技能，从根本上提升毕业生的就业创业竞争力。多年来，学校把毕业生就业工作作为人才培养过程中具有战略意义的重要环节，“就业是育人工作重要环节”的理念已深入人心，就业工作在学校已形成了人才培养、招生就业创业“四联动”工作特色——教师工作队伍联动、就业工作全程联动、招生培养就业联动、创新创业就业联动，具体体现如下：

一、专业教师队伍、思想政治工作队伍和专职就业工作队伍联动

学校因材施教，注重专业思想教育的同时，专业课老师在专业方向、学习方法以及职业生涯等方面提供指导，指导学生参与课题研究，培养学生的职业精神，提高学生的创新精神、实践能力和综合素质，帮助学生谋求就业岗位，实现成功就业。

二、就业工作与思想教育、人才培养联动

就业指导服务和创业教育贯穿学生四年学习过程，专设了“大学生职业发展与就业指导教研室”，现有56名就业指导教师从事就业指导教学。要求各学院从新生教育开始就抓就业教育，重视思想政治教育，引导学生树立服务国家、人民的远大理想。

三、以特色和社会需求为导向，“招生—培养—就业”联动

多年来，学校根据就业形势适时调整招生计划，招生与就业有机结合，就业率偏低的专业严格控制或减少招生规模，直至停止招生。同时，专业设置和调整中，以特色和社会需求为导向，形成了“招生—培养—就业”联动的就业工作长效机制，相互推动，相互发展。

四、创业教育与就业教育相互促进，创新创业与就业联动

大学生创业实训作为坚持科学发展观、推动人才创业、发展高端产业的重要举措，在大学生就业创业教育过程中发挥着重要作用。学校领导高度重视大学生创业实训基地建设，坚持“以学生为主体，以能力培养为核心”为宗旨，“创新带动创业，创业

带动就业”的基本理念，与理论课程教学协同，按照创新创业类型和要求，优化创新创业方案，将创新创业分为创新创业公共基础教育、创新创业仿真实训及创新创业实践（创业园）、贵州省大学生创业学院四个层次，辅以创新创业赛事、创业团体和创业讲座等的全程渗透，形成了比较完整的、既独立于理论教学又与之密切配合的经济管理类创新创业教学体系。主要体现在以下几方面：

1. 强化创新创业实践，精心构建大学生创业园

学校与省、市相关部门联系沟通，积极整合多方资源，促进贵州财经大学创业园建设。按照规划，设立培育、孵化和示范三个阶段，培育阶段主要放在各学院，而大学生创业孵化园自 2013 年初启动以来，完成了管理机构组建、管理制度建立、种子资金设立（首期 50 万元已到位）、知名创新企业接洽引入等工作，2013 年 11 月 28 日，占地 2100 平方米的创新创业孵化园面向全校遴选了第一批学生创业项目入园孵化，目前入园项目多数已初步盈利。同时引进了北京讯鸟软件有限公司入园创立云呼叫中心，给在校大学生提供 100 个创业实践的轮训岗位。示范园区建筑面积 2 万平方米以上，已规划正在筹建。2012—2013 年共有 17 个国家级、10 个省级大学生创新创业训练计划项目获得批准立项，项目资金 64.9 万元。学校与深圳 A8 公司签订协议，加入“创业摇篮”计划，截至 6 月 5 日，创业摇篮计划（贵州）收到的符合要求的 11 个项目中，有 6 项是学校在校大学生所提出的项目计划，这些项目站在了产业发展的前沿，示范带动效应明显。通过创业意识的培养，我们实现了创业与就业的联动，实现了针对社会需求的特色人才培养。

2. 搭建创新创业教育平台，培养学生创新创业意识

学校现有 KAB 讲师 35 人，SYB 讲师 20 人，为了鼓励学生多层次就业、创业，提高学生的创新创业能力，学校建设了 140 多平方米的 KAB 创业教育专用教室，面向全校学生精心组织开设了大学生创业基础课程，在教学计划、教学组织、教学课件上，力求精益求精，学生反响积极。

同时以提高职业发展能力和就业能力为目标的社团，加强了学生创新创业社团的建设，聘请 KAB 讲师、SYB 讲师和企业家作为指导老师，以“增加对创业实践的认识，培养创业精神和创业能力，提高职业规划能力和就业能力”为目标。2011—2013 年，在“挑战杯”大学生课外学术科技作品竞赛和创业大赛中，获得国家级奖 2 项，省级奖 14 项。

3. 改革创新人才培养模式，着力提高人才培养质量

学校围绕锻铸“儒魂商才”人才培养目标，以“融儒魂于商才，强心智以致远”为核心理念，牢固树立以就业和社会需求为导向的教育教学改革，提升学生的专业能力、人文和科学素养。完成了由四个方面素养和四个方面能力构成的学生素养能力架构体系，并针对不同专业进一步细化专业素养及专业能力架构，大大提高了教学质量和学生的能力培养。2013 年获得第二批国家级专业综合改革试点项目 1 项，省级教改项目 9 项。

为了提高学生的实际动手能力，学校加大实践教学环节，在全校 30 多个专业开展综合仿真实验、沙盘推演等，带给学生更加真实的市场仿真体验，并将大学生创新创业训练计划纳入本科教学管理体系，在 2010 级、2011 级、2012 级分别设立了 4 个实验班，极大地提高了学生的专业能力和实践能力。

4. 扶持青年创业，打造更高创业服务平台

贵州省青年创业就业基金会与学校共建贵州省大学生创业学院，已成功在校落地。贵州省大学生创业学院将结合贵州特色，立足贵州大学生创业实际，以“创业基金 + 创业导师”创业辅导模式，为全省各级团组织服务经济发展、服务大学生创业提供一个成熟的社会计划模板。

贵州省大学生创业学院将发挥自身教育资源和系统优势，打造一个平台，将先进理念、资本力量、政策扶植的帮助汇集提供给大学生创业者，通过实战、导师、培训、商学四轮驱动提升青年创业行动力，从而成就更多成功企业家，带动更多的社会就业，为贵州发展增加更多的活力。创业学院经过 3 至 5 年的发展，将建设成集创业教育培训、创业孵化、创业交流于一体的有区域特色的服务大学生创业综合平台。创业学院 5 年内将孵化 1000 家大学生创业企业，培训 3 万名大学生创业，重点培养 3000 名大学生创业。整合好“团”和“校”、校内和校外以及专兼职师资方面的资源，清晰定位，突显办学特色，在办学过程中编好服务链，用创新助推创业，将对贵州财经大学创业带动就业产生深远影响。

学校开拓创业园与建立贵州省大学生创业学院是充分实践党的十八大创新驱动发展战略，通过切实加强创新创业理论和创业实践的结合，各个学科之间相互整合，创新创业公共基础教育、创新创业仿真实训与创新创业训练园区相联系，使理论与实践结合，在培养学生创新意识、创业素养、创业实践能力的过程中发挥了很好的作用，“四联动”就业创业培养模式将开创学校未来新篇章。

开启创新就业梦想　彰显区域办学特色
打造人才辈出的摇篮

云南大学

一、学校概况

云南大学创办于1922年，是中国西部建立最早的综合性大学之一。历经90年，云南大学已发展成为一所占地4500余亩，全日制在校生30000余人，有一支优秀的教师队伍，学科门类齐全，人才储备丰富的综合性大学，是国家“211工程”重点建设大学、西部大开发重点建设院校、教育部与云南省共建高校和国家中西部高校“基础

能力建设工程”、“综合实力提升工程”实施院校。

长期以来，云南大学高度重视毕业生就业工作，始终把毕业生就业工作作为战略任务常抓不懈。在严峻的就业形势下，学校毕业生就业率、考研率及就业质量稳居全省前列。学校连续9年获云南省高校就业工作目标责任考核一等奖。近三年来，学生多次参与全国、全省各类就业、创业竞赛，获国家级奖项10余个，省级奖项50余个。云南大学大学生创业孵化园成为云南第一家大学生创业培训示范基地、首批全省大学生创业示范园之一。

二、就业工作主要做法

1. 以提高服务质量及水平为根本创新就业工作运行机制

学校不断加强就业工作“四化”建设。开设了就业指导、生涯规划及创业指导3门课程。倡导人人关心就业、人人支持就业、人人参与就业的“全员化”就业工作理念。建立了一只“专兼结合”的就业指导服务工作队伍。此外，学校依托专业教师、管理干部、辅导员班主任三支队伍，开展“一对一”咨询等“个性化”服务。

学校MBA参赛代表队夺得2013年中国MBA创业大赛全国总冠军

学校始终把创业视为最积极的就业。通过开展讲座、训练营、工作坊、创业计划大赛等，传播积极的创业理念。在校内建立了约1500平方米的创业园，设立了30万元的创业基金，提供项目开发、开业指导、融资、跟踪扶持等“一条龙”服务。目前，校内创业园共有15个创业团队入驻，带动就业100余人，月均营业额超过了30万元。

学校举办大学生创业培训班

学校不断加大就业帮扶力度。建立以双困生、少数民族学生、边远地区学生及身心疾病学生为主的就业困难学生数据库。实施“双百”计划，每年对100名双困生按照3000元的标准进行就业补贴；挑选100名双困生进行就业培训，并优先推荐见习岗位。2013年，学校发放双困生就业补助约40万元。

2. 以实现系统化发展为指引创新就业平台建设机制

学校加强两个就业市场平台建设。一是做强有形市场。把专场招聘与综合招聘、学校招聘与学院招聘相结合，分区域、分行业、分层次开展招聘活动。仅2013年，举办各类招聘会近400场。二是做大无形市场。搭建了网站、微信、QQ群、短信、手机客户端等信息化平台。目前，学校就业网总访问量已达900多万人次，累计发布就业信息约10万条。2013年，通过两个市场提供需求岗位约48000个。

学校与2000多家企业建立了较为稳定的招聘合作关系，积累了3000余家用人单位的数据库。与云南白药集团等近百家企业建立管理实习生制度，启动“诺仕达”班等校企就业合作项目，从低年级起推行培训—实习—就业一条龙计划。

云南大学与省人才市场联合举办大型人才招聘会

3. 以提高毕业生就业质量为目标实施促进就业“四项计划”

一是实施“走出去”就业计划。围绕“云南青年志在四方”主题教育活动，举办了联通集团，江苏、浙江等省市企业团等一系列跨地域大型招聘活动，提供了大量的省外就业机会。

二是实施“走进基层”就业计划。学校积极宣传落实政策，制定配套措施鼓励、引导毕业生到城乡基层、艰苦边远地区、重点行业领域、中小企业和城乡社区公共服务岗位就业。

三是实施“质量提升”计划。学校在推进毕业生充分就业的基础上，积极促进毕业生更高质量就业。开展研究生、公务员考试辅导及教师资格认证等各类培训。多年来，学校考取公务员、事业单位及出国人数在全省名列前茅。

四是实施“政策引领”宣传计划。学校制作就业政策宣传手册发给毕业生人手一份。利用校园网络、宣传栏、广播等宣传渠道促进政策解读进课堂、进宿舍、进网络、进头脑。

云南大学学生龙姣被评为云南省十佳大学生村官

三、就业工作特色亮点

1. 以探索现代大学制度建设为契机创新就业工作管理机制

2009年初，学校开始实施以目标责任制为核心的学院制改革。确立了“学校宏观调控、学院自主运行、师生民主管理、教授专家治学”的校院分级管理体系。学校简政放权，管理重心下移，增强各学院自主运行及自我管理的能力。围绕学院制改革，学校就业工作管理机制实现了新的突破。在组织领导方面，学校成立校院两级就业工作领导小组，实行党政“一把手”、“双组长”制。在统筹实施方面，校党委书记、校长对学校就业工作负总责，分管副书记、副校长组织协调，各部门分工实施。学校学院制建设成效显著，成果被国家教育体制改革领导小组主办的《教育体制改革简报》精选刊单篇推介，并入选袁贵仁部长主编的《教育改革典型案例（二）》。

2. 以提高毕业生就业竞争力为核心创新人才培养机制

学校遵循“育人为本、德育为先、能力为重、全面发展”的要求，推进“四个育人”人才培养模式创新。一是大力推进科研育人。学校先后主持国家“973 计划”、“863 计划”等一批重大科研项目，2013 年教师各级科研立项 1150 余项，为学生参与科学研究搭建平台。根据学科专业特点，学校设立学生科研创新研究项目。二是着力推进协同育人。学校与国内外著名高校和科研机构开展广泛合作，加大协同育人力度。先后与复旦大学等国内高校建立联合培养平台，与美国、法国等国家高校建立学生国际交流机制，建立孔子学院 3 所，实施了“中加合作嵌入式人才培养创新项目”等合作项目 20 余项，每年约 500 名学生异地或跨国交流。三是不断加强实践育人。学校强调实验实习实训，系统开展社会观察与社会实践活动。提高实践教学比重，加强实践教学环节。目前，学校人文社科类专业实践教学学分占总学分的 15%，理工科专业达到 25%。此外，学校还建设了 500 余个校外实践基地。四是努力推进文化育人。学校坚持立德树人，把科学精神、思想品德、实践能力和人文素养的培养贯穿于人才培养的全过程，通过打造精品文化课堂，营造良好文化氛围，开展丰富的文化活动，培养文化创造意识等措施，逐步构建了颇具特色的文化育人体系。

学校探索建立人才培养特区，推进人才培养模式改革。建立了三种类型的创新人才培养模式：一是以生物学、历史学、数理基地班、生命科学与技术四个国家基础学科基地为代表的基础学科人才培养模式；二是以生物学理科人才、基于 CDIO 的国际化工程化软件人才和工商管理类本科专业创业人才为代表的人才培养模式创新实验区；三是以卓越法学、卓越工程师、卓越新闻人才、卓越化工人才等为代表的与行业、企业开展的应用型人才培养模式。

3. 以国家及云南发展战略为导向拓宽毕业生就业领域

围绕国家“一带一路”及云南省“两强一堡”战略需要，结合“国家水专项”、“中缅油气管道”、“跨境生态安全和国际河流研究”、高原湖泊治理等重要领域，学校新增了泰语等东南亚小语种本科专业和农业推广等服务“三农”硕士专业，提高了微生物学、化学（ESI 全球排名前 1%）及民族学、生态学、政治学、生物学（国家学科评估排名前十）等优势特色学科专业招生。加大金融学等社会急需应用型专业招生。学校不断丰富办学方式，深入挖掘就业潜力。如：成立了武警选拔培训办公室，每年与武警总部联合培养100余名国防生。与省司法厅合办民族法学专业，为边疆民族地区定向输送大批懂民族语言的基层法律人才。此外，学校充分发挥特色学科就业优势，打造了气象学等一批100%高质量就业专业。学校根据专业就业情况，采取调减招生计划、隔年招生或停招等措施，进一步优化专业结构。对毕业生就业率低于50%的专业原则上停止招生；就业率低于60%的专业原则上隔年招生或者减少招生计划。

面对日益严峻的就业形势，云南大学将坚持把就业工作摆在更加突出的位置，以奋发进取的精神、迎难而上的态度和求真务实的作风，全面推动就业工作扎实开展，再上台阶。

深层次推进就业工作　创新应用型人才培养

云南工商学院

云南工商学院是一所培养应用型人才，创业特色鲜明的民办本科院校。创办15年来，实现了从电脑培训中心到民办大学的飞跃，形成了占地1103亩，在校生近14000人，教职工800余人的办学规模。学院按照十八届三中全会“深化产教融合、校企合作，培养高素质劳动者和技能型人才”要求，找准应用型大学的办学定位，不断探索应用型人才培养模式。毕业生就业率连续五年高于97%，连续五年获云南省高校毕业生就业工作目标责任考核一等奖，并获得“全国高校毕业生入伍预征工作先进集体”、“云南省鼓励大学生自主创业先进集体”、“云南省高校就业工作典型经验高校”、“云南省大学生创业示范园”等称号。

学院的就业工作有以下几个特点：

一、坚持一个理念

学院围绕“帮助学生成功”的办学宗旨和“以父母之心育人”的办学理念，一切以“学生职业、事业发展”为中心，就业工作不再停留于毕业生班的就业安排，而是延伸到学生管理、教学研发、师资培养与储备等，深层次推进就业工作。

二、聚焦两个能力

1. 过硬的首岗胜任能力

学院从职业技能入手，以增强学生实践动手能力为目标，强化实验实训，推进工学交替，提升学生“首岗胜任”。

2. 职业可持续发展能力

学院注重提升学生职业素养、交际管理等软能力，赋予学生优良的职业素质，使学生在发展过程中能够把握“岗位迁移”的机会。

三、推进三个创新

1. 产教融合的创新

一是专业调整以产业需求为导向。学院主动适应区域产业发展要求，建立产教联动机制。配合杨林国家级经济技术开发区的发展，抓住长安汽车入驻园区的契机，开设汽车相关专业。

二是专业师资从产业精英中选拔。学院从优秀工程师、设计师、管理人员中招聘师资。教师中，63%具有企业工作经历，48%具有3年以上企业工作经历，53%拥有至少1个行业资格证书，行业专家负责不少于10%的专业核心课程授课。

三是人才培养实现产业全程融合。学院与海尔，微软等100多家企业深化合作，通过校企共享人力资源、共建实训工作室，实现课堂教学与实习实训一体化。通过安排“行业认知实习”、“工学交替专业实习”、“顶岗实习”，实现了产业发展与学生培养无缝连接。

2. 仿真实训的创新

一是制定实训标准。提出“实训环境企业化、实训内容任务化、实训作业产品化”的“三化原则”。例如，艺术设计学院学生作品“爱伲含片包装系列”已被龙润集团采纳为产品上市；软件技术专业学生项目作品被企业采用率达81%，中央电视台《新闻联播》对此进行了专题报道。

二是加大实训投入。累计投资1亿元兴建了2万平方米的校内实训基地，建成校内实训室80间，其中省级示范性实习实训基地5个。

三是提升实训课程。坚持项目导向教学，以实训室为依托，设计了标准化的实训项目，80%以上的实训课程采用项目案例教学模式。

3. 职业素养养成的创新

一是以职业化管理养成学生职业规范。学院倡导“上学即上班”的理念，按照“社会化、职业化”的要求，采用“随时、随地、随人、随事”的“四随教育”原则管理、教育学生；开发了ESC职业行为评价管理系统，按照公司化模式安排上课时间。通过职业化管理学生出勤率保持在99%以上，严重违纪率不超过0.1%，学生具备“对结果和行为负责”、“守纪”等鲜明的职业特征。

二是以励志教育培养学生职业精神。学院通过开设职业素质课程，建立励志图书室、励志电影厅，举办励志演讲大赛，培养学生职业精神。职业素质教研室周刚老师、王静老师分别荣获全国高校就业指导课程教学大赛和创业指导课程教学大赛云南赛区一等奖，学院毕业生高彦楠在《职来职往》全国大学生职场挑战赛中获得第三名。

四、深化四个举措

1. 深化专业与招生就业的联动机制

通过考评市场需求、社会评价、毕业生就业情况等指标，对综合测评较低的专业实施减招、停招。同时，积极申办社会急需专业。近年来，学院主动停招了文化市场经营与管理、出版与发行等专业，申办了园林工程技术、车辆工程等专业。

2. 深化大学生创新、创业教育

学院从大一就开设创业课程，分阶段开展创新、创业教育，并辅以创业讲座、创业英雄论坛、创业大赛活动，强化创业意识，激发创业热情。为帮扶学生创业，成立“贷免扶补”领导小组，建立“兰茂大学生创业园”，开展“三级孵化”。园区入驻大学生创业团队和企业43家，创业带动就业536人，孵化成功出园15家。

3. 深化大学生就业援助体制

学院将困难毕业生细分为家庭经济困难、零就业家庭等七类，针对每一名学生，安排专业课教师、就业指导老师和辅导员实行专业指导“一帮一”、就业辅导“一帮一”、生活关心“一帮一”等“三个帮扶”策略，确保困难毕业生在毕业当年顺利就业。

④ 深化就业服务体系

学生入学时，学院运用北森吉讯大学生职业测评与规划系统加之职业指导教师辅导，对学生进行职业倾向测试，根据学生情况引导职业生涯规划；学生在校期间，学院通过订单式培养、工学交替、顶岗实习等与企业联合办学；学生毕业期间，学院通过定向委培班、企业冠名班等提高就业率；学生到岗就业后，学院持续跟踪一年内的职业发展情况，安排教师岗位走访、毕业生回访，开展生活、心理和专业技能上的帮扶服务。

五、取得五项成果

① 就业质量好

2013 年学院实现就业率 98.7%、专业对口率 66.59%、就业起薪点 2388 元（为云南省城镇居民人均可支配收入的 123%），学生基层就业、自主创业等方面均取得了较好成绩。

② 发展态势好

“高就业质量”带来“高报考率”，“出口畅”带来了“入口旺”。近年来，考生踊跃报考学院，学院报考人数和录取人数维持在 2∶1 左右。

③ 社会效益好

一是缓解部分行业的人才瓶颈。例如，学院根据云南拥有支线机场数量位居全国第二而省内尚无专业院校培养专门人才的现实，建立了航空学院，根据本地实际培养航空类人才。

二是维护边疆民族地区的团结稳定。学院针对云南边疆地区少数民族学生，推行少数民族高层次人才培养计划，入学免交部分学费、教材费和住宿费，累计减免费用 134.5 万元。

三是促进云南边疆地区的经济发展。学院作为教育部“滇西青年创业学院”的承办单位之一，通过面向边疆地区招收工商企业管理（小微企业创业方向）专业学生，将产业扶贫和创业人才培养相结合为边疆地区培养了经济建设带头人。

❹ 示范效应好

一是对民办高校发展的示范作用。学院推进健全学校法人治理结构、党建等组织建设工作，推进应用型人才培养等创新工作取得成效，先后获评云南省级平安校园，云南省文明学校，为其他民办高校建设提供了经验。

二是对应用型大学建设的示范作用。学院是教育部发起的“应用技术大学（学院）联盟”副理事长单位，也是副理事长单位中的唯一一个民办高校。学院在应用型大学探索方面取得的成果，可为其他转型本科院校提供有价值的探索经验。

❺ 社会评价好

一是各级领导的评价。中共中央政治局委员、国务院副总理刘延东，全国人大副委员长严隽琪，教育部部长袁贵仁、副部长鲁昕等领导莅临学院调研指导，对学院就业工作所取得的成果给予高度评价。

二是用人单位的评价。毕业生用人单位普遍反映云南工商学院学生拥有“职业技能好、职业道德好、职业态度好、职业精神好、职业行为好”的特点。例如，华硕集团人力资源部经理评价学院毕业生在工作中表现出了良好的敬业精神和吃苦精神。

三是各类媒体的评价。2013 年 5 月 10 日，中央电视台《新闻联播》介绍了学院实习实训和就业工作情况；2013 年 5 月 20 日、21 日云南电视台《云南新闻联播》连续两天介绍了学院通过建设“双师队伍”、注重学生行为养成、创新实习实训最终形成合力，就业取得丰硕成果的优秀经验。近两年来，《中国教育报》《云南日报》《新华网》《人民网》等媒体对学院进行了 60 多次报道，其中 26 次专题报道学院就业工作创新举措和成效。

总之，经过多年实践探索，云南工商学院就业创业工作形成了“围绕一个理念、狠抓两个能力、推进三个创新、深化四个举措、取得五项成果”的特色经验，逐步建立了“就业与教学”的价值协同机制。

带着深厚感情
以高度责任感做好毕业生就业指导与服务工作

河北工业职业技术学院

河北工业职业技术学院始建于 1958 年，1999 年经教育部批准成立专科层次高职院校（下设宣钢分院）。学院是国家 100 所示范性高职院校之一，2011 年成功跻身全国优秀高职院校 50 强。2012 年，在教育部高职高专院校综合评比中排名第一。学院现有南、北、西、温塘四个校区，占地 1300 余亩，开设专业 45 个，其中与河北联合大学联合举办工程教育本科专业 4 个。全日制在校生 1.4 万人，有专任教师 423 人，教授 51 人，副高以上职称 210 人，博士及硕士 240 人。就业率始终保持在 98% 左右，连续 10 年被河北省人社厅命名为"河北省非师范类大中专毕业生就业指导工作先进集体"，被河北省教育厅评为"河北省普通高校毕业生离校前就业工作先进集体"。2010 年被河北省教育厅评为"河北省示范性就业指导中心"。2013 年职业发展与就业指导课程被教育部评为国家级职业发展与就业指导示范课程。

一、深化教育教学改革，创新人才培养特色

1. 不断创新人才培养模式

学院加强校企合作管理平台建设，不断深化校企合作，创新人才培养模式。如学

院材料工程系、机电工程系、环境与化学工程系涉及15个专业与宝钢湛江钢铁、首钢、三一重工、烟台万华等知名企业采用2+1的人才培养模式；建筑工程系与建研科技股份有限公司从“共建PKPM产学研教育实验基地、工程管理与工程造价等专业软件教学、毕业生实习合作、职业技能认证”四个方面开展深度合作；经济贸易系积极联系企业，形成了“顶岗实习+集合式订单就业”的人才培养模式。计算机技术系、信息工程与自动化系、工商管理系与企业签订订单班，形成课程由“校内教师+企业工程师”共同管理与授课的校企合作模式。

2. 不断创新专业与产业的对接模式

学院利用河北省钢铁职教集团平台，钢铁冶金类专业教师多次参与省内大、中、小型企业研讨与咨询、摸底调查，了解行业、产业结构发展情况；参加冶金行业发展情况调研、技术咨询等活动，及时掌握行业技术与人才需求动态，适时调整学院专业设置与专业人才培养方案，确保将新技术、新工艺、新标准动态引进课堂，推动学院全线服务钢铁主要产业链。

3. 不断创新课程与岗位工作任务的对接模式

学院加大与省内各大钢铁企业的密切联系，校企共同开展人才培养。从行业企业调研到实践方案论证、课程开发，行业专家、企业技术人员及能工巧匠全程参与，使行业发展水平、企业岗位结构变化、实际工作任务要求及职业标准能够及时反映到专业课程体系和课程内容中，实现课程与岗位工作任务的对接。

4. 不断创新“实习+就业”校外实习基地建设思路

学院与河北钢铁职教集团内的大型钢铁企业建立了长期稳定合作关系，学生在企业中能够跟着师傅进行“一对一”的识岗、跟岗、顶岗实习，有效地保证了实习质量。通过签订准订单培养协议，顶岗实习期间，学生以准员工身份参与生产活动。“实习+就业”实训基地的建成，促进了顶岗实习单位与就业单位的对接。

二、多方联动，全员参与，加强就业市场开发与维护

多年来学院在就业市场开发与维护上突出“跑、挖、找”全员参与的就业工作理念，也就是勤跑市场、深挖信息、多找岗位，以提高毕业生的就业质量。我们的主要

做法是：

❶ 全员参与——就业市场建设的关键

学院很早就提出“以就业促招生，以出口带入口”的就业工作理念，学院招生就业指导中心和各系联动共同开发就业市场，目前已形成了由专业教师、行业协会人员、校友、企业人员等成员组成的就业团队，来为毕业生争取更多更好就业机会。

❷ 理念超前——找准就业市场的定位

以冶金行业为例，学院根据自身鲜明的冶金特色，将冶金行业作为突破口，采取“主动出击”的方式，以国有大中型企业为切入点，通过行业协会、网络信息、企业朋友相互介绍、校友推荐、上门推介等营销手段，加大市场开发和毕业生推荐。学院在全国冶金行业企业中影响力逐年扩大，成为众多钢铁企业首选院校。在开发冶金行业的基础上，学院又陆续建立起化工制药、汽车、电子、装备制造、建筑等行业的就业市场。

❸ 信息化建设——就业市场建设的“得力帮手”

学院建设就业网站，搭建起企业需求与学生择业之间的桥梁；通过互联网了解国家经济动态、各省项目建设、行业发展动态和企业、用人单位的人员需求及技改情况；搜索相关院校就业网，拓宽就业信息渠道。

❹ 校企互访——就业市场建设的润滑剂

一是利用暑假、寒假由学院领导带队到重点企业走访；二是学生上岗必须由老师护送上岗。这种做法既了解毕业生工作情况，为教育教学改革做储备，又掌握了企业发展、项目建设和用人需求等情况，便于下一步做好学生就业指导。

❺ 为企业排忧解难——就业市场建设的助推剂

一是为企业进行职工培训、远程网络培训；二是利用学院的业务能力，每年负责给企业人员做好志愿填报、学校和专业选择方面进行指导；三是在企业来学院招聘期间，做好细致周到的服务工作；四是根据企业需求（针对五星、四星级单位）调整教学计划和课程内容。

三、提前调研，分类指导，全方位做好学生和企业的服务工作

1. 开展全方位、多形式的就业指导，帮助学生树立正确的就业观

学院狠抓就业指导教育环节，对学生进行系统的就业指导。目前形成了“一支队伍，两本教材，三个平台，四种结合”的全程化、信息化、专业化、全员化、个性化的就业指导服务体系。

2. 开展就业帮扶，关注特殊群体就业

就业弱势群体主要有三类：一是就业弱势专业，即所谓“普”专业。学院利用横跨行业多这个优势，提出以“工”带“文”促就业，在校内实施“再培养工程”。二是性格内向和家庭困难学生。采取辅导员和专业老师提前介入，个性化辅导的原则，保证学生满意就业；三是女生。女生就业始终是个难题，特别是对于工科院校来说，为此学院向关心自己的女儿一样，千方百计，苦口婆心地向企业推介女同学，想尽一切办法为女生创造就业机会。

3. 提前调研、分层指导的个性化就业指导与服务

一是提前对四星、五星级合作单位用人需求进行调研，掌握用人单位计划需求。二是做实毕业生分层就业指导，根据企业用人需求，提前对毕业生进行就业意向调研，分层次、有针对地指导学生就业。三是做好新开发单位宣传推介，对新开发的行业内知名企业，为了让学生充分了解企业情况，在企业进校招聘之前，提前针对招聘专业的学生进行多次企业宣讲推介，以更好地服务于企业和毕业生。

4. 实施“星级管理”，建立“动态就业单位信息库”

学院根据用人单位的归属行业、规模、性质、发展前景、待遇和每年的招聘情况，对企业实行分级管理，分行业指派专人负责（冶金钢铁类、机械类、汽车类、电子电工类、化工制药类、建筑类、IT 类、第三产业服务类等），具体联系用人单位来校时间、招聘专业、招聘人数，及时了解企业新项目建设、技术改造、人力资源人员变动及其他方面的情况，形成“动态就业单位信息库”。

5. 分门别类，举办多种校园招聘会

为了提高招聘的针对性、实效性，更好地服务于企业和学生，学院根据专业特点、单位性质和规模、招聘情况等，举办专场招聘会、行业招聘会和校园招聘会三种不同形式的招聘会，每年这三类招聘会共为毕业生提供33000个岗位，岗位数为1∶9，最大限度地满足学生的择业需求，实现学生不出校门满意就业的工作目标。

夯实根本 抓住核心 突破难点 保障重点
全员参与全力以赴实现毕业生充分就业

锡林郭勒职业学院

锡林郭勒职业学院成立于2003年5月，先后由九所大中专院校整合而成。坐落于内蒙古锡林郭勒草原深处。学院占地面积1370亩，建筑面积35万平方米。现有教职工889人，其中专业技术人员714人。在校生12715人，其中高职高专7204人。开设了36个高职专业和30多个中职专业，有校内实训室101个，设备总量为13673台套；校外实习实训就业基地200多家。学院秉承“成就每一个人”的育人理念，坚持“特色办学、质量立校、内涵发展”的原则，依托蒙汉双语教学的办学特色，紧密结合地区经济与社会发展所需，短短十年，已经发展成为以电力能源、煤炭化工、装备制造、草原生态、畜牧兽医与食品加工为主，兼顾文化教育、医疗卫生多专业协调发展的综合类高等职业院校，成为自治区民族职业教育的示范基地、未来发展人才的培养基地、建设新农村、新牧区、提高农牧民素质的培训基地、提升职工文化素养的继续教育基地，为自治区经济社会发展、边疆稳定、民族团结做出了积极贡献。

学院地处少数民族边疆地区，少数民族学生占学生总数的47%以上，再加之地域、经济及就业观念等因素，在形成毕业生就业工作的特殊性的同时也加大了工作的难度。多年来，学院把就业工作作为“一把手”工程，严格落实“三个第一责任人”制度，即：学院主要领导是全院毕业生就业工作的第一责任人，各系院校主要负责人是本系院校就业工作的第一责任人，班主任是本班学生就业工作的第一责任人，切实保障就业工作达到“四到位”：组织与领导到位、就业保障条件到位、就业指导工作

2013 年就业服务月系列活动——招聘现场

到位和就业信息收集到位。努力实现“五化”：就业工作人员专业化、就业指导全程化、咨询辅导常态化、就业服务全员化和就业工作信息化，形成了全员参与就业工作的有效机制。学院通过教育部大学生“一体化”就业网络服务平台、校园就业信息网、毕业生 QQ 群、班主任飞信群、微信等方式为毕业生提供快捷服务，建立有效的用人单位信息库 1320 家。通过召开就业洽谈会、开展就业服务月等活动推进毕业生就业。现已基本形成立足锡林郭勒盟、面向全区、走向华北、辐射全国的就业网络。通过对近三年毕业生就业情况跟踪调查，50% 以上学生在基层就业，就业行业涉及行政事业、企业、畜牧业、服务业等。2013 年学院对 25 个高职专业 1280 名毕业生进行调查，调查显示岗位称职率达 94. 8%，用人单位普遍认为学院毕业生“下得去，用得上，留得住，干得好”，给予了“能吃苦，善思考，上手快，后劲足”的高度评价。近三年以来，学院就业率始终稳定在 95% 以上，就业质量不断提高，连续多年被评为“内蒙古自治区高校毕业生就业工作先进集体”。经过多年探索，基本形成了具有鲜明地区与民族特点的大学生就业创业工作特色。

一、夯实根本：构建完善“双驱动”工作机制

一是从学院内部着力构建起招生、培养和就业联动机制。学院立足服务区域经济和社会发展，通过人才培养质量的提高，驱动招生、就业创业工作良性发展。针对地区产业结构调整和民族文化传承与保护对技能型人才的需求，不断进行专业优化与调整。重点建设了电厂设备运行与维护、康复治疗技术等品牌、骨干和特色专业。为此实施了“112 工程”，即每年投入 1000 万元开展“教学质量工程”建设，用于提升内

2013 年锡盟政府牵头我院与六家大型企业

涵，打造品牌专业、精品课程、优秀教学团队；每年投入1000万元开展“人才工程”，用于人才储备、引进高端人才和专业急需人才、聘请行业企业专家、能工巧匠等兼职教师，建设高素质师资队伍；每年投入200万元实施以体现社会主义核心价值观教育为主要内容的“德育工程”，使核心价值观进课堂，成为全院师生的行动自觉，行为准则。通过不懈的努力，学院毕业生素质明显提高，就业竞争力明显增强，带动了学院生源数量和质量不断提升，办学规模迅速扩大，社会声誉与日俱增。

二是从学院外部着力构建起政府、学院、企业的联动机制。通过政府、企业深度介入学院人才培养工作、毕业生就业工作，驱动学院可持续发展。随着经济社会的飞速发展，为地区产业发展培养“下得去、用得上、留得住、干得好”的人才需求也日益迫切。由地方政府牵头，组建政府、学院、企业三方联合的产学研以及就业的合作联盟。在联盟的统筹推动下，学院与地方政府、用人单位签订了校政、校地、校企联合办学协议，让企业深度介入学院的教学、科研、招生、就业等各环节，共同制定教学计划，实现校企产学研全面对接，推动人才培养模式改革，让培养跟着市场需求走，实现了专业教学与人才需求“无缝对接”，学生毕业后“零距离就业”。通过内外“双驱动”的工作机制，保障了初次就业稳定在“双95%”以上：即初次就业率不低于95%，蒙语授课毕业生就业率95%以上。

二、抓住核心：高度契合地方经济，实施“双向互动”的育人模式

所谓“双向互动”，是指人才市场的需求和学校人才培养之间的互动。学院的发展紧紧扣住内蒙古自治区提出的“8337”发展思路，围绕清洁能源、新型煤化工、现代装备制造、农畜产品加工、文化旅游等“五大基地”建设，根据用人单位的反馈信

息优化课程体系建设，拓展新专业，改造老专业，减少就业率较低专业的招生计划，构建政府主管、用人单位主导、学校主张的人才培养机制，切实提高了学生的实践能力、就业能力和创新能力。

蒙古语言文化与艺术学院学生进行民族服饰展演

依据市场需求，重点建设了机电、煤化工、畜牧兽医、护理、民族教育等重点专业和特色专业。围绕汽车、机电设备、矿山工程机械制造需要，打造了装备制造实训中心；围绕煤制甲烷、煤制醇醚等需要，打造了现代煤化工实训中心；围绕热电、风电及电力输送需要，打造了能源与电力实训中心；围绕草原生态保护和绿色农畜产品生产与加工工艺需要，打造了畜牧业工程实训中心；围绕民族体育传承与发展需要，建设了民族体育实训中心；围绕民族文化与艺术的传承弘扬及开发草原观光旅游资源需要，建设了民族艺术实训中心；围绕民生和社会需求，建设了医学实训中心。

学院主动出击走出校门，走访政府、用人单位，了解用人需求；政府及用人单位进入学校，与学院进行深度合作。比如学院与当地东乌旗政府以联合办学的形式为当地培养护理人才，解决偏远牧区护理人员短缺问题；与内蒙古兴安铜锌冶炼有限公司、神工集团等企业签订订单培养协议，请企业参与学院教学全过程，着眼于职业、岗位、技能、一线，为企业培养面向生产、建设、服务、管理一线的技能型人才，学院与企业共同育人，共同发展，实现了人才需求和学院人才培养的“双向互动”。

三、突破难点：优化双语教学，提高蒙古语授课毕业生就业竞争力

学院在校生中47%是少数民族学生，主要来自内蒙古、新疆、青海、辽宁、黑龙江、云南等省、自治区。现有16个专业46个高职班级1099名学生采用蒙汉双语教学。多年来，学院始终把双语教学作为学院的特色，贯穿于招生、培养和就业工作之中。在人才培养方案设计时，依据因材施教原则，充分考虑少数民族学生的个性特征和发展需求，狠抓少数民族毕业生特别是蒙语授课毕业生就业能力的培养和个性化就业指导服务，打通专业区隔，优化课程体系，鼓励蒙古语授课学生跨专业、跨院系选

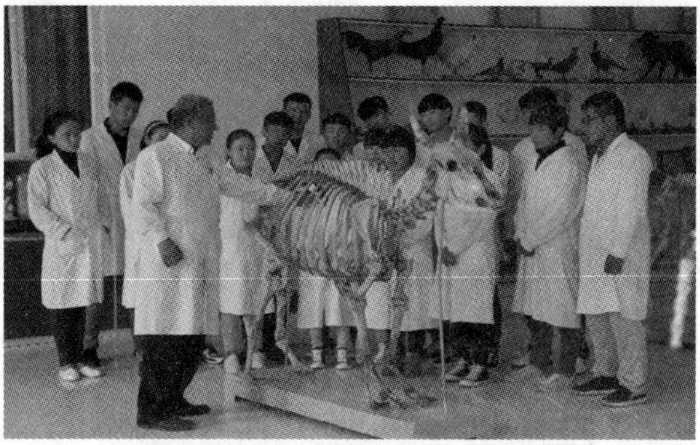

畜牧兽医专业教师为学生讲授

修能就业、好就业的专业，所需学费由地方政府支出。通过多措并举，有效地提高了民族教育教学质量，保障了少数民族毕业生特别是蒙语授课毕业生的充分就业。

四、保障重点：层层落实、帮扶到位，促进充分就业

播音与主持专业教师讲授面试技巧

学院就业指导中心协同各系全面了解毕业生情况，制定了《“一对一”就业指导方案》，对蒙语授课学生、家庭贫困子女、工科女生、残疾毕业生等就业困难的群体及有特殊情况的就业困难的个人制订了相关帮扶计划，层层落实，形成了一对一、多对一等多种帮扶形式。做到了帮扶对象定人，培训定向，就业定向。2013 年，253 名就业困难毕业生，通过帮扶得以顺利就业，初次就业率达到 96%。鼓励学生自主创业，学院在场地、资金、政策等方面给予实质性支持。对毕业离校时仍未就业的毕业生建立台账，分析其未就业的原因，实施定向援助，在毕业后二年内仍为他们提供咨询服务，帮助寻找岗位，做到离校不离心，保证凡有就业意愿的学生都能实现就业。

人才培养与就业工作双线融合
全面实现毕业生就业创业质量双提高

辽宁林业职业技术学院

辽宁林业职业技术学院1951年建校，是一所公办全日制普通高等学校，是辽宁省唯一的一所林业高职院校，是全国林业行业教指委副主任单位、中国（北方）现代林业职教集团牵头组建单位、全国文化育人与生态文明建设工作委员会主任单位、首届全国职业院校林业职业技能大赛承办单位，是全国林业行业类紧缺人才培养基地、全国林业科普基地、辽宁省示范性高职院、辽宁省高校大学生就业创业示范校。

学校设有7院2部，开设林业技术、园林技术、木材加工技术、森林生态旅游、环境艺术设计等34个专业及8个专业方向，现有全日制在校生5927人，专兼职教师337人。三个教学区及实训基地占地62000余亩，固定资产8亿余元。

学校坚持“学生为本、人才强校、质量保障、突出特色、服务社会”的办学理念，秉承“厚德、树人、励学、致用”的校训，不断拓宽产学结合、服务社会的发展道路，形成了“前校后场、产学结合、育林树人”的办学特色。60多年来，为国家培养了林业技术、园林技术等各类高素质的技术技能人才40000余名，被誉为辽宁林业人才的“摇篮”。

高职办学10余年来，学校以建成“省内示范、行业一流、全国特色”高职院校的“三步走”战略为引领，全面加强内涵建设，教育教学改革走在前沿，在两轮省级示范校建设中均力拔头筹。目前拥有国家重点专业2个，全国林业重点专业2个，辽宁省示范专业4个，辽宁省品牌专业6个，辽宁省对接产业集群示范专业3个；拥有国家级精品资源共享课1门，国家级精品课程1门，国家林业局精品课3门，省级精品课11门；拥有国务院政府特殊津贴专家1人，辽宁省优秀专家1人，辽宁省教学名师2人，辽宁省专业带头人5人，二级教授2人，辽宁省优秀教学团队4个；拥有国家重点实训基地3个，全国林业重点实训基地1个，辽宁省重点实训基地8个。人才培养质量与毕业生就业质量居于全省高职院校和全国行业同类院校前列。

多年来，学校不断创新就业工作，形成了“三有三成”就业工作特色，使毕业生“有德、有技、有职，成人、成才、成业”，全面实现毕业生就业创业质量双提高，使毕业生和用人单位双满意。

一、突出打造特色“成人”体系，使学生“有德”

学校始终坚持立德为先，育人为本，通过构建和实施“三全八育人”体系，强化学生职业素质和行业精神培养，全面提升大学生综合素质和终生可持续发展能力，教学生学会做人，热爱行业和专业，懂得爱岗敬业、吃苦耐劳、合作进取，使学生“有德”继而“成人”，为就业创业打下良好的身心素质基础，成为学生成功就业、全面发展、可持续发展的第一砝码。

特别是学校立足生态，行业文化育人特色鲜明，成效卓著：学校牵头组建了全国文化育人与生态文明建设工作委员会；推行生态文明知识进课堂、进头脑、进教材；在全省高中生中设立“育林树人励志奖学金”；开展全省“育林树人杯”生态文明征文大赛；组织“迎全运　爱家乡　低碳环保我先行”大型公益活动使区域内15000余名大中小学生受益，获得梁希科普活动奖，是全国林业高职院中的唯一；牵头组织的“辽宁古树名木”大型科考活动吸纳了包括全省林业科研骨干、在校教师和大学生在

内的150余人组成科研团队，历时六年，填补了辽宁古树名木修史纂志的空白，被《光明日报》追踪报道。

二、重点构建坚实“成才”体系，使学生“有技”

学校坚持走内涵发展道路，突出人才培养的核心地位，全面深化教育教学改革，创新人才培养模式、教学模式、评价模式，全面提高人才培养质量，教学生学会学习、学会生存，掌握专业知识，熟练应用专业技能，提高实践动手能力、创新能力和就业创业能力，使学生“有技”继而“成才”，为就业创业打下良好的知识能力基础。

特别是历时五年，全面开展“全员教师职业教育教学能力培训与测评”，实施“百强课改”；连续六年系统开展全院性的学生职业技能大赛，承办首届全国职业院校首届林业职业技能大赛；订单培养在全省开展最早、体系最成熟、成绩最显著。学校魏京龙等5名同学荣获全国林科“十佳”毕业生称号，26名学生荣获全国林科优秀毕业生称号，是全国林业高校中的唯一；64个项目、199人次在国家及省级专业技能大赛中获奖，学生的实践动手能力、职业素质和就业创业能力显著增强，人才培养质量大幅提升。

上述全员参与型、整体性、超前性的大型教育教学改革行动影响深远、特色鲜明，在全省、全行业乃至更广泛的职教领域形成示范引领，极大地提高了学生的专业核心技能、职业综合能力和实践动手能力，成为学生形成就业核心竞争力，能够顺利入职、成功就业、可持续就业的能力法宝。

三、倾力实施科学的“成业”体系，使学生“有职”

1. 看的比别人重一点儿

就业工作“一把手工程”落实到位，即领导指挥到位、组织保障到位、制度管理到位、政策倾斜到位、资金保障到位、硬件落实到位、软环境营造到位。推动“七到位”，保障了就业工作的轴心地位。

2. 站的比别人高一点儿

学校紧密结合林业行业特征和自身办学特色，坚持举生态旗，打绿色牌，走阳光路，率先提出“育人为本、立业为根、发展为要、服务生态”的大学生职业生涯绿色管理理念，重视学生成人、成才、成功，帮助学生有业、敬业、乐业，指导和引领学院就业工作高定位、高水准、高质量推进。

3. 顶层设计比别人优一点儿

构建“四双”就业工作体系，即人才培养与就业工作双融合，就业服务与就业指导双贯通，就业工作与创业工作双举措，毕业生与用人单位双满意；打造“四为”就业工作模式，即“定位为首”——党委重视，实施“一把手”工程，保障就业工作轴心地位；德育为先——“三全八育人”大学生综合素质培养体系强元固本，打造人才培养与毕业生就业质量的灵魂；成才为要——人才培养模式与教育教学改革强化学生能力培养，夯实就业创业工作根基；立业为根——创新就业模式，提升就业工作水平，提高就业主体和用人主体双满意率。

4. 标准比别人严一点儿

学校要求"就业创业两手齐抓，三率一薪四项共管，成人、成才、成业三梦同圆"，用高标准、严要求全面满足学生、行业企业和社会的共同需求。如学院园林学院明确规定园林企业进驻校园进行招聘必须具有国家二级资质，企业规模达到30人以上；旅游学院要求校企合作酒店企业须为五星级酒店集团性质，这些标准的确立使就业质量和效果明显增强。

5. 步子比别人快一点儿

实现了"四个超前"，即国家未明确提出考核就业率，学校就已经开始抓就业率；国家开始明确抓就业率，学校已开始抓就业质量；国家开始重点抓就业质量，学校已开始抓"三率一薪"；国家开始抓就业的全面工作，学校已开始抓毕业生个性化的就业服务指导和学生职业生涯可持续发展。"四个超前"和就业环节前置，使就业工作站位前瞻，提早入手，抢占先机。

6. 做的比别人实一点儿

坚持"五服务"，一是培育开发就业市场，服务到"面"。先后与近百家龙头企业、重点企业及省内外30余个行业学会协会及区域政府合作，建立省内外长期的就业市场和企业群；二是全方位提供就业供需信息，服务到"线"，每年开展校园集中招聘、季节专项招聘、系部专业招聘和企业专场招聘等300余场招聘会，每年为学生提供岗位3000余个；三是强化就业指导，服务到"点"，一年级开展职业生涯规划和创业启蒙指导，二年级开展就业技能、职业素养等方面指导，三年级开展就业政策、择业心态、面试技巧等方面指导；四是帮扶就业弱势群体，服务到"人"，针对困难学生，建立了中层干部与双困学生“一对一”的职业生涯规划教育帮扶制度和设置公益管理岗帮扶的“双帮扶”机制；五是加强创业指导，服务到“项”，学校每年组织的“兴林杯”大学生创业方案设计大赛，投入资金20万元，全程指导。

学校将在“三步走”战略引领下，始终坚持以就业为导向，以服务为宗旨的办学方针，按照“有德成人、有技成才、有职成业”的总思路，强化大学生素质培养，全面提高人才培养质量，加大就业创业服务工作力度，为全面实现建成“省内示范、行业一流、全国特色”高职院的美丽林院梦而努力奋斗。

发挥行业优势　突出办学特色
不断提升毕业生就业工作水平

吉林铁道职业技术学院

吉林铁道职业技术学院是一所具有60多年职业教育历史的省属高职院校。2006年2月，经吉林省政府批准、教育部备案改建为吉林铁道职业技术学院，是吉林省唯一一所具有铁道类特色专业的高等院校。2013年12月，学院顺利通过吉林省高职示范校验收。

学院现有全日制在校生9148人，教职工431人。学院设置9系、3部、4中心，开设30个专业。60多年来，学院已为铁路和地方经济建设培养了数以万计的专门管理人才和技术人才，大部分成为用人单位的技术骨干和管理上的中坚力量。2013年8月，学院整体搬迁至占地面积87万平方米、建筑面积19.3万平方米的新校区，办学条件得到极大改善，办学实力进一步增强。

几年来，学院全面贯彻党的教育方针，高度重视大学生就业工作，紧紧围绕行业和产业发展需求，不断创新工作理念，完善工作机制，扎实推进大学生就业工作，毕业生就业工作取得了实实在在的成效，2011年至2014年就业率分别为92.47%、93.39%、93.47%、91.6%；2015届毕业生2957人中已有1346人提前与沈阳、济南、兰州等铁路局签订了就业协议。学院多次被评为“吉林省普通高等学校毕业生就业工作先进集体”，并荣获“2014年度全国毕业生就业典型经验高校”称号。

一、坚持依托行业发展，打造人才培养特色

铁路行业大发展、吉林省轨道装备制造业的大发展和吉林省汽车产业的大发展，蕴藏着对高素质技术技能型人才的巨大需求。学院坚持依托行业发展，突出“专业紧贴产业，教学紧盯企业，精品畅通就业”的办学特色，深化教育教学改革，促进了高素质技术技能型人才培养。

一是依托行业发展，深化校企合作。学院以吉林铁道职业教育集团为平台，坚持“合作办学、合作育人、合作就业、合作发展”的宗旨，按照“职教集团运作与学院内涵建设并轨”的思路，成立了职教集团框架下的校企合作工作委员会及企业教学工作站，制定了校企合作项目实施与管理等各项制度，在校内建成81个功能齐全的校内实习实训场所的基础上，与职教集团91家加盟单位共建校外实习实训基地78个，形成了“厂中校”的实训室和“校中厂”的生产型实习实训车间的校企合作模式，促进了校企深度融合，密切合作，共同发展。

二是依托行业特色，打造特色专业。学院依据行业和产业发展形势进行专业设置和建设，确立了铁道交通运营管理等9个重点专业群建设工程，其中6个专业群以铁路行业为背景，1个专业群以吉林省支柱产业——汽车产业为背景。经过几年的建设，充分体现了学院重点专业的特色和优势，显示出鲜明的行业特色，也使毕业生更好地融入国家建设和区域经济建设的大潮中，拥有了广阔的发展空间。

三是依托行业需求，创新人才培养模式。学院依据行业发展需求同行业企业“共同制定人才培养方案，共同实施人才培养过程，共同监控和评价人才培养质量”，积极实施符合学生岗位面向、符合学生可持续发展能力要求、特色鲜明的“校企合作，工

学结合”人才培养模式，实行毕业证书与国家职业资格证书并重的“双证制”，积极推行以学生工作为载体的课程教学改革，使学生在校期间就培养了良好的职业道德，练就了过硬的职业技能。近三年，毕业生的双证书获取率平均在90%以上，实践动手能力显著增强，平均每年在国家、省级职业技能竞赛中获得奖项100余人次。

二、坚持实施就业预警机制，增强学院办学活力

学院坚持依据行业和产业需求，根据区域经济社会发展和毕业生就业状况，不断完善就业预警机制的“两个调整”和“两项联动”，进一步增强了办学活力，学院社会影响力显著增强。

一是根据就业和社会需求状况调整专业结构。学院在专业建设上紧紧盯住铁路行业和吉林省支柱产业的布局调整及结构变化，根据行业需求以及地方区域经济发展需要，加强专业内涵建设和特色建设，专业建设由2006年的7个专业增至2014年的30个，其中有4个专业被遴选为省级示范专业。

二是适时根据就业和社会需求状况调整课程设置。为使学院人才培养适应劳动就业和经济社会发展需求，保持人才培养方案的与时俱进，学院对人才培养方案进行了两轮比较大的修订完善工作，及时对课程进行增减和专业方向调整，以满足学生职业能力培养需要，保证毕业生充分就业。

三是建立专业设置与就业状况的联动机制。学院在专业设置上紧紧围绕铁路行业发展需求和吉林省区域经济社会发展需要，根据专业就业情况，积极扶持和发展就业前景好的专业，加大专业建设投入。特别是2012年，根据城市轨道交通的发展趋势，经过科学论证增设了城市轨道交通运营管理、城市轨道交通控制、城市轨道交通工程技术、城市轨道交通车辆等4个专业。同时，停招和撤并了个别专业。

四是建立招生计划与就业状况的联动机制。根据各专业就业率调整专业招生计划数，做到对就业率偏低的专业适当核减招生计划数，对就业率较高的专业适当提高招生计划数，保证了毕业生就业率和就业质量稳步提升。学院的生源质量也逐年提高，以吉林省2013年招生为例，省内计划招生2756人，一志愿报考我院省线以上4500余人，上线率163%，录取的新生达到二本线以上有310人，新生报到率为95%。

三、坚持夯实"五个基础"，提升就业服务质量

学院完善机制，加大投入，确保机构、人员、经费和场地"四到位"，积极实施就业工作"一把手"工程，做好毕业生就业基础工作，不断提升了毕业生就业服务工作质量。

一是积极开拓就业市场。学院始终注重发挥原来隶属于铁路行业的优势，密切同全国18个铁路局的紧密联系。目前已建立长期稳定的就业基地25个，如沈阳铁路局、北京铁路局、哈尔滨铁路局、中铁九局等；同时积极开拓非铁路专业毕业生的就业市场，如一汽丰越公司、沈阳地铁公司、长春地铁公司等，每年组织校内专场招聘会20场以上。

二是加强就业创业教育。学院始终注重把大学生就业创业教育作为学院人才培养工作和毕业生就业工作的重要组成部分，把就业指导课设为必修课，开设创新创业教育公选课，成立拥有27名专兼职教师的就业指导课教研室，积极开展就业创业教育，开展创新创业实践活动，引导广大学生进一步树立了科学的成才观、择业观和就业观。

三是落实就业帮扶政策及措施。学院认真落实针对“双困生”、“少数民族学生”等就业帮扶政策，制定帮扶措施，建立特殊学生就业档案。三年来，学院支出勤工俭学帮扶资金23万余元，减免学费27万余元，发放困难补助、奖学金、助学金超过1900万元，帮助家庭经济困难学生顺利完成学业。

四是做好毕业生就业信息管理和满意度调查。学院建立了用人单位数据库，就业招生网定期公布企业招聘信息和毕业生就业工作有关数据。每年定期对毕业生进行学生就业跟踪调查和开展用人单位毕业生质量跟踪调查，听取各方面的意见和建议。通过调查反馈，毕业生大部分到国有大型企业就业，工作稳定，学院主干专业毕业生就业专业对口率95%以上，普遍对学院就业工作表示满意。同时，用人单位对学院毕业生也十分认可，称赞吉铁职院的毕业生“综合素质好、踏实肯干、吃苦耐劳、动手能力强，是企业留得住、用得上的高素质技术技能型人才”。

五是做好毕业生到基层就业工作。学院积极宣传国家就业工作政策，教育引导学生参加“三支一扶、大学生村官、志愿服务西部、征兵入伍”等基层就业项目。三年来共有近51名学生应征入伍。

总之，吉林铁道职业技术学院坚持“以服务为宗旨，以就业为导向，培养具有社会责任感、创新精神和实践能力，适应生产、建设、管理、服务一线需要的高素质技术技能型人才”的办学宗旨，主动适应行业企业和区域经济社会发展需求，切实把毕业生就业工作摆在突出重要的位置，进一步深化教育教学改革，创新人才培养机制，彰显了学院的办学特色，进一步健全就业工作机制，完善就业服务体系，实现了“高就业率、高质量就业”，达到了毕业生就业工作让用人单位满意、让学生满意、让社会满意。

学生的铺路石　百姓的圆梦者
全力以赴做好毕业生就业工作

黑龙江职业学院

黑龙江职业学院是优秀国家骨干高职院校，学院始创于1948年，历经黑龙江省农业专科学校、黑龙江机械制造学校、黑龙江工商职业技术学院、黑龙江畜牧兽医职业学院、黑龙江科技职业学院等发展阶段，2012年更名为黑龙江职业学院。学院秉承"立足产业、携手行业、服务企业、成就职业"的办学理念，明确了"工农商联手、政校企互动、教学做一体、情智能共育"的办学特色，确立了"产业的推进器、学生的铺路石、百姓的圆梦者、文化的传承人"的核心价值观。经过多年发展建设，学院成为全国"五一"劳动奖章获得单位、全国教育改革先进单位、全国第四届"黄炎培优秀学校奖"获奖单位，全国优秀职业技能鉴定站、黑龙江省职业教育先进单位，省级文明单位标兵。

省委书记王宪魁到学院视察

学院始终坚持以就业为导向，不断创新办学体制机制，牵头组建黑龙江省装备制造职教集团、黑龙江省畜牧兽医职教育集团及哈尔滨发电设备产业蓝领发展战略联盟，并成为理事长单位。近三年为社会输送12800余名优秀技能人才，毕业生就业率连续三年列黑龙江省高职院校前三名，获得黑龙江省大学生就业服务工作一等奖。毕业生受到用人单位广泛赞誉，中央电视台、新华社、中国教育报、中国教育网等新闻媒体进行了大量报道。2013年，黑龙江省委书记王宪魁到学院专程视察就业工作，给予充分肯定，同时，在新华社《内部参考》第8418期《黑龙江职业学院紧跟市场培养高技能人才》一文上做出批示，要求有关部门对学院围绕市场需求培养实用人才的经验进行认真总结和推广。

一、创新办学体制，推进校企合作育人

学院紧紧抓住内涵建设这条主线，一切为了学生就业，一切服务于学生就业，形成了“实践能力强、行业品质优、岗位适应快”的人才培养特色。成立了两个层面的校企合作理事会，一是学院校企合作理事会，有51个成员单位，包括政府部门、行业协会（学会）和大中型企业。二是专业校企合作理事会，在重点建设专业分别成立4个专业校企合作理事会，建成校中厂9个、厂中校10个、企业专家工作站5个和教师工作站8个。在实践中形成八种校企合作模式：一是整合了社会资源，扩张了教学规模，壮大了综合实力，形成“政府主导、行业指导、校企主体、多元合作”的集团化办学模式；二是发挥了区域内生产与教育资源优势，逐步实现职业教育和终身教育的战略构想，形成“政府牵头、校企联动、专业共建、人才共育”的区域合作委员会模式；三是把技术、师资、学生融进园区，实现人力、技术、教育等资源共享，形成“融入园区、共享资源、双元育人、促进就业”的职业教育进园区模式；四是推动校企合作向紧密型、实质性、团体化方向发展，形成“股份制管理、公司化运营、强师育人服务三位一体”的董事会模式；五是让学生做员工，把工厂当课堂，真正实现工学交替，教做一体，形成“企业成基地、经理为教师、员工是学生、工作即学习”的教学工厂模式；六是让多数学生在基地完成实训和生产任务，让优秀学生进入店面顶岗实习，实现生产和实训两大功能并举，形成“店面营销、店后生产、在店顶岗、在厂培养”的前店后厂模式；七是使各专业实现教学与生产同步，把教学、学习、工作三元合一，形成“校企共建、产学同步、教学做合一”的校中厂模式；八是既开发了工学结合教材，又完成了教和学任务，还为企业培训了大批员工，形成“企校共建、学训共用、产学研结合”的厂中校模式。

正式启动职业教育进园区

全省职教集团化办学项目研讨会

二、坚持就业导向，创新人才培养模式

学院以就业为导向，不断创新人才培养模式，努力开拓多元培养方式。各专业将产业背景、生产要素融入人才培养模式，突出人才培养的实践性、职业性和岗位性，创新实践并形成以就业为导向、工学紧密结合、特色鲜明的人才培养模式。比如，城市热能专业创新了“夏制造冬运行、工学交替”模式，电气自动化专业构建了“1311”四段式工学结合模式，物流管理专业形成了“行企校合作、四阶段能力递进”模式，机械制造与自动化专业实施了“工学结合，双岗融通”模式。为拓宽就业领域，注重培养复合技能人才，学院把工业的科技元素、商业的经营元素与农业的生态元素相互融合，实现三大产业在专业教学上的融通，培养“有文化、懂技术、会经营、能创业”的复合型人才。比如，能源与材料工程学院与红光锅炉厂合办“锅炉营销班”，培养既懂锅炉生产、运行，又懂锅炉营销的技能人才。畜牧兽医专业将动物科学、动物医学两个专业融合，培养既懂动物生产、繁育改良，又会疫病预防、疾病诊疗的技能人才。复合型人才适应产业融合需要，拓宽了学生就业领域。人

才培养模式的完善创新，顺应时代发展和学生成才需要，有力支撑内涵建设，促进了学生就业。

三、注重全面发展，培养高素质技能人才

学院在人才培养中注重全面发展，一方面突出培养学生职业技能，另一方面重视素质养成，强化创新创业教育，使学生健康成长为高素质技能人才，并以此铸就“龙职”品牌。

大力加强文化熏陶，全面开展养成教育。围绕学生成才就业，实施军事化性质的学生早军操活动和“四率”（早操出勤率、晚自习出勤率、到课率、归寝率）日常管理，这已经成为黑龙江省内高校学生管理与素质教育工作的一大亮点，成为“龙职”特色和品牌。第二课堂活动丰富多彩，学生可以按照自己兴趣选择社团组织，在学生主动参加的活动中培养学生的组织协调能力和集体观念。公共基础学院为全院学生开展诵读经典活动，使学生接受国学精髓和传统文化教育。

创建创业管理专业，促进学生自主就业。2013 年，学院开设创业管理专业。专业教师带头创业，创办冰雪产业研究所、森蓝网络工作室等。涌现出一批在龙江创业的优秀学生，如张迪同学开办的老仁义餐饮有限公司，年营业额达 300 多万元；王晓宁同学创办黑龙江省中国国际旅行社哈特营业部，从学院招收毕业生 16 人。学院成为全国大学生 KAB 创业教育基地。大学生创业实践活动在校组建自励公司，毕业创办小微企业。在学院支持和教师指导下，学院学生自行组建自励公司，以“虚拟公司、实体运营”的方式开展活动，每年有 300 多名同学成为公司员工，接受培训和锻炼，建立企业档案 400 余份，累计开展各类培训达到 5000 人次。

四、建全考核机制，完善就业工作体系

学院着力推进就业机制建设，形成并完善“学院统筹、部门协调、分院为主、全员参与”的就业工作体系。实施就业工作“一把手”工程，组成由院长、主管学生工作的副院长、招生就业处处长和二级学院领导组成的就业指导工作委员会，二级学院成立本部门的就业指导工作机构，具体负责毕业生就业工作，实现了就业工作重心下移。院长是学院就业工作第一责任人，主管处室及二级学院行政领导是就业工作直接责任人，辅导员及专业课教师是就业工作具体责任人，形成一级抓一级、层层抓落实的三级联动责任机制。毕业生就业工作实行目标管理，推行就业工作绩效考核制度。各二级学院与行政处室“结对子”，学院与各部门签订就业工作责任书，以毕业生就业指导与服务情况、就业率、就业对口率等为主要指标，建立科学合理的考核体系，形成全员抓就业、人人扛指标的工作氛围。同时优化了服务机制，实现了“企业资源共享、就业信息发布、学生网上求职、双方远程面试、教师指导服务”五位一体的信息化服务模式。实行“全学程、全方位”就业指导制度，思政部开设必修课“职业生涯规划”、“就业与创业指导”，以及选修课“大学生成功素质激励训练”。对全体学生开展专业辅导、职业教导、就业引导、创业指导等富有特色的教育活动，促进毕业生全员就业。

近年来，学院以内涵建设为基础，以品牌建设为动力，以机制建设为保障，紧紧围绕学生就业有效开展了教育教学改革与创新，人才培养水平不断提高。我们坚信，以就业为导向的工学结合人才培养模式，以及富有特色的创新创业教育，必将使学院切实成为“学生的铺路石、百姓的圆梦者”。

学业融入职业　创业带动就业
打造“学业—职业—就业—创业”全价值链

上海工艺美术职业学院

上海工艺美术职业学院是经上海市人民政府和国家教育部批准的独立设置的艺术设计类特色高等职业院校，至今已有50余年办学历史，逐渐形成了“继承传统、创造当代、拓展未来”的发展思路，积累了较强的综合办学实力。

目前上海工艺美术职业学院是百所国家示范性高职院校中唯一一所艺术设计类院校。2010年11月，学院经国家教育体制改革领导小组批准，承担教育体制综合改革试点，成为上海高职院校中唯一的立项单位。学院建有时尚与工艺、视觉艺术、环境艺术、数码艺术、WPP、水晶石数字艺术等六个二级学院，建立了“上海市数码艺术公共实训基地”、“上海市工艺美术公共实训基地”、“中国黄金创意产业中心”、“现代环境设计中心”等，拥有“东方学者团队”、国际设计师、工艺美术大师、民间特艺大师，逐步形成以生产型实训工场和各类工作室为主体的办学形态。面向文化创意、设计服务与产业融合的广阔领域，开设包括国家重点专业“珠宝首饰工艺与鉴定”等在内的12个专业，培养满足社会经济发展需求的知识型、发展型高职人才，学院现有全日制在校生4100余名，年均职业培训规模超过2000人次。

学院以“一切为了学生的成长成才”为办学的逻辑起点，在“立德树人”的大目标下，持续推进校企深度融合和毕业生就业工作，坚持学生职业能力和综合素质并重，建立了“学业—职业—就业—创业”的全价值链和长效机制。学院遵循“不唯高学历，但求高标准，办学决定就业，就业决定招生”这样一种办学逻辑，形成了以好的办学带来好的就业，好的就业带来好的招生这样一种良性循环。学院近三年毕业生初次就业率保持在98%以上，专业对口率85%以上，创业人数6%以上初次就业起薪超过本科平均水平，得到了企业与社会的充分肯定。

一、在把握文化创意和设计服务产业新趋势、新业态中优化专业结构，促进充分就业

学院坚持满足和服务社会经济发展的需求，在文化创意和设计服务产业融合的新趋势、新业态中厘清办学定位，改变专业布局和人才培养规格上的同质同构，主动调整和优化专业设置、课程开发，扶持和满足文化创意和设计服务紧缺岗位的需要，学校借重行业协会、企业职能部门掌握用人端口的实际需要，优先发展与行业、上海经济密切相关的、就业形势好的优势专业；大力发展有特色和有发展前景的传统专业；重视发展创意产业发展急需的短线专业，适时调整不适应经济发展、社会需求量明显下降的专业。学院将招生专业从23个压缩到12个，制定了以能力模块为构架的培养方案和教学实施计划，注重实战演练、职场体验和顶岗实习。以心手并用的教学理路，培养学生专业兴趣、专业认知和专业能力。

二、对接顶级企业用人需求、提升职教品级，促进高质就业

借鉴世界一流设计人才培养理念、模式和方法，施行“双主体”办学。

学院与全球最大市场营销传播服务集团WPP和国内数码制作行业标杆水晶石数字科技有限公司等国内外顶尖企业展开深度合作，组建WPP学院和水晶石学院，通过理事会治理，延聘权威专业人士组成学术委员会制定学生培养方案，全面负责项目管理。提出了与顶级企业用人标准相适应的培养目标，配备了最优秀的国内外师资主导计划实施，以高含金量的实战项目和权威赛事平台为依托，构建人文品格与专业能力并重的课程内容和学业测评体系，创新高端设计人才资质认证和再教育路径。经过培养，高职生直接参与伦敦奥运会等设计服务项目，创造了中国大学生在知名创意大赛中的最好成绩，50%学生得到WPP高管特别推荐，被全球4A公司录用。

三、全覆盖、全学程，分层次、分阶段，在普及普惠和扶植孵化的双轨并进中促进自主创业，以创业带动就业

学院将就业创业教育纳入人才培养的大格局之中，成立了创业中心，并组建了由专职教师、创业专家、成功创业学生参与的创业团队，制定了创业知识、企业知识、项目讨论、项目操作四个模块作为创业学生的必修课，全面指导学生创业教育和创业实践。构建了“项目化实施、团队化运作、成果化展现、科学化管理、体系化整合”的实践教学体系，倡导和鼓励学生“想创业，敢创业，懂创业，会创业”。通过创业教育在专业教学中的渗透，拓展丰富专业课程的教育内容和形式，帮助学生改变固有的专业认知，强化更高层次的职业发展愿望。根据学生就业工作及服务的内容设计及变量，形成了包括校园专场招聘会、订单培养、顶级企业路演、专题讲座论坛、创业训练营、技能大赛、项目与团队孵化等活动载体，实现学生求职、企业揽才的双向选择，对有价值的项目直接推荐入驻校创业孵化基地，给予各类创业基金扶持。

四、构筑“素质教育”和“生涯发展”平台，强化素质教育，将职业生涯规划贯穿于学生就业指导的全过程

学院将“会设计、精工艺、通操作、懂材料、能创新、擅销售、高素养”明确写

进人才培养的规格要求，在解决了专业技能培养的同时，加强综合素质的养成。学院从2009年开始学院专门设立职业素质教育课程，由教授、大师、企业精英、社会成功人士及资深培训师组成双师型结构教师团队，根据不同年级设置不同的“准职场”环境来开展“职业素质教育”，一年级重点是专业理想教育，使学生了解专业、明确目的，激发学习热情，形成对专业学习孜孜不倦的追求，并制定自身的职业规划。二年级重点是了解和实践职场规范。三年级重点是树立正确的就业观，掌握就业竞争技巧。通过案例式、体验式教学，对在校学生开展职业生涯规划、职业价值观、职业行为养成、企业家思维模式等多方面的训练，使学生增进创业意识、社会责任、团队精神、持久力、抗挫力的养成以及获得符合职业环境的思维和行为能力。

五、以职业能力培养为核心，创新“项目引领、工作室化教学、职业岗位对位”的人才培养模式

按照行业企业的岗位需求和岗位标准，及时调整专业人才培养方案，积极构建能使学生满足就业岗位需要，并具备一定的可持续发展能力，既相对独立又相互联系的理论知识培养系统和实践能力培养系统。在企业主导下，各专业将真实工作任务转化为教学项目内容，将工作流程转化为教学流程，革新教学手段，使学生在学中做、做中学，实现学习内容项目化，学习环境岗位化，学习过程职业化，学习成果社会化。

六、完善就业指导服务体系，多通道，精服务，提升满意度

发挥行业协会、企业、校友的纽带和渠道作用，积极开拓就业市场，建立蓄水池。已累积有920家就业单位，其中502家建立长期合作关系，2013年学院提供各类岗位信息4457个，人均岗位3.35∶1。学院以“就业信息网”为载体，把网络、手机、多媒体等信息手段融入就业服务的各个环节，推进企业信息查询和就业指导服务。学院每年初会同相关部门确定“双困”和重点帮扶对象，一对一开展特殊群体就业帮扶，有针对性地推荐单位，做到不让一个学生因为经济困难而在就业中掉队。学院连续三年委托麦可思人力资源信息管理咨询有限公司主持开展“关于毕业生社会需求与培养质量半年后跟踪测量评估”的研究咨询项目，提出客观详尽的第三方报告，并据此发

现问题，分析症结，多措改进。此外，通过走访、电话、座谈、问卷等多种形式在毕业生和用人单位中开展跟踪调查。

七、“学业—职业—就业—创业”全价值链的联动机制成效显著

1. 助推了高职人才培养模式的创新

人才培养与社会需求结合紧密，使就业难和学生学习动力不足、综合素养欠缺的难题得到有效破解，学生精神面貌和专业志趣发生了积极变化，促进了就业工作。

2. 促进了高职生综合素质和就业力的养成

学院鼓励、引导学生运用所学专业知识开展非遗传承、文化创意方面的项目，学生在各类专业赛事中表现优异，作品市场前景、竞赛经历和获奖成绩对学生的就业创业或继续深造都产生了鼓舞和激励作用。

3. 培育了一批优秀的学生创业者

2013 年，学校重点扶持的 11 家由学生入股的创业公司均运转正常，取得较好的经济效益。一批学生通过创业项目的策划运作，获得扶持，完成公司注册并独立开展经营活动，成为业界新锐。同时，学院的创业工作也在不断开拓视野，从国内向国外延伸，2014 年学院与世界著名学府英国剑桥大学创业研究中心合作，勇拓国际视野、借鉴国际名校的创业教育经验，推动学院创新创业教育国际化发展。

4. 实践探索及其成功经验产生辐射影响

学院在积极进行相关课题研究的同时，屡获各类重大奖项。2013 年 5 月，在世界创意设计领域享有盛誉且最具权威的英国 D&AD（“设计与艺术指导”，Design and Art Direction）评委会，将学生奖项中的年度最佳奖授予 WPP 学院的二年级学生祁晶晶、陈琪，这也是迄今中国大学生在该项大赛中获得的最高奖，《解放日报》《文汇报》

《新民晚报》《新闻晨报》东方网均作了相关报道，2014 年 5 月，WPP 学院在该项赛事中再度获奖：两件作品荣获 D&AD 年鉴奖。2013 年 10 月，学院承办“上海市首届高职高专创业大赛暨全国邀请赛”，学院 2 支学生创业团队在决赛中获一、二等奖。2014 年，学院创业教育课题获上海市教学成果一等奖，学院被授予“上海高校毕业生就业工作创新基地”。

D&AD大赛俗称“黄铅笔”，是国际顶级广告创意设计大赛的奥斯卡，学校连续两年获奖，成为该赛事52年历史中唯一取得决赛名次的中国高校

基于数据平台　针对生源多元
实施分层培养　促进就业梦圆

江苏建筑职业技术学院

江苏建筑职业技术学院是省属公办高职学院，前身是1979年组建的基建工程兵第三技术学校（师级建制），1983年转制到地方，1999年改制为高职学院，现有全日制在校生12900人，地处江苏徐州泉山风景文化区。学校以工为主，以建筑为主要特色，机电类、信息类、艺术类、管理类等专业为重要组成部分。

多年来，学校始终坚持以就业为导向，以质量为核心，把促进毕业生高质量就业作为工作的重中之重，实施专业设置与行业需求、课程内容与职业标准、教学过程与生产过程"三对接"，形成了"全校统筹、学院推动、部门联动、全员参与"的大学生就业工作体系。近三年来，学校针对生源多元、学生需求多元，实施"人才培养质量、数据分析、就业信息供管、就业创业指导、一把手负责"五项工程，推行分类培养、分层教学人才培养模式改革，确保了每一名学生都能得到适合教育和最大增值。本轮全国就业50强高校评审调查显示，江苏建筑职业技术学院毕业生对母校综合满意度位居全国高职院校第一位，用人单位对毕业生综合满意度位居第四位。

一、分层培养改革背景

江苏建筑职业技术学院生源来自全国23个省份、23个民族，12775名在校生中，少数民族学生占3%，通过普通高考进校的占50%，通过对口单招、自主招生，包括退伍军人、企业青年进校的占46%，插班进修的占4%，来自农村的占66%，家庭贫困的占25%。生源多元必然带来学生综合素质、学业基础、学习能力和发展夙愿的较大差异，以2013年为例，该校江苏考生最低录取线高于省控线98分（江苏高考总分480分），而外省考生则多数压线录取，少数民族新生汉语水平普遍不高。如何实现不同生源学生的充分就业，是衡量高职学院就业工作最科学的指标。

传统“大一统”的培养方式使一些学生“吃不饱”，另一些学生“吃不了”，直接造成不同需求的学生就业圆梦劲头不足。自2006年起，学校在江苏高校中较早开展毕业生就业状况调查和用人单位满意度调查，摸底人才培养质量和学生切实需求。2010年，学校又率先实行人才培养质量报告会议制度，重视用数据说话，在每年的“人才培养质量分析会”上，招生就业处学生就业数据、教务处学生学业数据和学工处学生管理数据形成三项数据链，相互印证，把脉学校就业质量、检验教师教学水平和评估学生发展状况。在数据分析的有力支持下，该校从2011年开始主动改革教学管理模式，实施分层培养，提出“让每一个学生都得到适合的教育、让每一个在学校学习过的人都获得最大的升值”，力助学生充分就业和升学梦圆。

二、分层培养改革实践

1. 实施专业（群）分类，满足学生需求多元

适应建筑业发展方式转变，江苏建筑职业技术学院按照专业设置与行业需求相对接的标准，调整了7个建筑类专业集群；响应徐州市现代服务业提速计划，构建了4个现代产业类专业集群；借助徐州工程机械产业优势，整合了3个装备制造类专业集群；借助区域煤炭产业优势，形成了矿井建设类专业集群。

依托15个专业群，由“宽”到“专”构建公共基础、职业基础、专业方向、专业拓展四大层次课程平台，平台内课程按照不同学习起点（公共课按入学测试成绩、专业课按职业技能基础）、不同学习目标（专业学习、职业证书、升学）分层次建设，学生按照专业大类入学，在完成公共基础课平台后选择专业大类，在完成职业基础平台课程后选择专业大类内专业学习，也可通过双向选择进入企业订单方向学习。

2. 实施分层教学，对接生源层次差别

学校树立“以人为本、以学生为中心”的思想，面向全体学生，打破原有专业、固定班级教学模式，推行学生在学业导师的指导下，自主进行开放课程与教师的选择。课程内容与职业标准对接，课程按照专业学习、职业证书、升学深造等不同需求进行建设。全校共建成9个国家级、192门校级资源共享课和1656门选学课程，英语课程模块分别设置雅思、PETS、大学英语、职场英语。学生可以按照学习能力、个人特长、发展意愿，选择同一模块不同层次的课程学习；也可根据入学测试成绩和课程内容，选择授课教师和上课时间、地点；还可以根据学习成绩，在三个层次间申请转换。考试实行过程考核，班级实行动态管理，学分按照难度系数转换。

该校还开设了萃智创新课程、文明修身课程和志愿行动课程，请文化学者、非物质文化遗产传承人、工艺美术大师进校园开设选修课，逐步使各专业选修课学分达总学分的30%。对少数民族学生，学校还专门制定了《民族生教学管理办法》，部分专业课程在课余时间组班或单独安排专业教师辅导，突出加强学生道德素质教育，强化文化基础知识和基本技能。所有学生毕业时还需同时取得创新奖励4个学分，以引导学生创新实践行为，实现由“批量培养”到“因材施教”的转变。

3. 建设导师团队，保障个性化发展

为克服学生选修的盲目性，学校为学生选配学业导师，具体指导学生选修行为。建设了56个课程群教学团队，注重从行业、企业聘请工艺大师和行业领军人物担任带头人，实现围绕专业大类学生自主选择课程和学生根据选学课程自主选择教师。重视对专业带头人、骨干教师的系统培养，实行“一师一企”制度，在校内建立了5个“企业专家工作站”，为企业兼职教师创造良好的教学科研条件。学校还建有1个国家级优秀教学团队，3个省级优秀教学团队，学校连续4届被评为“江苏省师资队伍建设先进高校”。

按照“源于现场、高于现场”和“开放、集成、共享”的理念，整合校内外实训条件，重构实践教学体系，满足分层培养教学要求。近年来，通过示范建设、区域开放共享型实训基地建设，累计投入2000万元用于建筑实训基地建设，满足了学生自主选择实训项目的需要。在规定的学分下，依据岗位群职业能力需要，按照验证、实训、生产、研发四类开发了3700余个实训项目群。对于校内实训，学生根据岗位要求，可选择实训项目类型、数量和时间；对于校外实习，学生根据预就业协议和企业订单的专适方向，可选择生产性或研发性实训项目进行顶岗实习，实现了教学过程与生产过程的对接。

❹ 实施特色学分制，实现柔性化管理

学校完善以课程为中心的运行机制，制定个性化培养方案，以选择课程、选择教师改变学生管理、师生业绩考核模式，推动辅修制、全天候排课制，分级实现具有高职特色的学分制。编制了《“分类培养、分层教学”的改革实施意见》、《学分制改革实施方案》、《2012 版人才培养方案》、《选择专业管理办法》、《关于进一步推进课程改革的指导意见》等制度文件和《实用英语分层教学》等课程改革具体实施方案，对大类招生、分类培养、学分管理、专业群建设、课程资源库建设、选课管理、分层教学以及教学评价等方面进行了界定与要求，基本建起了柔性化管理机制。

三、分层培养改革成效

❶ 学生个性需求得到最大满足

学校制定了 6 项教学管理制度及 16 项操作细则，实现了柔性化学籍管理、自主选课、全天候排课，不同专业之间、不同层次课程之间的学分互认与转换，学生拥有更多的自主权和选择权，形成了具有高职特色的学分制教学管理体系。《以学生个性化发展需求为导向，分层次培养人才的探索与实践》项目获江苏省 2013 年高等教育教学成果一等奖、2014 国家教学优秀成果二等奖。

❷ 学生个性发展得到最大保障

该项目实施 3 年多来，学生重新选择专业的比例由 5% 提高到 26%；选学课程门数增加了 38%，学生课程满意度提高了 12%，升学比例逐年提高，2013 年达到 8%；学生获得专利 46 项，参加国际、全国数学建模大赛获特等、一等奖 35 项，在全国技能大赛、创新创业大赛上荣获特等、一等奖 60 余项；毕业生对母校的满意度三年连续上升，2013 年达到 97%，专业对口率达到 88. 67%，相比 2011 年上升 10 个百分点。学校已连续 5 届被评为江苏省毕业生就业工作先进高校，2013 年被中青报评为全国职业院校就业竞争力示范校，被江苏省确定为苏北地区高校就业联盟牵头学校。

四、分层培养价值得到权威认可

该成果被列入2013年国家“职业教育教师素质提升计划”培训内容，156所高职院校的骨干教师参加培训。不少高职院校借鉴该项目理念推进本校教学改革取得积极成效。

该项改革经验被指定在2012年江苏省教育工作会议、全国高校全面提高人才培养质量会议会、2013年全国职业院校宣传部长联席会上作交流发言，还先后在中国建设教育协会、江苏建筑职教集团、淮海经济区高职院校协作会、徐州高校联合体内高职院校分享交流，264所高职院校先后到该校考察、调研和学习。

中国青年报于2013年5月6日、7月15日、12月2日、12月21日对学校“分类培养、分层教学”、插班生等进行了专题采访报道，中国高职高专教育网、江苏教育网、徐州地方媒体对相关成果也进行了多次报道。教育部、住建部、江苏省教育厅相关领导及高职教育专家先后到学校考察总结分层培养改革经验。

校园招聘会

校企联合办学

校园风景

“工作站”式就业服务模式下的优质就业

常州机电职业技术学院

常州机电职业技术学院坐落于全国首个以高职教育为显著特色的常州科教城内，位于国家重要经济中心区域长三角地区。学院创办于1963年，历史积淀深厚，2002年独立升格，隶属江苏省教育厅。2008年获批为江苏省高职教育示范园区建设单位，现为国家骨干（示范）高职院校。学院占地面积942亩，建筑面积30多万平方米，现有全日制在校生9765人，专任教师479人。

学院创新校企合作办学体制机制，打造跨界互动、功能多元的“内园外站”合作育人平台。校内建有江南装备制造技术产教园，校外设立8个校企合作工作站，统筹政、行、校、企四方资源，推进校企深度合作，增强办学活力。

学院毕业生以优良的职业道德、过硬的业务素质和扎实的专业技能深受用人单位的普遍欢迎和一致好评，用人单位满意度始终保持在96%以上。毕业生初次就业率始终保持在98%以上，毕业生毕业半年后平均月收入、校友满意度等指标显著提升，毕业半年后平均月收入从2010届的2451元上升至2013届的3295元，校友满意度从84%上升至91%。据第三方调查数据显示，学院连续四年毕业半年后就业率、平均薪资均高于全国骨干高职院校平均水平，就业竞争力指数在全省示范（骨干）校位居前列。

2008年以来，常州机电职业技术学院认真贯彻落实教育部高校毕业生就业政策和精神，以提高毕业生就业质量为目标，积极探索，开拓创新，实行内部管理机构改革，成立就业工作办公室（与校企合作办公室署办公），并在常州、苏州、无锡、南京等毕业生就业相对集中的区域设立8个校企合作工作站（以下简称“工作站”），每年选派20余名专业教师进驻“工作站”，与就业办专职人员共同负责区域内就业市场开辟、学生就业创业指导与服务、就业跟踪服务等工作，创新并实践了独具特色的“工作站”式就业服务模式。

该模式以提高毕业生就业质量为目标，以合作就业为主题，立足校企合作，互融共赢，以“工作站”作为贯穿就业工作始终的重要平台，校企共同开发就业市场，以校企合作促进就业与创业工作；精心打造就业创业指导与服务团队，建设毕业生信息资源库和合作企业资源库，进一步推进就业创业指导与服务的全程化、专业化和个性化，具有“指导服务全程化、合作就业平台化”等鲜明特征。

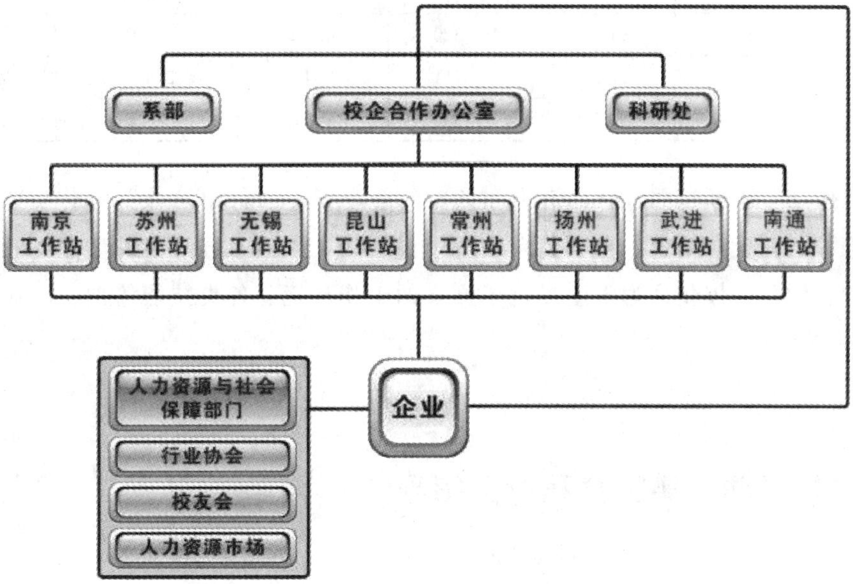

“工作站”示意图

一、校企联姻，整合优质就业资源

为了开辟相对稳定的毕业生就业市场，“工作站”主动出击，巩固合作关系，开拓区域性就业市场。三年来，就业基地数达574家，岗位覆盖所有专业。学院围绕订单培养、奖学金设立等11大要素，开展校企合作基地分层分类建设，目前已建有五星级校企合作基地25家，四星级校企合作基地150家。毕业生就业区域相对稳定地集中于装备制造技术产业相对发达的江浙沪地区。

"工作站"定期面向企业、人力资源市场、校友会收集各类需求信息，梳理后通过就业网站、校内宣传栏等发布给学生。在"工作站"的积极推动下，学院每年定期举办两场大型招聘会，同时根据特殊专业和群体的需要，经常性组织区域专场、特殊专业和群体的专场招聘会，极大地提高了毕业生就业岗位的对口率。每年经过严格筛选后提供的就业岗位数与当届毕业生比均在3:1以上，70%以上毕业生能够在校园招聘中找到心仪的工作。

每年大型推介会情况一览表

届　次	学生数	推介会时间	参会企业	提供岗位数（个）	岗位数与学生数之比	最高薪资（元/月）
2012届	3603	2011.6.11	320	10912	3:1	4000
2013届	2695	2012.6.9	311	7546	2.8:1	4500
2014届	3128	2013.6.1	302	9384	3:1	5000

"工作站"不断挖掘有合作潜力和意向的企业推进"订单培养"合作，全程跟踪"订单班"的开设与培养。在"订单培养"过程中，校企共同开发并实施课程，实现"教、学、做"一体化，为学生提供了真实的工作环境、各类技能培训、职业素养和企业文化教育。

二、内外联动，实施全程就业指导

学院组建就业与创业指导课程教学团队，分阶段开设职业生涯规划、就业与创业指导和职业素养提升课程。"工作站"在校内承担了相关课程教学任务，并利用"站"内丰富的校友和企业专家等资源，在校内开展各类形式的咨询、讲座、培训和报告会，组织各类职场体验活动，补充和完善理论教学，帮助学生树立就业意识，调整就业心态，加强了就业指导的实践性和应用性。

学生离校参加顶岗实习之际，按照地域分配至各"工作站"，所有实习信息均导入顶岗实习管理与毕业生就业跟踪服务系统中。"工作站"有效整合专兼就业工作两支队伍，采取企业实地走访、QQ、微信等对所辖区域实习生进行跟踪指导，帮助他们调整好就业心态，合理规划职业生涯，完成从学生到职业人的角色转变，全程监控并覆盖管理学生的顶岗实习与就业，将就业指导与服务延伸至校外。

多年来，进入毕业季顶岗实习的学生大部分能在"工作站"引导下，顺利过渡到就业，并实现高质量就业。针对少部分毕业时未就业的毕业生，“工作站”为其建立专门台账，深入了解毕业生情况，因人制宜，采取提供就业岗位、“一对一”跟踪服务等方式进行帮扶，直至实现“零待业”。

“工作站”指导教师实地走访企业实习学生

三、内外对接，助力创新创业教育

学院立足装备制造类专业特点，探索构建了“三段对接式”创业教育体系。“三段”指在时间上把创业教育分为“创业教育、创业模拟、创业实践”三个阶段。“对接”指对接学生特点、对接专业特色、对接社会需求。

在创业教育理论联系实际的过程中，“工作站”整合校内外优质资源，将创业实践充分融入创业基地建设中，校内建设“大学生创业园”。创业园占地1268平方米，建有蓝领梦工厂等21个创业基地，其中专业嵌入式11家、校企嫁接式4家、独立经营式6家，涵盖了机械、汽车服务、电气、计算机等11个专业群。三年来，创业基地完成营业额累计200.1万元，完成创新创业训练计划项目18项。

“工作站”还充分发挥校企合作优势，与无锡桥联数控机床有限公司等14家企业建立了创业实践基地，实现了校内外实践基地的无缝对接，为学生开展社会实践、获取实际创业经验、了解市场政策资讯提供了机会。同时，在常州创胜特尔数控机床设备有限公司等3家企业设立了创业孵化基地，为实现创新成果转化和创业初期拓展市场提供了良好的外部环境。

四、全面覆盖，实施跟踪调研反馈

“工作站”利用走访企业之际开展企业人才需求、用人单位满意度、毕业生就业状况等调查，定期分析市场需求，根据用人单位对毕业生工作态度、专业技能、综合能力等评价形成调研报告，为学院专业设置、课程设置、人才培养方案制定等提供参考。

人才需求调研与毕业生就业状况调研所获得的第一手资料有效推动了学院招生、就业、学生管理、专业教育等联动机制良性互动。根据调研结果，学院及时调整相关专业招生计划，新增满足社会需求、有发展前景的新专业，并及时调整专业设置，改革教育教学；根据毕业生就业状况和满意度调研反馈，学院在学生管理、校园文化建设、专业教学等各方面进行改革和完善，使学院各项工作朝向更有利于学生综合素质发展的方向不断提升。

订单式人才培养
实现学生提前就业、顺利就业、优质就业

浙江金融职业学院

浙江金融职业学院为国家首批示范性高职院校，前身为始建于1975年直属于中国人民银行总行的国家级重点中专浙江银行学校，2000年划转浙江省管理，同年6月升格筹建高职学院，2002年1月正式建院，主要为金融行业培养高素质技能型人才。学院是全国金融职业教育先进集体、浙江省职业教育先进单位、浙江省劳动模范集体、全国财经类高职院校联协会主席单位、全国金融职业教育教学委员指导委员会副主任委员单位、全国高职素质教育工作委员会主任委员单位。

学院坐落于美丽的钱塘江畔、杭州下沙大学城，占地面积518亩，建筑面积33.4万平方米，在校学生8700余人，现有教职员工500余人，其中正高44人，省“151人才”23人，省高职高专专业带头人19人，省级教学名师3人，省级教坛新秀3人；学院教师在高等教育类14种核心期刊发表论文数连续7年保持全国第一。办学近40年来，浙江金融职业学院励精图治、开拓进取，累计为浙江省乃至全国的金融机构输送了近5万名优秀的经济金融人才，约占全省金融从业人员的1/4，前期毕业生大多已走上领导岗位或成为业务骨干，有近百名校友成为省级分行及以上领导，其中支行副行长以上干部5000余人，形成了良好的社会品牌，学院因此被誉为浙江省金融界的“黄埔军校”。

学院坚持“职业素质与职业技能培养并举”的方针，以学生“千日成长工程”为抓手，深入实施以“品德优化、专业深化、能力强化、形象美化”为主要内容的学生职业素质提升工程，按照“一年熟练岗位、三年成为骨干、五年成为主管、七年实现

发展、九年成就事业、一生平安幸福”的要求积极推进职业生涯规划和创业就业教育，人才培养工作取得显著成效，毕业生初次就业率连年保持在97%以上。

浙江金融职业学院面向商业银行等金融机构开展大规模、全程化的订单式人才培养，为商业银行及证券、保险、期货等金融机构和企业培养业务一线、熟练银行柜面业务操作的高素质技能型金融人才。除了与金融机构合作进行人才订单培养之外，学院还通过与企业的合作，积极拓宽学生就业路径，培养出了一批批业务素质高、上手快，动手能力强的一线技术人员。学院从2001年开始尝试订单式人才培养。2005年，对订单学生独立组班，个性化培养；2006年，专门组建应用型金融人才研究院，负责协调订单班教学管理等工作；2008年，为加大人才培养与改革的力度，发挥学校行业优势，成立独立设置的二级学院“银领学院”。六年来先后与60多家银行、证券期货公司等金融机构开展订单式人才培养，每年保持1000人左右学生规模，实现“校、企、生”三赢，成就了学生提前就业、顺利就业和优质就业。

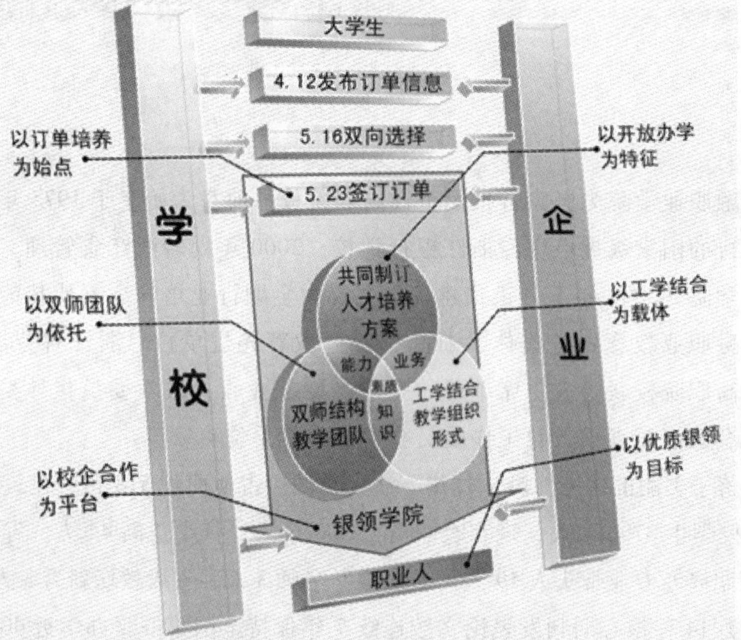

为金融机构及企业提供人才订单培养的银领学院运行机制

一、校企合作、订单培养，助力学生提前就业

银领学院创新了高职院校开展规模化订单人才培养的办学模式，搭建了一个工学

结合的育人载体，创设了校企合作、深度融合的人才培养平台，产生了用人单位竞相进校选拔人才制度化的“赶集”效应，形成了订单人才选拔、管理、教学、实习、就业的系列化培养机制，扎实推进了优质金融银领人才培养，深化了学校和金融企业共同参与的育人平台建设，深度融合了行业企业开展产学合作。各金融机构在每年5月份根据用人计划、标准直接进校选人，和有意向的学生进行面对面的双向选择，各金融机构和银领学院、学生三方签订订单协议，明确各自的权利和义务，银领学院对金融机构选拔出来的学生单独组班，以金融机构的名称命名，成功签订订单协议的学生在第五学期进入银领学院接受订单式培养。

金融“银领”人才的订单培养规模从2005届的2家订单企业、200多名订单培养学生，发展到2009届，学生数量已经突破了1000人，订单人才培养数量占学院毕业生总数的50%以上，参与银领学院订单人才培养的银行系统增加到15家。银领人才培养的专业由金融专业扩展到学校所有专业。

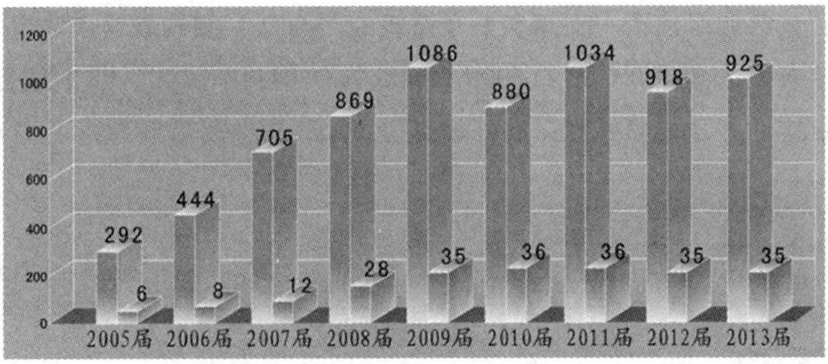

银领学院订单班级学生和班级数量

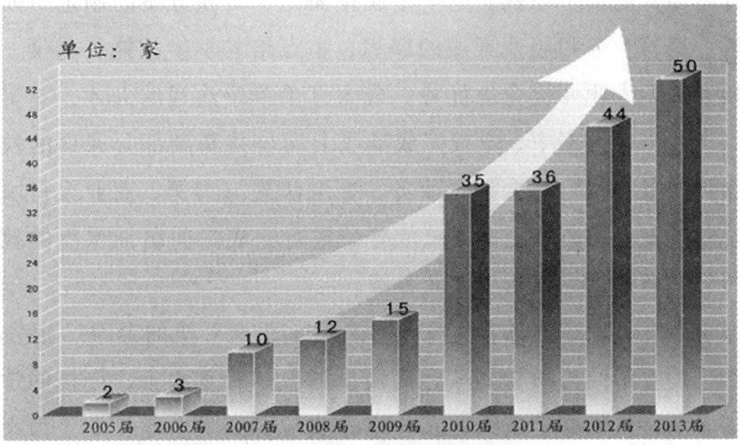

与学院合作企业数量实现跨越式增长

二、毕业上岗、无缝对接，助推学生顺利就业

订单培养的银领人才以“准员工”的身份由学校和金融机构共同培养，共同制定教学计划，共同教学。第五学期，学生在学校和银行交替进行学习，工学结合；第六学期，进行顶岗实习。银领学院教学遵循行业作息时间和工作要求，学生着职业装，配工号牌，实行员工化管理、职业化教育。参与订单培养的企业将学生实训教学与顶岗实习纳入企业日常管理规范，实行职业化教育，员工化管理，使工学结合教学管理规范化。商业银行选派管理人员和业务骨干直接进入学校进行专业课教学，指导学生进行业务操作。校内专业教师到商业银行兼职，进行实习和挂职锻炼，参与商业银行业务实践，行校共同组建了一支高水平互渗式的“双师”结构教学团队。

过去6年来，已累计订单培养6000余名金融“银领”人才，98%以上的学生达到了订单单位制定的人才培养标准，被订单单位录用，毕业时顺利地走上了工作岗位。

三、共建课程、合力培养，助成学生优质就业

为了使订单培养的学生在就业竞争中脱颖而出，培养方案的制定中强化了职业礼仪、职业技能、银行业务和职业素质的课程，重点培养学生技能、礼仪、实践动手能力和职业素质素养四大职业化竞争优势，成为订单单位欢迎的人才，并实现职业的可持续发展。在人才培养方案中，学校完成毕业上岗公共基础部分课程的教学，如会计基础、银行会计实务、银行综合柜台业务、金融法规与案例、商业银行服务营销、商业银行服务礼仪、商业银行临柜业务技能等。银行完成岗前培训课程的教学，如银行企业文化、银行规章制度、银行个人业务等。

通过和金融企业共同搭建的合作育人平台，零距离对接的金融“银领”人才培养模式，以高水平的双师结构教学团队，高质量的教学管理水平，严格的学生管理，在短时间内取得了非常好的办学成绩，人才培养成效得到了企业、学生和家长的高度认可和好评。学生在完成订单培养后，就可以实现直接上岗，实现优质就业。

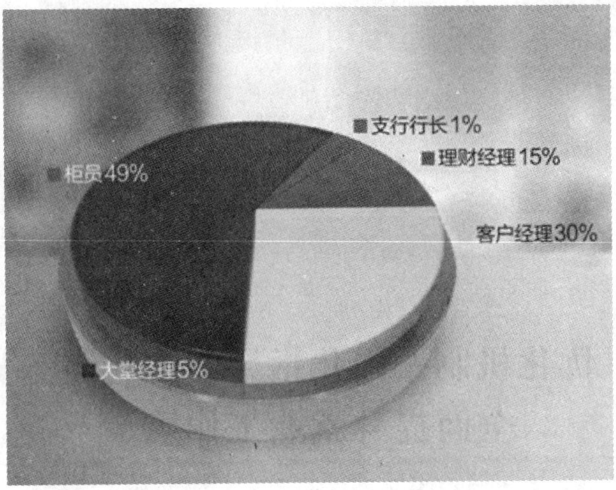

金融“银领”人才订单培养毕业生的就业岗位分布情况

2010年7月，中共中央政治局委员、国务院副总理，时任国务委员刘延东视察学院时，来到银领学院看望了正在行业培训的订单班学生并合影留念，高度评价了浙江金融职业学院以银领学院为载体与金融行业紧密结合的办学模式。2014年5月，为金融机构及企业提供人才订单培养的银领学院被教育部授予“全国职业教育先进单位”荣誉称号，这一荣誉的获得是对学院职业教育改革理念和订单式人才培养实践探索的充分肯定。

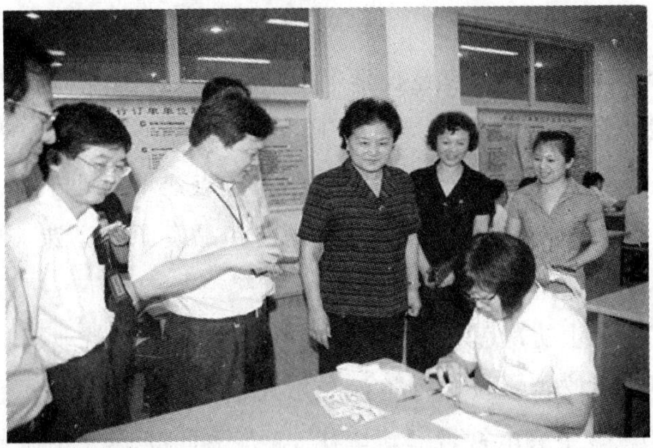

刘延东视察学院充分肯定我院办学特色与办学成绩

《中国教育报》《中国青年报》《浙江日报》《青年时报》《教育信息报》等媒体先后报道了学院金融“银领”人才订单培养模式的办学成效。中国教育电视台来学院以银领学院办学模式与订单式人才培养模式为题材，进行专题拍摄，供国内高职院校学习借鉴。从2008年到现在的6年时间里，先后有200余所国内高职院校专程学习银领人才培养模式。

优化机制　强化指导　细化服务
全面提升就业工作质量

江西环境工程职业学院

江西环境工程职业学院创办于1953年，原名赣州林业学校，2002年升格为高职院校并更名，2010年被评为江西省示范性高职院校，2011年列为国家生态文明教育基地。

学院设有8个二级学院，现有在校学生10000余人，围绕林业、生态、环境保护、服务区域经济发展开设了43个高职专业，其中国家重点支持建设专业2个，省级示范建设专业5个，省级特色专业5个，国家林业局重点建设专业1个。拥有省级人才培养创新试验区2个，国家级精品课程1门，国家精品资源共享课1门，省部级精品课程9门。

近年来，学院毕业生初次就业率均保持在90 %以上，就业对口率达85%。学院毕业生以“心态好、肯吃苦、技术行”深受用人单位好评，用人单位对学院的就业工作满意度均超过90%。中央电视台、新华社、《人民日报》、《中国教育报》等媒体对学院的就业创业工作进行了大量报道。学院因此荣获“江西省就业工作先进单位”、“全国林业职业院校就业先进集体”等荣誉称号。

一、以“三个落实”为要求，构建三个机制，着力推进就业工作规范化

1. 以落实“一把手工程”为要求，构建就业工作责任机制

学院成立了由党政主要领导担任组长、各部门（二级学院）主要负责人为成员的就业工作领导小组。各二级学院也成立了由院长任组长、专业负责人、专业教师、辅导员等为成员的毕业生就业工作小组，形成了有效就业工作责任机制。学院出台了《就业工作年度考核细则》，将就业工作纳入学校综合考核指标体系，并根据推荐用人岗位情况、一对一跟踪服务等指标，对就业工作先进集体和个人予以奖励。

2. 以落实“四个到位”为要求，构建就业保障机制

近年来，学院出台了《就业工作经费管理办法》，实现了经费保障制度化。学院年度就业工作经费投入均达到100万元以上，平均占毕业生在校期间学费的3.5%。2006年3月，学院设立了就业处，配备了专职工作人员。就业处工作专用场地面积达1100平方米，办公条件优良、设施齐全，满足了日常招聘、洽谈、咨询等工作需求。实现了就业工作“机构、人员、经费、场地”四个到位。

3. 以落实双困生帮扶为要求，构建毕业生就业帮扶机制

学院非常重视家庭经济困难毕业生、少数民族毕业生、残疾人毕业生等特殊群体的就业帮扶工作，出台了《毕业生“双困生”帮扶工作实施意见》。帮扶措施主要有：一是按照学生的困难类型建立档案；二是完善了就业帮扶和咨询制度，并由就业处直接联系就业单位，重点推荐、落实到岗；三是设立了就业帮扶专项基金；四是注重对困难群体的就业心理辅导。近三年来，困难毕业生实现100%就业，且就业稳定率高。

二、以“三个满意”为目标，实施三大工程，着力推进就业工作科学化

1. 以社会满意为目标，实施招生培养就业联动工程

为实现招生、培养、就业联动，学院构建了就业状况反馈机制、人才培养导向机制和专业建设调控机制，不断整合和优化专业结构与布局。近年来，学院停招了园艺技术、网络系统管理等6个专业，新增了汽车营销、生物技术等7个专业，对大多数专业进行了培养方向调整，实现了“招生、培养、就业”良性互动。

2. 以学生满意为目标，实施教育教学改革工程

为提高学生就业竞争力，学院大力推进合作办学，开展百门优质课程建设，稳步推进教育教学改革工程。一是改革和创新人才培养模式。根据不同专业特点，创建了多种人才培养模式，如林业技术专业与林业部门、企业合作创建了“一干五枝五段”培养模式等；二是推进实践教学改革。将专业职业岗位（群）对应的职业资格标准融入教学内容。根据课程特点和教学对象不同，探索实践了模块教学法、情境教学法、项目教学法等实践教学方法，各专业实践教学课时数均达到了50%以上；三是推动课外教学。开展“全天候职业能力训练”，大力推行“以赛促教、以赛促学”，形成了参加校赛、省赛、国赛的浓郁氛围。近年来，学院在省赛、国赛及其他专项技能竞赛，累计获奖达300多项；四是支持鼓励服务行业和社会。学院大力推进“依托专业办产业、办好产业促专业”，鼓励二级学院办好专业实体，同时积极组织学生参与社会技术服务活动。学生先后参与完成了全省森林资源二类调查、全省林业有害生物病虫害普查等行业技术服务项目、地方经济建设技术服务项目和新农村建设服务项目。

3. 以用人单位满意为目标，实施生态文明素养提升工程

学院根据用人单位需求，提出了以“自然生态、管理生态、人文生态”为核心的生态文明示范校园建设目标，着力推进以生态文明为引领的校园文化建设。启动了生态文明素养提升工程，强化了以生态文明行为养成为核心指标的学生综合素质考核工作，并将考核结果作为学生评优评先、党员发展等工作的重要依据。学院还依托赣南等原中央苏区地域和林业行业优势，充分发挥生态科教馆和生态文化长廊作用，开设

学生在全国职业院校技能大赛上获一等奖

了生态文明知与行等课程，开展了形式多样的生态文明教育和践行活动，提升了学生生态文明素养。

三、以“三化建设”为重点，打造三支队伍，着力推进就业工作精细化

1. 以专业化建设为重点，打造就业工作专职队伍

学院在全面落实就业“一把手工程”基础上，就业处现有专职工作人员8人，各二级学院设有1名专职分管领导和1名专职就业干事，校院两级专职就业工作人员合计达24人。

2. 以全员化建设为重点，打造“一对一”就业经纪人队伍

为帮助学生充分就业，学院组建了一支由骨干教师、辅导员及来自企业的兼职教师组成的“就业经纪人”队伍，其主要任务是根据学生的专业分布、在校表现、生源地等情况，利用各方资源，从职业生涯规划、职业素养、职业能力、就业安全及权益维护等方面对学生给予指导。

就业经纪人深入企业回访

3. 以全程化建设为重点，打造就业创业教学团队

2011 年以来，学院针对教师、辅导员、管理人员开展了职业能力提升活动，促进了就业创业指导工作。就业创业指导教研室现有专兼职教师 48 人，其中全球职业规划师（GCDF）3 人、国家职业指导师 28 人、SYB 创业培训讲师 30 人、TTT 职业生涯培训讲师 48 人，国家中、高级就业创业指导师 34 人。

学院举办和组织参加各类就业创业师资培训

学院还建立了全程化就业指导服务体系。一是健全了全过程的就业创业教育体系。根据学生认知规律和成长规律，开设职业生涯规划、创业教育、就业指导必修课。为学生能力拓展开设了职业素养、SYB创业培训等选修课；二是健全了多角度的能力提升体系，定期开展“就业创业大讲堂”、“杰出校友励志讲堂”，举办职业生涯规划大赛、创业计划大赛等就业创业指导活动；三是健全了“一网一刊一会”的就业服务拓展体系，建成了一个功能齐全的学校就业网，开办了一份就业刊物——《就业航标》，成立了一个就业协会——职业拓展协会。

学院的三个系列讲座深受在校学生喜欢

四、以“三个平台”为抓手，拓宽三个渠道，着力推进就业工作多元化

1. 以校、行政、企业合作平台为抓手，拓宽学生优质就业渠道

学院以“促进毕业生优质就业”为目标，大力开展百强企业进校园，积极搭建“校行、校企、校地、校校”四个合作平台。近年来，学院以特色专业群为依托，与中国林科院共建天敌昆虫繁育基地等；与行业一流企业共建了铁汉生态学院、中兴通讯学院、中锐汽车学院等；与章贡区人民政府共建了花卉苗木基地等；与北京林业大学、东北林业大学等本科院校联合培养师资。学院还牵头组建了跨行业、跨区域的江西林业职业教育集团，集团成员达到120家，有政府、学校、企业、科研机构等各类

单位，实现了资源共享、合作共赢。

学院积极搭建“校行、校企、校地、校校”四个合作平台

2. 以就业信息化服务平台为抓手，拓宽学生就业选择渠道

学院出台了《就业信息平台管理暂行办法》，鼓励就业经纪人和广大教职工为毕业生提供高质量就业信息，并给予考核加分奖励。学院每年收集的企业信息达1000多家，岗位信息达10000多个，形成了“千家万户”式的就业市场资源库，每年举办专场招聘会、企业宣讲等活动近300场次。依托“资源库”，学院建立了以“两报两台两网”（院报、就业航标报、校园电视台、广播电台、校园网、就业网）为主要渠道的就业信息超市，还积极发挥学院官方微博、微信、QQ等现代信息手段的作用，开展全方位就业信息服务工作。其中就业网已经建成为集就业信息发布、求职简历制作与发布、生涯测评、学生与企业互动等功能为一体的就业指导网站。

3. 以大学生创业教育平台为抓手，拓宽学生自主创业渠道

为引导和鼓励有创业意愿的优秀大学生自主创业，学院2010年建设了占地面积1000多平方米的大学生创业园。为提高创业孵化成功率，学院为每个创业项目聘请了专业对口、业务能力强的校内外指导老师，并出台了《大学生创业园项目入园管理办法》，在严格审核入园项目专业性和可行性的同时，积极倡导入园项目多样化。

大学生创业园建园以来，学院还广泛开展了多种创业教育活动。先后共开设SYB

创业培训班17期，开展创业沙龙和企业家讲坛等活动60期，受益学生2万余人次。先后推动了3批次、50多个项目、300多名学生进驻大学生创业园直接参与创业，并产生了大批创业典型，如2012年被江西省政府评为“全省就业创业先进个人”的张胜超同学，在校期间在创业园成立了测绘工作室，毕业后就在当地注册了测绘公司。他的成功案例得到了《中国教育报》以“荆棘丛中劈开一条自己的路”为题进行了大篇幅报道。学院大学生创业成功案例带动了学院学生积极创新创业，促进了就业质量不断提升。

创新行企校联动办学机制　科学构建就业服务体系 实现毕业生更高质量就业

广东水利电力职业技术学院

广东水利电力职业技术学院创建于1952年，1999年升格为高职院校，2011年被国家水利部确认为首批“全国水利职业教育示范院校”，2013年被确立为广东省示范高职院校。2010年被教育部、财政部确定为“国家示范性高等职业院校建设计划”骨干高职院校立项建设单位，是广东省唯一以水利电力类专业为主的高职院校。学院占地面积1100亩，总建筑面积33万平方米，开设教学系10个，全日制高职专业44个，面向全国18个省（市、区）招生，目前全日制在校生12785人。

学院从化校区大门

多年来，学院坚持立足水利、服务社会，将人才培养与社会需求紧密结合，主动调整专业设置，深化校企合作，培养了一大批高素质的技术技能人才。学院强化毕业生就业“一把手工程”，把就业率和就业质量作为衡量办学水平的重要标准和量化考核指标，建立健全院系二级就业工作长效机制，进一步加强渠道开拓、队伍建设、就业指导、信息化建设和创新创业教育等工作，有力地促进了毕业生充分就业和高质量就业。就业率连续三年超过98%，专业对口率达到86.58%，在广东省高校中名列前茅。

学院以国家骨干高职院校建设为契机，坚持以就业和社会需求为导向深化教学改革，深化“行企校”联动办学机制，坚持在人才培养模式上谋创新，坚持在就业服务体系上求突破。

一、创新行企校联动办学体制，提高毕业生就业能力，实现毕业生充分就业

1. 创建“一会一中心一平台”行企校联动办学体制

学院深化教学改革，创新办学体制，为毕业生顶岗实习、择业就业提供良好的外部环境，形成由“理事会、水电工程中心和中国水利职教集团”为主体的行企校联动办学体制，实现了政府主导、理事会参与、行业支持的管理模式和运行机制。2012年，在广东省水利厅的主导下，成立了由广东省水利厅和全省100多家水利、电力大中型企业为主体的广东省水利电力行业校企合作办学理事会，理事会下设人才需求与就业协调委员会等七个职能实体，在理事会协调下，学院在省内水利局、电力系统和大型企业建立了22个就业工作站，将行业和企业需求、学校办学紧密地联系起来。2012年学院设立由天河校区产学研基地，大学生创业园等组成的“水电工程中心”，直接引入20多家企业进入校园，为学生提供了真实的企业训练环境。2013年学院成为中国水利职业教育集团理事长单位，强化了学院与全国水利电力大中型企业、外省职业院校的联系，为学院提供“行—校”、“校—校”、“校—企”协同创新的平台，促成中国电建集团等大型国企来校招收毕业生。

2. 创新行企校联动人才培养，实现“四共同”人才培养机制，切实做到“共同确定方向、共同制定计划、共同参与教学、共同考核评价”

一是通过理事会下设专业及办学协调委员会，共同确定学院的办学方向和专业设置；二是成立了44个由行业、企业专家组成的专业教学指导委员会，共同参与了83个专业（方向）教学计划制定；三是学院聘请兼职教师达到800多人，年授课学时达到10万学时，校企合作参与编写核心课程144门、教材103种，实现了校企共同参与

教学，为实践教学质量的提升起到决定性作用，有效地提升毕业生就业能力；四是学院10个教学系成立了工学结合教学部，和企业一起完善210门核心课程教学标准，请企业兼职教师参与课程考核评价，实现了校企共同评价机制；五是强化“行企校”联动人才培养，全面提升人才培养质量。通过两年实施与运作，学院“行企校”共建实训室152个，实训基地36个，校外实训基地206个。合作企业接收的顶岗实习学生数达到2586人，在合作企业就业的学生达到1035人。

3. 构建“订单式”人才培养模式，实现校企无缝对接

学院以社会和市场需求为导向，坚持创新和实践符合人才成长规律的人才培养模式，各教学系实施“三段双轨”、“双重身份，校企共育”人才培养模式、“校企合作、适岗培养”、“多阶段交替式工学结合”等人才培养模式，毕业生职业能力和就业竞争力迅速提高，深受企业单位青睐。2011年以来，学院先后为一汽大众、宝钢湛江钢铁、广州数控、广州地铁、广日电梯等20个单位培养“订单班”人才超过2000人，2013年通过订单班实现就业的毕业生超过600人。

宝钢湛江钢铁订单班的开学典礼

二、健全完善就业工作体系，实现规范化科学化管理

学院探索和创新就业工作体系，构建了“领导主抓，配置到位，部门统筹，院系为主，有章可循，全员参与，层层落实”的毕业生就业工作模式。

1. 实施就业工作“一把手”工程，健全完善就业工作网络

一是学院成立了由党委书记和院长为组长，主管学院领导为副组长的毕业生就业

工作领导小组，负责全院毕业生就业工作的规划、组织、协调、监督和奖惩。二是学院党委书记和院长与教学系主任、党总支书记签订《毕业生就业目标责任书》，落实、分解工作责任，落实系毕业生就业工作领导责任制，并规定系党总支书记为直接责任人、系主任为第一责任人等7项内容。三是以系部为主，各系成立了以系主任担任组长，党总支书记为副组长的就业工作小组，充分地发动本系辅导员、班主任、专业老师的作用，全面形成了就业工作的凝聚力和合力，促进毕业生就业工作全员化。

2. 健全组织机构，切实做好就业工作"四到位"

一是机构健全，学院于2007年成立招生就业处，2009年设毕业生就业指导中心，2011年成立就业指导教研室，校级就业工作人员8人，各系专职就业工作人员24名，与毕业生的比例为1∶160；二是经费有保障。学校将毕业生就业工作经费纳入学校经费预算，2012年投入就业经费为110万元，2013年投入130万元，达到当年学费总额的2%；三是办公场所和设施有保障，就业指导中心使用面积近1000平方米，拥有现代多媒体设施的报告厅一个，会议室和洽谈室以及面试室共6个，满足不同形式、不同规模校园专场招聘会的需要，同时，学院还创建了择业与创业教育体验厅、职业指导咨询室、减压室等功能齐全的服务平台，为在校生提供良好的就业指导和教育。

3. 健全就业工作评估机制和奖励措施，量化评估体系，以制度促进就业、保障就业

学院实施就业工作目标责任制考核，把就业工作纳入系（部）考核指标，完善、量化《学院就业工作量化考核评估办法》，建立评估反馈整改体系，使就业教育、指导、服务三位一体的院系两级就业工作模式更加规范化和有效化。学院通过到各系听取自评报告、实地考察和查阅有关资料，对就业工作进行评分量化，提出评估意见，给予就业工作先进单位10000元、8000元和5000元不等的奖励。

学院毕业生就业工作服务中心

三、行企校联动搭建就业平台，构建科学就业服务体系

1. 行企校联动创新就业推荐机制

构建“以校企合作为基础，以大型招聘会为龙头，以知名企业小型校园招聘会为补充，以招聘专场和就业平台招聘为主体，以建立就业援助机制为保障”的多元化立体式招聘服务体系，大大提升毕业生就业质量。一是与行业协会合办广东地区电力专业人才专场、水利建筑类专场和综合类专场。二是引进知名企业集团举办专场招聘，如2013年引进华润新能源、粤港供水公司等80多家知名企业进校建立招聘直通车。三是打造“五位一体”的毕业生就业工作平台，实现创新网络化办公、企业在线招聘、学生在线应聘、就业管理在线处理业务、毕业生档案自主查询，深受师生一致好评。四是建立就业援助机制，学院建立大学生就业援助机制和分类指导机制，对就业困难毕业生采取摸底登记、专项训练、全面辅导、个体咨询、特殊推荐等五项措施。2013年学院毕业生初次就业率为99.31%，在全省本专科院校中排名第二。

学院2014届供需见面会

2. 校企联动推进职业生涯指导，强化职业规划，提高就业技能

学院积极建立企业精英库，聘请企业精英担任学生职业发展导师，以职业指导课程建设为主体，以生涯规划大赛、行业专业就业分析大赛为支撑，形成企业高度参与的“以赛促学，以研促教，以研促工作”为特色的就业指导体系。2012年以来，学院收获了省级大学生职业生涯规划大赛总冠军、全国大学生职业生涯规划大赛二等奖、广东省高校创业指导课程教学暨指导学生创业实训大赛冠军等荣誉。

江素雯获全国第二届职业规划大赛二等奖

3. 构建“四阶段”递进式培育体系，稳健推进创新创业教育

学院与企业共建“大学生创业园基地”，为进驻学院的创业团队和创业学生提供“零铺租”场地、创业项目管理资助与创业补贴等鼓励政策，通过打造“榜样力量、以赛促学、校内孵化、校外展翅”四个递进培育模式，实现大学生由创意向创业转变，2011 年至今近 40 位毕业生得到扶持，成功创业，如 2013 届龚家政获得风险投资过百万，成功饲养匙吻鲟，社会效益良好。

综上所述，广东水利电力职业技术学院毕业生就业工作在全国高职院校特别是广东省高校中产生了较大影响，具有典型的示范意义和推广价值，就业工作多次被《中国教育报》、《中国水利报》、《中国职业技术教育》、《中国教育》杂志、《广州日报》和广东电视台等多家媒体报道。

夯实高技能人才培养基石　构建精细化就业服务体系 全力为高职大学生职业生涯发展拓路护航

广州番禺职业技术学院

广州番禺职业技术学院筹建于1993年，是1997年全国首批、广州市属第一所公办普通高职院校，同时也是首批28所“国家示范性高等职业院校”之一。

建校20年来，学校坚持“以就业为导向，以服务为宗旨，产学研结合”的办学指导思想、“一技之长+综合素质”的高技能人才培养目标，坚持走“质量、规模、效益协调发展”的内涵式发展道路，毕业生以其适应性强、动手能力强、综合素质高而受到用人单位普遍欢迎。自2001年广东省首次公布高校毕业生就业率以来，学校毕业生就业率一直稳居全省高校前列，2004年、2005年和2008年三年稳居全省所有本专科院校第一位。2010年，被省教育厅授予“广东省普通高校毕业生就业工作先进集体”荣誉称号；同年获评“广东省职业技术教育工作先进集体”；2014年荣获第四届黄炎培职业教育奖“优秀学校奖”。

一、在全过程人才培养工作上下功夫，把就业工作做强做实

1. 以“五结合”为思路构建工学结合人才培养模式，夯实就业工作基石

学校坚持把就业工作贯穿于人才培养全过程，围绕“培养什么人”、“谁来培养”、

"怎么培养"三个核心问题，系统规划确定"五结合"人才培养思路（即培养主体"学校和企业相结合"、课程开发"专业课程与工作过程相结合"、教学内容"理论与实践相结合"、实践教学"校内与校外相结合"、教学场所"教室与实训室相结合"），构建特色鲜明的工学结合人才培养模式，有效地培养学生的职业能力，提升了就业竞争力。如机电工程学院的玩具设计与制造专业构建了"三方深度融通，三级顶岗实习"的人才培养模式。通过行业协会、企业和学校"三方深度融通"，实现"一年级职业训导，二年级专业技能训练，三年级岗位技能实习"的"三级顶岗实习"。通过"学习—顶岗—再学习—再顶岗"的工学交替，将校内和校外学习、学习与工作有机结合起来，消除了毕业生的见习期。

2. 以"三融通"、"四即是"为思路建设课程和实训基地，以"专业教师下企业，能工巧匠进课堂"为途径建设双师队伍，提升学生就业关键能力

"三融通"即按照"基本素质课程与职业能力课程相融通、第一课堂与第二课堂相融通、显性课程与隐性课程相融通"的思路，系统构建课程体系，使得对接岗位的"一技之长"课程提升了学生获得就业机会的竞争力。系统开发的"综合素质"课程提高了学生可持续发展能力，强化了学生职业素养，提高了学生的就业能力和创业能力。"四即是"为根据工学结合人才培养模式要求，按照"实训设备即是企业设备、实训环境即是工作环境、实训项目即是工作任务、实训过程即是工作过程"的建设思路，以学校为建设主体，充分利用社会资源建设校内实训基地，极大满足了课内实践、校内生产性实训、校外假期顶岗实习、毕业顶岗实习的需要。以"专业教师下企业，能工巧匠进课堂"为途径，把专业带头人、骨干教师、实践指导教师和企业兼职教师统筹考虑，构建了双师结构教学团队，为培养"一技之长 + 综合素质"的高技能人才提供了坚强支撑，也为广大学生顺利就业提供指导。

二、在全方位就业服务上下功夫，把就业服务做精做细

坚持“学校统筹、多方联动、全员参与、全程渗透、全方位推进”工作机制，构建精细化就业服务体系。

1. 保障有力，落实“四到位”措施

一是组织领导到位。学校成立了校院两级就业工作领导小组，全面实行“一把手”工程；二是机构到位。学校成立就业指导中心，按照师生配比，现有专职人员7人；三是经费投入到位。近两年，学校每年一次性划拨就业经费127万元，经费占当年学费6400万元的2%。2014年学校专门划拨5万元作为困难生就业专项经费；四是场地到位。学校就业指导中心办公室面积为100平方米，职业技能服务厅150平方米，招聘大厅1271平方米。

2. 服务给力

一是遴选建立了企业精英信息库，目前库内人员达110人。2012—2013年学校聘请企业精英来校开展专题讲座30余场；二是充分发挥职业辅导专家委员会的作用，积

极对行业现状、市场需求和人才培养等方面进行研讨，总结提升；三是提供及时的就业信息资源，实现就业链条无缝对接。现就业网上活跃的企业会员2899家，学校2013年全年接待企业1367家，提供超过4200个岗位，需求人数达18483人，供需比超过1∶5。

3. 帮扶得力

针对三类就业困难学生，学校开展跟踪辅导，帮助其转变择业、就业观以适应市场需求。各学院选派教师与困难毕业生结成帮扶对子，定期了解其心理状况、求职愿望和能力特点等，并量身制定求职计划，进行职业指导；在帮扶期间，利用一切资源为每个困难毕业生提供7个以上的就业机会。据统计，近年来，学校“困难学生”就业率100%。

4. 跟踪加力

从2012年开始，学校加大对毕业生跟踪的力度，并将毕业跟踪情况反馈到教学中，形成良性循环。一是开展校友信息采集活动，目前共采集了19326名毕业生就业信息，占建校至今全部毕业生的64.4%，回收调查问卷6949份，并形成调研报告；二是举办校友座谈活动。仅2013年举办全校性校友座谈会3场，二级学院座谈会51场，约3000人次历届毕业生返校；三是深度走访校友。仅2013年，走访了100名优秀毕业生、80家友好合作企业并结集成册；四是开展“第三方”跟踪调查，撰写《广州番禺职业技术学院社会需求与培养质量年度报告（2011、2012、2013)》。

三、在就业指导课主阵地上下功夫，把学生职业辅导做深做透

1. 职业辅导课程化

先后成立职业辅导教研室和省内首家大学生职业辅导专家委员会，积极开展集体备课，互相观摩等教研活动，以达资源共享，共同提高。同时开发大学生职业生涯规划、职前网络学堂、就业技能竞赛等第二课堂实践活动。引进职业测评软件免费为学生进行职业测评，编制《大学生职业生涯规划手册》配套使用。引入“网络学堂”课程，延伸教学时空。此外，每年10—12月开展“职业辅导活动月”品牌活动，近几年每年参与学生达2万人次以上。在教学团队的不懈努力下，学校“职业规划与成功素质训练”课程获评国家级精品课程。

2. 就业指导合作化

积极聘请专家学者、企业精英担任就业指导老师。多次邀请社会各界知名人士来校开展讲座。同时，通过设立新加坡南洋理工学院广东研习基地，建设国际合作型的皮具、玩具、珠宝、财经等专业，与英国、意大利、荷兰、比利时、美国等国的高校合作办学，利用多种合作协议培养国际化人才，为培养国际化视野的学生就业创造条件。

四、在创新创业教育和实战平台上下功夫，把就业工作做长做宽

1. 将创新创业教育融入课堂

成立创业教育中心，负责全校学生的创业教育工作。在全校学生就业指导课中独立设置创新创业教育章节。

2. 加强校内外创业实践基地建设，为学生提供良好的创业教育平台

学校建有2200平方米的校内创业产业园，含有首饰类、IT类及服务类等实体店29个，专业实训项目4个，其中有4个项目已成功孵化并注册登记。与此同时，学校新规划3000平方米作为“创业孵化园及创业教育产学研基地”，进一步推进学校就业创业教育工作持续、健康发展。此外，学校还与真功夫、玩包包、慧锐等6家企业合作创建校外创业基地。

3. 设立创业教育扶持资金

学校划拨专项经费对创业教育予以扶持。2013 年学校专项经费 15 万元；广州市人社局专项资金 11.92 万元；华好集团创业基金 10 万元。

4. 组织开展形式多样的创新创业训练计划和创业实践活动

近两年，学校设立创新创业训练计划项目 40 个，其中 20 个获省级立项。根据第三方跟踪调查，学校 2012 届毕业生毕业一年后自主创业达 3.9%，高于全国示范性高职院校 0.7 个百分点。

创新工作思路　彰显专业特色　全面提高就业创业质量

广西国际商务职业技术学院

广西国际商务职业技术学院是广西示范性高职院校、广西职业教育攻坚示范性高等职业院校、商务部“人才强商”基地、广西促进中国—东盟自由贸易区建设人才小高地，以培养适应商务事业发展需要的服务型、经营型、创业型人才为宗旨，是培养广西商务行业经理人才的摇篮，目前全日制在校生9000人。学院先后荣获全国外经贸职业教育先进集体、全国精神文明建设工作先进单位、广西高等学校教学改革与管理先进单位等荣誉称号。

学院始终将就业工作视为发展的“生命线”，积极落实“一把手”工程，创新工作措施，取得了显著成效，形成了经贸类高职院校就业工作的鲜明特色。

一、注重顶层设计，明确方向思路

1. 确定科学的指导思想

学院确定了“上下延伸，内外拓展，构建全程渗透、全面涵盖、全员参与的就业创业服务体系”的指导思想。“上下延伸”即就业工作向专业设置、人才培养、就业转岗延伸，将就业工作渗透到“人才生产”的“产前、产中、产后”全过程；“内外拓展”即就业工作向校内各系部处室、校外企业政府拓展，建立“政行企校”四方联动机制。

2. 明确清晰的工作思路

学院拟定了“一二三四五八”就业创业工作思路：

一个目标：提高就业质量；

二面并进：就业、创业；

三线共促：教学、学工、就业；

四方协作：政府、学校、企业、学生；

五管齐下：就业教育、就业指导、就业服务、就业管理、就业研究；

八项措施：分别采取“四到位”、“三渗透”、“三途径”、“三指导”、“五平台”、“三方法”、“三措施”、“三渠道”等八项重点措施创造性地开展就业创业工作。

二、创新工作措施，提高效率效果

1. “三渗透”——提高就业竞争力

渗透到专业建设：招生就业处负责人是学院教学工作委员会的当然委员，将就业需求作为开设专业、招生人数的重要依据，从源头上为毕业生就业奠定良好基础；就业部门每年向教学部门提供各专业社会需求情况、企业用人要求分析等相关信息，为专业建设与改革提供参考。

渗透到人才培养：各专业实行“2 + 1”、“2 + 0.5 + 0.5”的人才培养模式，最后一个学期到企业实习，实现了“预就业”，将人才培养与就业融合在一起。

渗透到校企合作：学院与企业合作开设了“联通班”、“梦之岛班”、“顺丰班”、“仙茶美班”、“天业航空班”等等订单班，搭建毕业生就业平台。

订单培养

2. “三途径”——培养就业素质

一是通过各种方式向学生宣传就业政策，二是邀请行业专家、企业精英及优秀毕业生到校开设就业创业专题讲座，三是通过召开主题班会、创业圩日等形式多样的素质拓展与校园文化活动，养成学生就业素质。

组织创业圩日

开展就业政策宣传

3. “三指导”——增强就业技能

课程教学：大一学生开设大学生职业生涯规划课程，大二学生开设大学生创业教育课程，大三学生开设大学生就业指导课，实现了就业指导全程化。

实习动员：由系部、班级组织召开毕业生离校实习动员会，引导学生摆正心态、正确定位、提高就业陷阱防范，做好就业准备。

专题活动：积极开展模拟面试大赛、职场装扮竞赛、求职信写作比赛、创业策划书比赛、营销大赛等等专题活动，提高学生就业技能水平。

4. “五平台”——提供就业全程服务

介绍生源：每年编制《毕业生生源介绍》向用人单位推荐毕业生。

信息发布：学院通过就业QQ群、就业网站、招聘信息发布栏、《就业导刊》等媒介及时向学生发布企业用人需求信息。

企业宣讲：学院2013年共组织各类企业宣讲会50余场，提供有效就业岗位2000余个。

双向选择：2013年学院共举办大型招聘会2场，分专业招聘会20余场，近500家用人单位来校选拔毕业生，提供需求岗位4000余个。

校友平台：通过校友企业招聘、校友介绍等方式，拓宽学生就业渠道。

5. “三方法”——拓宽就业市场网络

与政府部门建立联动机制：学院与自治区人社厅、教育厅等主管就业工作的相关部门保持紧密联系，在承接项目、资源互换、信息共享等方面紧密合作。

与行业单位共建人才培养基地：学院分别与广西国际博览事务局、钦州港保税区、北海市商务局等单位合作共建人才培养基地，签订了包括优先接纳毕业生就业在内的一揽子合作意向书。

学院与广西国际博览事务局签约

与企业建立实习就业基地：学院在“长三角”、“珠三角”建立了132个校外实习就业基地，为毕业生构建了就业市场网络。

6. “三措施”——加强就业工作管理

一是对各系部的就业工作进行考评并奖惩；二是每月到各系进行就业工作核查；三是专人负责就业数据收集。

7. “三渠道”——开展就业创业工作研究

一是每年都撰写《毕业生就业情况分析报告》，为教学部门提供专业建设与教学改革的参考依据；二是策划科研课题，近三年共有9项与就业创业工作有关的课题获得省级立项；三是发表学术论文，2011年1月至今共发表近70篇与就业创业工作有关的论文，撰写的专著《当代大学生就业创业的理论与实践》正式出版。

三、特色之三：建设创业园区，创新培养模式，培养创业人才

近年来，学院依托大学生创业园建设，培育了“一平台二融合三系统四对接”的人才培养模式，在提高学生就业竞争力、培养创业人才、以创业带动就业方面形成了鲜明特色。

1. 建设一个平台

学院按照“微型企业的孵化器、人才培养的实验田、办学特色的展示窗、校企合作的示范园”的定位建成了1400平方米的大学生创业园，免费为创业学生提供经营场地、项目对接、政策咨询等服务，接纳学生进行实训实践及就业。

中央电视台报道学院大学生创业园建设

2. 促进二个融合

一是通过课程教学，将创业教育融入专业教育；二是把实训课安排到大学生创业园的企业进行，实现教学活动与商务活动的融合。

3. 构建三个系统

能力培养系统：构建了“双能融通（技能+智能），双证结合（毕业证+资格证）”的课程体系，推行“教、学、做一体化”的教学模式，建立“能力本位，多元评价，形式灵活”的考评模式，注重实践能力的培养。

素质养成系统：实行素质教育学分制，将学生参与创业活动、职业技能竞赛、社会实践等统一纳入专业人才培养方案，通过举办丰富多彩的第二课堂活动，形成浓厚的培养创业人才的氛围。

实践保障系统：建立了“专设机构管理+专业人员指导+专项资金扶持+专门制度规范”的创业保障系统。

4. 实现四个对接

教学系部与入园企业对接：学院各系部与大学生创业园入园企业结成“一对一帮扶对子”，建立相关度高、渗透性强的校企合作机制。

人才培养与企业经营对接：一是校企共同开发课程；二是安排学生到入园企业进行实训实习；三是将企业经营业务交由学生完成；四是企业参与学生实训实习考核。

教学资源与企业资源对接：通过“教师—经理”、“学生—员工”角色互换，实现人力资源对接；通过技术指导、案例共享，实现技术资源对接；通过场所、设备共用，实现环境资源对接、设备资源对接。

校园文化与企业文化对接：倡导“产业文化进校园，行业文化进专业，企业文化进课堂”，通过软、硬环境的建设促进校园文化与企业文化的融合对接。

四、成效声誉

1. 就业工作荣获众多荣誉

先后荣获“广西高校毕业生就业工作先进集体”、“广西就业工作先进单位”、“广西高校创业教育先进集体”、“广西普通高校毕业生创业工作先进集体”、“外经贸创业型人才培养基地”、“广西高校大学生创业示范基地”；大学生职业指导课程2013年获评全国高校职业发展与就业指导示范课程；“基于大学生创业园建设的高职院校外向型商务应用人才培养模式的研究与实践”荣获广西教学成果奖一等奖，“商务经济类高职学生创业服务体系建设研究”获二等奖；大学生创业协会2013年获评“广西高校优秀大学生社团”。

2. 就业创业产生良好影响

就业创业工作获社会各界高度评价，发挥辐射带头作用，先后被中央电视台、《中国青年报》、广西电视台、《广西日报》等媒体采访报道，接待国内外参观团100多个。

3. 就业质量得到社会认可

2011—2013年学院毕业生就业率均达到97%以上，涌现出一批创业典型，许多毕业生成为广西经贸行业企业的领导与骨干，用人单位对学院毕业生满意度在95%以上。

创新人才培养和就业创业服务模式
促进毕业生高质量就业

海南经贸职业技术学院

海南经贸职业技术学院是海南省一所以培养经济管理类职业技术技能人才为主的全日制公办高等职业院校，是全国首批启动建设并完成验收的国家骨干高职院校。

学院位于美丽滨海旅游城市海口市，占地总面积1032亩，校园基础设施完善，设有9个系部、34个专业，在校生近8000人，其中外国留学生近200人。学院秉承“笃学砺能　知行合一”校训，努力把海南经贸职业技术学院建设成为“经贸类、区域性、开放型、国际化”的国内一流高职院校。

学院现为海南省高职高专教育研究会会长单位、全国职业院校“魅力校园”，在校内设立了海南省职业教育师资培训中心、商务部商务官员研修基地、海南省对外经济贸易合作研究基地。

学院坚持“立足海南、辐射华南、走向海外”的就业市场开发思路，重点开发海南现代服务业、中小企业和华南区金融、贸易、物流业就业市场，并开拓包括澳门、迪拜、新加坡等地的境外就业市场。根据麦可思数据有限公司《海南经贸职业技术学院社会需求与培养质量年度报告》数据显示，最近三年，学院毕业生就业率均在94%以上。自2009年以来连续被评为“海南省普通高等学校毕业生就业工作优秀单位”；2013年，荣获全国职业院校“就业竞争力示范校”称号。

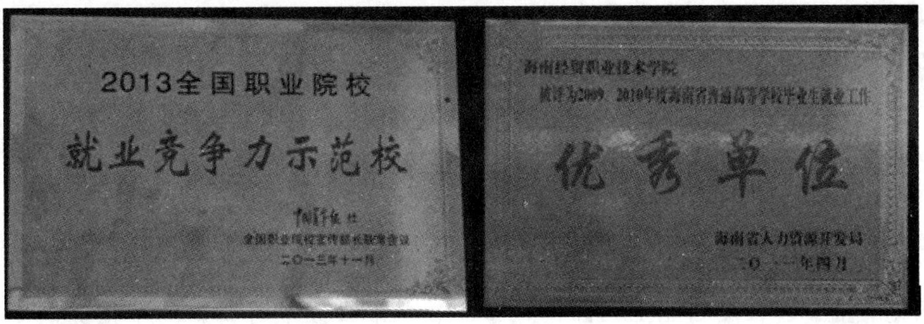

一、构建“三双一突出”人才培养体系，提高人才就业竞争力

学院立足职业教育本质，构建了“三双一突出”人才培养体系，“三双”指的是“校企育人‘双主体’、校内校外‘双课堂’、校内专业导师和校外职业发展导师‘双导师’”；“一突出”是指突出培养学生的职业能力。

1. 以“双主体”为平台，实现订单培养合作就业

学院以项目合作为载体，引进企业资源，搭建校企合作平台，建立相应的运行管理机制，形成校企育人“双主体”。

2013年初，学院成立“政、校、企、外（境外教育机构）”四方合作办学理事会，校企联合培养的学生符合企业的用人标准，满足了合作企业的生产需求。目前，学院校外实习实训基地达到160多个；与35家企业实行人才订单培养，合作就业；与300多家企业建立了良好的人才供求关系。每年企业进校招聘会提供岗位4000多个，为学生搭建了便捷的校园择业就业平台。

从2012年开始，学院全力推行订单培养，在校内设立了金海浆纸人才班、光明会计人才班等35个订单培养人才班，为企业订单培养学生1000多人。合作企业积极给予学院经费支持，如印尼金光集团捐助200万元在校内设立“金光奖学金”。

2. 以"双课堂"为抓手，营造优良职业育人环境

通过引进企业的优秀文化进课堂和教学课堂进企业，构建"双课堂"，形成良好的校企文化育人环境。

一是将企业的优秀文化引进校内课堂。按照企业经营环境和具体岗位工作流程来设置课程，课堂教学融入真实的企业经营情境。开办"校中厂"、"校中店"，校内生产性实训基地营造企业真实经营情境，植入企业的价值观念、企业精神、经营理念和行为准则，学生在学习中铸造职业品格。

二是将课堂教学带到企业工厂。开设驻店、驻厂教学班，将课程搬到酒店、工厂，在生产企业中聘请能工巧匠现场教学，做到课程、师资、实习、就业的"四对接"。

3. 以"双导师"为基础，建立职业化、专业化就业指导队伍

聘请企业管理人员和能工巧匠担任学生校外职业发展导师，为学生提供专业化、实战型的职业指导；创立校内专业导师制，为每个班级配备一名校内专业导师，引导学生理论联系实践；创设就业干事岗位，每个教学系至少配备一名就业干事，为学生提供专业化就业指导服务。目前，聘请校外职业发展导师共108人，185个班级均设有校内专业导师，使专业学习与就业指导对接，进一步完善了就业指导服务。

4. 以"一突出"为导向，培养高职学生"三个能力"

一是以工学结合为载体，培养工作能力。在教学形式上，采取任务驱动、项目导向，实现学习即工作；在教学内容上，根据专业岗位发展变化更新教学内容，确保课程内容的针对性和实用性。利用多种评价主体、手段、形式来衡量评估学生学习情况，把学生平时成绩的比例提高至50%以上。

二是以岗位创业为导向，培养创业能力。学院创设"三企"（企业家、企业、企业文化）进校文化育人模式，通过实践活动着力培养学生"创新、创业、敬业、奉献、诚信、担当"品质的"企业家精神"。

组织"创业教育月"和"就业服务月"活动，每年开展各类活动40多场。创建大学生创业孵化基地，对创业意识强、创业创意新、创业项目优的学生予以大力支持。积极利用政府的创业培训优惠政策，引项目入校，开展"创办你的企业"SYB创业培训，累计免费培训学生1000多人。

2013年，学院在校学生先后创办海南五指山生态养殖公司、桂林洋微信管家平台、圈里圈外网、尚米斯商贸有限公司等创业实体。

三是以第二课堂为抓手，培养创新能力。将学生参加"职业核心能力教育、思想

学院开展职业礼仪操实践活动

政治与道德素质教育、志愿服务教育与实践、身心素质教育和劳动教育”等活动纳入学分管理，打造学生第二成绩单。国家教育行政学院主办的《职业教育改革动态》2014 年第 1 期对此做了介绍。

2010 年以来，先后承办海南省职业院校技能大赛、第五届全国职业院校外贸技能大赛等赛事，通过大赛洗礼，极大地培养了学生们的动手操作能力、解决问题能力、创新能力和创造性思维。

在各类专业技能大赛和文体活动中，参赛学生连续三年在各类比赛中成绩优异，多次代表海南省出征国赛，屡创佳绩。其中，学院学生参加 2014 年全国职业院校技能大赛获得会计技能赛项一等奖，成为海南省首次获得该赛项一等奖院校，刷新了海南省在该赛项的最新纪录。

荣获 2014 年全国职业院校技能大赛会计技能赛项一等奖学生

二、实施“三向”全程化分段指导，加强就业指导实践与研究

1. 实施“三向”就业指导教育，助力学生职业成长

以职业生涯与发展理论为基础，按照学生不同阶段的不同任务对学生实施有针对性的“三向”教育指导。实施大学一年级就业导向教育，建立学业自信；大学二年级学生就业定向教育，陪伴学生成长；大学三年级学生就业走向教育，通过举办招聘会、开通远程招聘平台等，帮助学生走向职场。

2. 设立就业科研基金，提升就业研究水平

设立就业工作科研基金，出台《青年教师就业指导工作科研基金管理办法》，每年投入专项资金支持青年教师从事就业研究工作。教师编写的《职业发展与就业指导》教材获得海南省教育教学成果三等奖。

三、多措并举，建立健全就业创业长效工作机制

1. 建立专业预警及退出机制

出台《关于专业预警及退出机制的意见》，在海南高校中首创专业动态建设与预警机制，将社会认同度不高、社会需求量明显下降、毕业生就业率较低的专业列入预警名单。学院紧扣海南国际旅游岛建设对人才需求变化的要求，确立了“面向市场需求，突出经贸特色，培养高职专才”的办学理念，建成紧密对接国际旅游岛发展的现代服务业等六大产业专业群。中央电视台国际频道、《海南日报》等新闻媒体为此做了报道。

中央电视台及《海南日报》等媒体报道学院建立专业预警及退出机制

2. 建立就业干事岗位及考评机制

设立“专职就业干事”岗位及就业考核评价机制，培养专家型队伍。不仅成立了以党委书记为主导的就业工作领导小组，且成立了专家型的“就业创业工作指导委员会”，形成了行政化和专业化结合的二级管理、二级工作机制。

3. 建立全员参与就业创业工作绩效管理机制

实施毕业生就业工作目标管理，与各系签订《毕业生就业工作目标管理责任承诺书》，明确责任主体，落实工作责任，并将就业创业工作成效与二级单位经费划拨、绩效工资挂钩。

海南经贸职业技术学院始终把毕业生就业工作放在学院可持续发展的重要战略位置，视毕业生就业工作为实现学院可持续发展的“生命工程”，锐意进取，改革创新，不断提升办学内涵，办人民满意的职业教育，为广大职教青年打开通向成功成才的大门。

深化改革　创新模式　筑牢高质量就业生命线

开封大学

开封大学是一所成立于1980年的全日制普通高等专科学校，现设有16个院部50个专业，涵盖6大学科门类，占地1000余亩，教学仪器设备总值1亿多元，馆藏图书百万余册，教职工900余人，在校生12000余人。学校始终坚持“以服务为宗旨，以就业为导向，以育人为根本”的办学宗旨，形成了“就业、培养、招生”相结合、“生产、教学、科研”相结合“两个三结合”的办学模式，建校以来，学校先后向社会输送5万余名毕业生，为经济社会发展培养了大批高素质技能型人才。近三年，毕业生年终就业率均在95%以上，实现了就业率和就业质量的“双高”，达到了社会、用人单位、家长、学生“四满意”。学校是教育部高职高专院校人才培养工作水平评估优秀单位、河南省首批示范性高等职业院校、河南省职业教育攻坚工作先进单位、河南最具就业竞争力示范院校、河南省就业工作先进单位、全国预征工作先进集体。

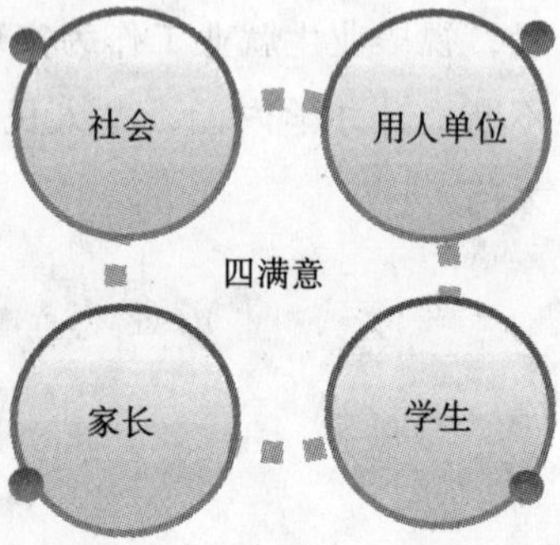

一、坚持“就业、培养、招生相结合”，实现校企深度融合

“就业、培养、招生”相结合，就是以毕业生就业和社会需求为风向标，调整优化专业设置；以岗位职业能力和职业资格为标准，完善人才培养方案；以就业率和就业质量为导向，制定招生计划，实现高质量就业与人才培养模式改革的良性循环。“三结合”的重点是就业导向，核心是人才培养，支撑平台是校企合作。

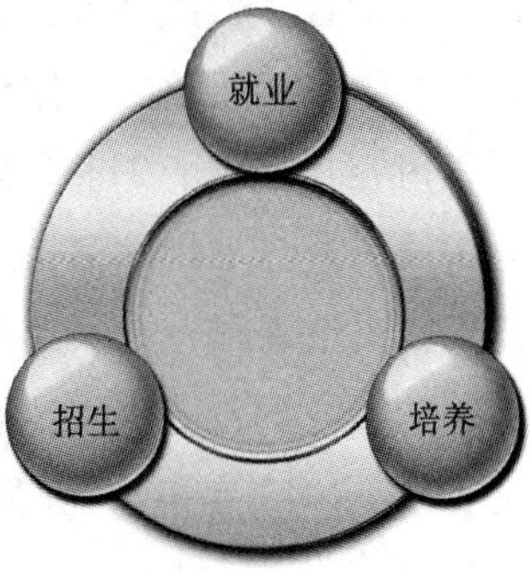

学校早在1994年就成立了由80多家企业加盟的省内高校第一个董事会，以董事会为平台，与企业形成了“优势互补、资源共享、深度融合、互利双赢”的校企合作长效机制。目前，合作企业达200余家，其中与富士康集团、东莞百升等大型企业已有20年的合作关系，达到了“五个共同”，即共同研究市场人才需求与专业发展方向，共同开设“订单班”培养学生，共同开展教师与企业技术人员的挂职锻炼和培训，共同进行科技研发和技术攻关、共同建立教育基金。与企业联合开办了“奇瑞重工”、“超达阀门”等多个特色鲜明的“订单专班”，实现了毕业生的零距离就业。先后与江苏昆山、淮安、常州武进及河南尉氏县等政府签订战略合作协议，走出了一条“学校牵头、政府搭台、企业参与”的政校企合作之路。

二、创新人才培养模式，促进学生可持续发展

在多年的办学实践中，学校形成了教育教学柔性模式，即紧贴就业市场需求，实行专业合理进退，重构课程体系，全面提升实践动手能力，实现毕业生和就业岗位无缝对接。

1. 紧贴区域经济发展，实行专业进退机制，实现毕业生就业“出口畅”

学校密切关注经济社会发展动向，以全方位覆盖毕业生、用人单位、行业的调研资料为依据，坚持“三同步一适应”的专业改革思路，即“专业建设与企业发展同

步、培养目标与企业需求同步、技能训练与岗位要求同步、职业素养与企业文化相适应”，不断优化专业结构，提升服务产业发展能力。近年来，增设了汽车制造与装配技术、旅游工艺品设计与制作等5个区域经济发展急需的专业，停招了7个就业率低的专业，形成了科学的专业进退机制。学校现有中央财政支持的提升专业服务产业发展能力的重点专业2个，拥有省级名牌、特色、示范、改革试点专业18个。近年来毕业生供不应求，真正实现了就业“出口畅”。

2. 结合职业岗位要求，重构、定制课程体系，实现毕业生职业能力“准对接”

学校各专业都成立有企业广泛参与的专业建设指导委员会，按照“三性三基于”即“职业性、实践性和开放性”，“课程设置基于工作岗位、课程内容基于工作任务、课程教学基于教学做一体化”的思路进行课程建设。引入职业资格标准，优化、重构课程内容，形成了211个突出职业能力培养的课程教学文本，实现了教学内容与职业标准统一，与工作过程相融通。部分重点专业在与企业深入合作的过程中，根据企业需求，重组课程、专项定制课程模式，得到了企业的高度认可。学校全面落实“双证书”制，校内设有国家技能鉴定站（点）13个，可开展63个工种的职业技能培训鉴定工作。2013年，学生“双证书”获取率达97.8%。

3. 强化“教、学、做”实践锻炼，探索多样化教学模式，实现毕业生岗位技能“零过渡”

学校积极开展“教、学、做一体化”教学实践，开发生产性、综合性实训项目，各专业实践类课时比例均占总课时数的50%以上，常年聘请150余名企业专业技术人员、能工巧匠担任兼职教师。近年来，学校与企业合作编写实训教材、讲义19本，开发实训项目40项，建有校内实验实训室128个，与企业共建了长安汽车等校内实习实训中心12个、校外实习实训基地216个。拥有国家紧缺人才培养培训基地、中央财政支持的职业教育实训基地5个，省级示范性实训基地2个。近年来，学生在各级各类技能大赛中获204项奖励，其中国家级一等奖22项、二等奖21项。

在实践教学中，学校形成了特色鲜明、多样化的实践教学模式，如机械制造类专业的“平台+方向”、化工类专业的“岗证课合一，实仿结合”、土建类的“专业+实体+行业”、旅游类专业“2+1校企双嵌共赢”、财经类专业的校企“双重融合”等模式。学校还实施了“双导师制”，给学生同时配备校内导师和企业导师，服装设计专业学生在“双导师”指导下设计的多批服装，受到外商和客户青睐，已投入批量生产。通过多样化教学模式的探索和实践，学校真正实现人才培养与就业岗位技能要求的“零过渡”。

三、全方位就业指导服务，构建立体化就业格局

1. 切实落实“四到位”，强化就业保障

一是组织到位。学校实施就业工作“一把手”工程，构建了“学校、院部、教研室、辅导员、专任教师、学生就业信息员”六级联动的就业工作体系。实行就业工作目标责任制，层层分解任务，严格量化考评，形成了“上下联动、齐抓共管、专兼结合、全员参与”的工作格局。二是人员到位。学校现有专职就业工作人员16人，兼职60余人，硕士及副高以上人员占90%以上，并聘请百余名行业企业专家担任特聘教授。三是经费到位。将就业工作专项经费列入学校全年财务预算，每年度不少于学费的1%足额或超额划拨。四是场地到位。就业工作场地3100平方，实现了就业推荐、心理咨询、就业派遣、预征报名、职业测评及“一对一”就业指导等“一站式”就业服务。

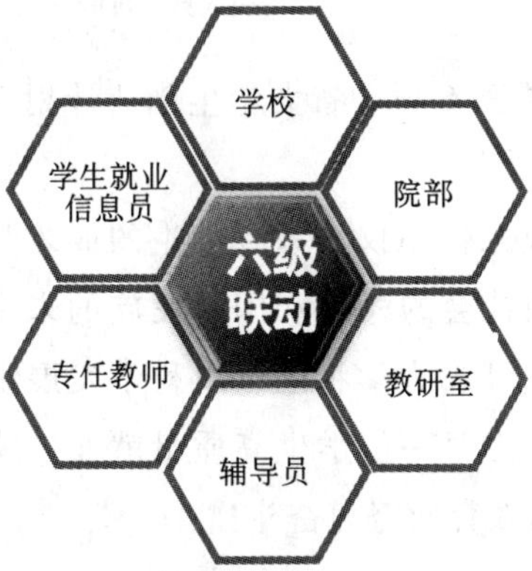

2. 丰富形式内容，提升就业质量

一是就业指导教学系统、规范。学校成立就业指导教研室，将就业指导课程作为必修课纳入教学计划，严格执行；成立职业规划协会等学生社团，激发学生就业热情和积极性。二是就业指导活动丰富、广泛。学校至今已举办九届“就业指导活动月”活动，通过校企合作高峰论坛、校友论坛等形式，使毕业生掌握求职技巧，提高求职成功率。三是就业双选模式常态、普及。每年不间断举办校园招聘活动，确保周周有招聘专场、天天有招聘信息，每年接待招聘单位400余家，提供就业岗位万余个，达

毕业生人数的近四倍。四是就业信息渠道便捷、畅通。开通就业信息网，实现信息共享、政策发布、网上招聘、远程面试、指导咨询“五位一体”的信息化服务，建立了用人单位动态信息库，通过就业网、QQ群、微博、微信等途径无障碍发布就业信息。五是就业市场开拓主动、深入。以“走遍千山万水，不怕千辛万苦，道尽千言万语，用尽千方百计”的精神，通过“走访搭桥畅市场、跟踪反馈固市场、广开渠道拓市场、回馈母校供市场”等多种手段多方开拓就业市场，常年保持稳定就业实习企业300余家。

3.“五段式”创业教育，带动就业创新

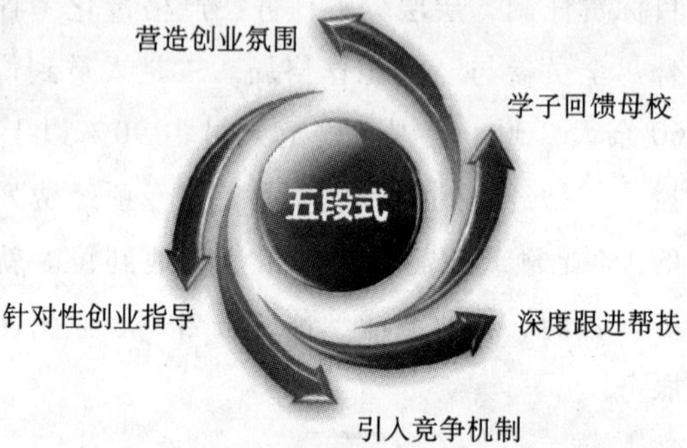

坚持以创业带动就业的工作理念，形成“营造创业氛围、针对性创业指导、引入竞争机制、深度跟进帮扶、学子回馈母校”“五段式”创业指导良性循环机制。在校内新建1600平方米的“创业孵化园”，在校外建立30多家中小企业孵化基地，每年设立20万元创业基金，支持学生创业。评选成功创业的“创业之星”39人。学生获全国大学生创业大赛一等奖等奖励6项、省大学生创业计划竞赛奖励4项，在校学生获3项国家专利。

在多年的办学实践中，学校深刻认识到，就业工作不仅关系到学生的成才与人生价值的实现，关系到学校的生存与发展，更关系到社会的稳定和国家民族的未来，实现学生充分就业和高质量就业是义不容辞的责任。开封大学将继续以科学发展观为指导，促进就业工作水平和服务质量的进一步提高，为每一位学生高质量就业，获取幸福美好的人生做出积极的贡献，为办好人民满意的教育而努力奋斗！

立足三峡库区 服务三农
为现代农业发展提供技能型人才支撑

重庆三峡职业学院

重庆三峡职业学院办学历史悠久，是三峡库区唯一一所涉农高职院校，重庆市示范性高职院校。学院占地面积553亩，建筑面积20余万平方米。开设有农林科技系等8个教学单位，34个专业，现有全日制在校学生7000余人，教职工450余人。学院建有中央财政支持的国家示范性实训基地3个，重庆市财政支持的市级示范性实训基地2个，校内实训室99个，稳定型校外实习基地151个，是国家人力资源和社会保障部职业指导教学训练实验基地、重庆市农机高端应用人才星火计划培养基地、重庆市三峡库区移民劳动技能培训基地和万州区农村劳动力转移培训基地、万州区农业职业经理人培训基地。重庆首批高职单独招生改革试点院校。近年来，学院先后获得"重庆市职业教育先进单位"、"重庆市普通高校毕业生就业工作先进集体"、"重庆市普通高校毕业生就业指导服务创新奖"等荣誉称号。

作为三峡库区腹心地带成长起来的一所高职院校，毕业生就业工作难度较大。多年来，学院始终高度重视，创新举措，建立健全领导体制，着力构建就业工作长效机制，切实保障"政策、机构、人员、场地、经费"五到位，毕业生就业工作始终处于全市高职院校领先位置。

一、创新人才培养模式

作为一所涉农高职，学院有着近80年的农业办学积淀。办学十年来，学院坚持以就业为导向，把毕业生就业工作与办学定位和人才培养目标相统一，通过创新人才培养模式改革提高就业质量，通过高质量的就业和跟踪反馈信息促进人才培养质量的进一步提升，为区域经济社会发展提供人才支撑，为推动三峡库区农业现代化培养和输送了大批技术技能型人才。

1. 通过围绕现代农业优化专业布局

形成了农产品生产技术、生态产品生产和保护技术、禽畜产品生产技术三大核心专业群和现代农业装备技术、现代农业信息技术、现代农业经营管理与服务三大主体专业群。学院现有涉农专业21个，占开设专业总数的62%；涉农专业学生数占在校生总数的73%，其中2013届涉农专业毕业生1255人，占毕业生总数的58.3%，培育出了较鲜明的现代农业办学特色，植物保护专业已成为国家级专业服务产业提升重点专业，园林技术、畜牧兽医专业已成为省级示范专业。

2. 积极推进人才培养模式改革

通过顶层设计与教师首创的结合，初步形成了与行业企业和农业生产过程全程对接的“育人为本、范式对接、经验主导”的现代农业人才培养模式。各专业在制定切实可行的人才培养方案上，均做到了以就业为导向，以职业能力为主线，均实行了以学生为中心的任务驱动、项目导向、工作任务系统化等多形式的工学结合、兼顾技术导向的教学模式。

3. 注重强化学生实践能力培养

将学生实习纳入学籍管理，严格要求实习课时不得低于总课时的50%，且毕业前必须取得相关专业技能等级证书。大力改善校内实习实训环境，筹资3000万元建成1.55万平方米的综合实训大楼，并争取奥地利政府贷款400万欧元用于改善实训条件。校内实训场所建筑面积5.36万平方米，设备总数2070台（套）、价值6288万元，校内生产性实训比例达到34.5%。建成产教“深度融合型”校外实训基地45家，校外实习基地151家，较好地满足了各专业人才培养的实习实训要求。

④ 积极搭建技能竞赛实践锻炼平台

每年定期举办校内技能大赛，并选拔优秀选手参加市赛和国赛。通过技能的动手实战提升了学生的专业技能，取得了较好的成绩。近三年来，学生在全国高职院校职业技能大赛上获一等奖3项、二等奖7项、三等奖6项，其中，农业类项目占获奖总数的95%。在重庆市职业技能大赛上获一等奖10项。

获奖证书

重庆市 代表队

在2013年全国职业院校技能大赛 农产品质量安全检测（茶叶中重金属含量的检测）比赛中荣获个人 一 等奖。

学校名称：重庆三峡职业学院

选手姓名：　同学

指导教师：

全国职业院校技能大赛组织委员会

二〇一三年六月

编号：201301154

二、深化就业保障机制

学院就业工作领导小组，以党委书记和院长任组长，由一名副院长专门主抓就业工作。各系相应成立以系书记为“一把手”的工作责任机制，并配备了专职就业干事，各班组建了就业工作小组，形成了“院—系—班—生”四级联动的就业工作体系。

在工作设施设备配套方面，学院就业指导中心办公场所使用面积达1038平方米，建设了超500平方米的多功能就业与创业一站式服务平台和512平方米的校园招聘大厅。在就业队伍建设方面，现有就业工作专职人员5名，在教学系还配有专职就业干事6名，通过定期开展就业工作人员业务培训，已培养高级职业指导师7名、中级职业指导师3名、全球职业规划师2名、大学生创业指导师8名。在工作经费保障方面，坚持实行就业工作经费专项化，确保每年的就业工作经费及时到位。近年来，学院的就业工作经费达到学生学费收入的1.41%。在管理体制建设方面，坚持把就业工作列为党政联席会的重要议事日程，定期召开会议研究学生就业工作。探索施行就业工作目标管理，制定了包括市场拓展、毕业生跟踪回访、企业调研、优质就业率、自主创业、就业科研、就业援助等内容全面的考核实施办法，并以此为依据进行年度考评，对考评合格的系给予每年共计 10 万元的经费补贴。

三、加强就业市场建设

1. 推进校企合作

建设“就业直通车”，与重庆、北京、上海、广东等地的 50 家大中型企业达成“实习—就业”合作意向。开办“大北农”、“扬翔”、“海南正业”、“新希望”等订单培养班 14 个，直接提供就业岗位 610 个。企业参与专业人才培养全过程并提供专项奖学金，不仅营造了良好的学习氛围，而且实现了校企的“无缝化”对接。

2. 推进校地合作

主动与周边区县联系，积极动员各人力资源与社会保障局根据本地农业技术人才的需求，合理调整学历要求，允许专科学历毕业生报考公务员、大学生村官、边远乡镇定向培养、三支一扶等项目，开展定向培养。三年来，共 181 名学生进入乡镇政府机关或事业单位从事农业技术服务工作，占毕业生总数的 3.25%；4196 名毕业生服务基层，占毕业生总数的 75.28%。2010 届、2011 届、2012 届毕业生分别有 56.59% 和 69.01%、63.17%的学生在大重庆范围就业，为服务重庆经济社会发展做出了积极贡献。

3. 推进征兵合作

长期保持与万州区武装部的联系，每年在应征入伍动员工作上均得到了区武装部的大力支持，因工作扎实，近几年学院入伍预征的男生均占毕业生总数的 5% 以上，仅 2013 年就有 5 名学生成功报考士官（占万州区士官总数的 55.6%），还有 19 名学生应征入伍已经到部队服役。

4. 加强就业市场拓展

学院注重广拓渠道搜集就业信息，并对真实性、资质进行审核，仅 2013 年共新收集用工信息 263 家，提供就业岗位 7841 个，通过学院就业网发布就业信息提供就业岗位 4921 个（不含各教学系自己举办的校园招聘活动）。细化就业市场拓展考核指标，要求毕业生与岗位比不低于1∶3，保证每个学生至少有3次以上的就业机会。仅2013年，学院就组织的2场大型双选会，园林、机电、信息、农业、经管等专业大类的中型双选会5场，还有73场专场招聘会，较好地满足了学生就业需要。

四、创新就业服务模式

学院创新实施了“1123”模式，即建成一个平台，实施一项合作，建立二大体系，最终实现就业服务和指导的“三化”。

1. 建成一站式服务集成平台

建成整合就业信息、政策咨询、证件管理、职业指导、手续办理等服务内容的一站式服务集成平台，强化就业服务质量，推动毕业生就业工作持续健康发展。

2. 认真做好就业质量跟踪反馈工作

在重庆市高校中率先与国内第三方教育数据咨询和教育质量评估机构——麦可思公司合作，采用第三方客观评价教学质量，引导专业改革，适时调整人才培养方案，真正落实以就业为导向的宗旨，并为延伸培训提供依据。

3. 建立全程化职业指导体系和专业化职业指导咨询体系，就业指导覆盖学生在校全过程

学生进校之前，率先在单独招生工作中通过CETTIC职业测评系统对考生进行了职业倾向分析，为学生正确选择专业和进行职业生涯规划提供科学依据。大一阶段开设38学时的职业规划必修课；大二阶段开设32学时的创业指导和职业素质训练选修课；大三阶段侧重就业心态调整和就业技能培训。学院现已编写出版了适合高职学生的《职业生涯规划与就业指导》《创业基础教程》等5本教材，建设了1门就业精品课程并开发教学资源库，初步建成了校内全过程的就业指导教育及服务体系。学院就业指导服务基本实现全程化、专业化、个性化，近三年毕业生首次就业率提高到90%，专业对口率提高到90%，用人单位满意率提高到90%，就业率连续三年位居重庆市同类高校前列。

五、抓好创业引领工作

学院强化创业教育，致力于培养学生创业就业意识和能力，积极提供创业服务，落实创业扶持政策，引领大学生创业。

1. 积极开展就业创业教育

每年组织“校友大讲堂”和“企业家讲坛”等各类就业创业讲座10余场，近2000人次参加。开设大学生创业选修课，使2152名学生接受了创业相关指导。培训创业指导师8名，借助学生社团创业协会，抓好创业素质训练。定期举办校园创业大赛。

2. 大力扶持学生创业

学院在经费及教学场地均较紧张的情况下，投入42万元将后街沿街的所有门面、部分院内工作室、实训室合计2000余平方米场地打造为大学生创业一条街。目前，已经有11个项目经过专家审核入驻创业园。在大力倡导学生创业尝试的同时，学院充分利用校友资源、行业优势和专业特色积极与政府部门、相关企业合作，努力实现创业行为社会化。仅2013年就有15名毕业生走上成功创业之路。

六、完善跟踪调查制度

学院完善了用人单位及毕业生跟踪回访制度，每年均计划专项经费以专业为单位开展就业市场调研，同时进行毕业生跟踪回访，根据毕业生就业状况和用人单位人才需求调研，形成各专业的人才需求及人才培养质量报告。三年来，先后派出100余名教师深入200余家用人单位进行实地调研及毕业生跟踪回访。同时，学院与麦可思公司合作形成的就业质量综合报告，为调整和设置专业、改革和优化人才培养模式、变化教学内容和方式、加强实践教学等方面提供重要参考依据。仅2013年学院就根据反馈情况新增植物保护专业，并对计算机应用技术、财会电算化等4个专业的招生计划做出了适当调整。

七、加大就业援助力度

学院建立了“双困”毕业生信息库，密切关注就业困难和受灾、残疾、家庭贫困、有心理等问题学生，在毕业期间实行“对口”帮扶。三年来，学院共援助少数民族学生308名、灾区学生7名、家庭困难学生425名、心理问题学生133名，对城乡居民最低生活保障家庭发放求职补贴21人，共计1.68万元。实行职业指导师“坐诊”制度，基于专业化职业咨询室和心理咨询室，利用职业素质测评系统等工具，一对一辅助学生进行职业分析和职业生涯规划。

托起农牧民孩子的美好明天

新疆农业职业技术学院

新疆农业职业技术学院是一所专门培养培训农业类技术技能人才的高等职业院校。下设 13 个分院，开设了以农林牧为主的 57 个专业，全日制在校生 12000 余人。

学院是国务院表彰的“全国职业教育先进单位”，全国“百所德育科研”名校，首批 28 所“全国示范性高等职业院校”，全国“创先争优”先进基层党委。

2004 年以来，学院连续十年毕业生初次就业率达到 95% 以上，名列新疆高校首位。2013 年，学院被评为全国职业院校就业竞争力示范校。

学院按照“融入产业办专业，融入生产施教学，融入企业促就业”办学理念，背靠行业企业群，大力实施校企合作办职教、工学结合育人才。

一、创新办学体制，搭建开放合作多赢办学平台

1. 创建“产业纽带、资源整合、龙头带动、连锁运行”职教园区办学体制

在自治区政府的主导下，由学院牵头组建了“新疆第一产业职教园区”，园区实行理事会制。首批有理事单位 38 家，形成了以乌昌地区为核心，辐射全疆 15 个地州市的多类型、多层次职业教育联合体。目前，园区已拥有 62 家理事单位。

2. 创建“政府牵头、行业指导、企业参与、学院实施”理事会办学体制

一是创建了新疆畜牧学院。以学院的动物科技分院为主体，联合自治区畜牧厅、全疆56家畜牧龙头企业共同组成，企业的董事长任理事长，畜牧厅领导为院长。

第一产业职教园区在新疆农业职业技术学院启动，自治区领导努尔·白克力、勒诺、黄昌元亲临揭牌。

二是创建了新疆农业机械化学院。以学院的工程分院为主体，联合自治区农机局、自治区农机研究所、兵团机械研究院和30余家生产企业等组建而成。

三是创建了新疆种子工程学院。以学院的生物科技分院为主体，联合自治区种子管理站、新疆农科院及华西种业等70多家企业组建而成。

3. 创建“引企入校”、“办学入企”嵌入式办学模式

学院引进新疆喜多粒食品有限公司，双方共同投入1000余万元，在校内组建了天山春食品有限公司，可同时提供配料、制造、食检、营销、物流等50个实训岗位。学院与新疆天海绿洲农业科技有限责任公司合作，在企业内成立了“天海学院”。公司提供6000平方米校舍和20万亩林果基地，用于教学和生产性实训。

二、提升培养质量，提高大学生就业能力

1. 创新人才培养模式

学院遵循农业生产规律、职业教育规律和学生成长规律，大力推行工学结合人才培养模式改革，实现了专业与产业对接，课程内容与职业标准对接，教学过程与生产过程对接，学历证书与职业资格证书对接，职业教育与终身学习对接。其中种子生产与经营专业“工学交替‘一轮半’实践”人才培养模式获第六届国家级教育成果二等奖，该模式与园艺技术专业“二周期、三融合”、畜牧兽医专业“实践主线、理论跟进，教学做融合”三种人才培养模式成为全国推行的典型范例。

2. 创新课程建设模式

学院按照“基于工作岗位，明确课程定位；基于工作任务，确定课程内容；基于工作过程，组织实施教学；基于校企资源，建设课程资源；基于岗位能力，实施评价考核”的原则大力开展课程建设。共建成国家级精品课程3门、国家精品资源共享课程3门，省级精品课14门。学院牵头组织全国21所农业高职院校、16家大型龙头农业企业、2家研究机构和1家行业协会，共同开展“全国职业教育作物生产技术专业教学资源库”建设。

3. 构建“3322”教学团队建设模式

学院按照“引进与培养结合、专职与兼职互补、自有与外聘兼顾、理论与实践并重”的思路，通过“从企业聘任、从企业引进、在企业培养”的“三企途经”，构建了专业带头人、骨干教师和一般教师组成的“三层次”师资梯队，实行了专业带头人和骨干教师的校企“双聘任”制度，实施了优秀教学团队和教学名师“两项工程”建设。目前，建成国家教学团队3个，自治区教学团队8个；学院拥有全国教书育人楷模1名，中组部“万人计划”名师1人，国家教学名师1人，自治区教学名师、能手7人，全国农业职业教育名师6人。

4. 搭建完善的实训教学条件

教育部袁贵仁部长为喀什基地揭牌

学院按照“校内基地生产化，校外基地教学化”的要求，牵头建立了涵盖农林牧、覆盖南北疆的“四中心、八基地”，为现代农业、畜牧兽医、园艺技术等专业培训工作提供了重要保障。学院鼓励各专业加大与行业企业、科研院所的合作力度，共建技术工艺和产品开发中心，如畜牧兽医专业群先后与新疆泰昆集团共建了动物疫病检测中心、与新疆畜牧科学院共建了动物饲料与营养检测中心等多个实验实训基地。截至目前，建成校内生产性实训室56个、校内生产性实训基地26个、校外实习、就业“双基地”1238家。

通过系列改革与建设，人才培养质量显著提高，就业竞争力明显增强。

三、勇于担当，全力做好少数民族毕业生就业工作

学院把办好少数民族职业教育作为促进新疆社会稳定和长治久安的战略担当。形成了“改变一个学生的未来，就是改变一个家庭的未来；改变一个家庭的未来，就是改变一个地方乃至全疆的未来”的共识，把“托起农牧民孩子美好明天”作为农职院人的价值追求。

1. 改革少数民族学生教育教学方法

为强化少数民族学生语言和专业能力，开展分层教学，实施民汉学生混合编班、混合住宿、混合实习等教育教学活动，促进民汉学生思维、观念、行为习惯等方面的融通。

2. 培养少数民族学生职业精神

深入开展社会主义核心价值观教育，把“热爱伟大祖国，建设美好家园”、“五观”、“四个认同”“三个离不开”等主题教育活动融入教育教学全过程。创造性地开展德育活动课、学生党团建“五进”工程（进班级、进宿舍、进社团、进企业、进网络）、“三下乡”社会实践、企业文化进校园等活动，把职业精神的培养渗透到学习生活的全过程。

3. 为少数民族学生举办专场招聘会

定期开展少数民族学生就业意向调研，针对学生意向开展专场招聘和企业座谈会，为学生就业牵线搭桥。走遍天山南北，走进千家企业，坚持不懈地上门推荐，感化企业接纳少数民族学生。

④ 建立奖惩体制机制

实施《少数民族学生就业工作奖惩管理办法》，实行少数民族学生就业目标考核一票否决制，设立“基层就业典型”、“就业优秀指导教师”、“就业优秀班主任”等单项奖。

⑤ 建立少数民族毕业生援助机制

制定《少数民族毕业生就业援助实施办法》，建立求职困难毕业生动态信息库，实施“一对一”就业帮扶，让每一个孩子都有一份合适的工作。对毕业生长期关注，持续指导，实施“招回制”。

四、重视创业教育，引导毕业生面向基层就业

① 构建“三段式·千百十”模式，扶持大学生创新创业

学院立足创业教育、创业活动、创业实践“三个关键点”，积极探索构建“三段式·千百十”创业教育模式。培养“千人”创业意识。面向大一全体学生，宣传创业典型、普及创业知识、开展创业实训；培训“百人”创业技能。对于有创业兴趣的同学，通过创业技能培训和教学实训为创业打下坚实的基础；扶持“十人”创业明星，为创业潜质的同学，创设参加创业大赛的机会，搭建创业孵化基地，助推创新精英成长。

学院专门设立了“大学生科技创新资助基金”，资助学生开展各类课外学术科技项目研究。建立了6个大学生创业园区，出台了《大学生创业孵化基地管理办法（试行）》，组建创业指导团队。

② 面向基层，引导毕业生在服务“三农”中奉献青春

新疆是农牧业大区，农牧业现代化进程中对生产一线技术技能人才需求量大。为了引导毕业生到基层去，在服务“三农”的事业中，奉献青春、建功立业，学院发出

了“基层是你实现人生梦想的起点”；“在服务三农的伟大实践中，实现自己的人生梦想”；“服务三农、基层干起、脚踏实地、建功立业”号召。在毕业生中开展了“我的中国梦·奉献在基层”宣传教育活动，承办大中专毕业生创业就业指导报告会，邀请大中专毕业生就业创业典型事迹报告团来学院宣讲，邀请企业家为大学生作创业报告等活动，鼓励引导大学生把“青春梦”融入实现新疆跨越式发展和长治久安的伟大实践中，乐于奉献，找准定位，实现高质量就业，使自己的梦想成真，人生出彩。近几年，学院每年70%毕业生到基层就业，其中到农林牧等艰苦行业就业的毕业生比例达到40%以上。涌现出在农牧基层大有可为的全国“三支一扶”先进个人努尔扎提、全国就业之星韩江园、新疆优秀村官祖丽胡玛尔·图尔贡。

学院多次荣获新疆维吾尔自治区毕业生就业工作先进集体。根据学院就业质量年度报告（2013），毕业生对母校满意度89%、就业现状满意度69%、创业率4.6%，比示范性高职分别高7、8、1.4个百分点。《中国教育报》《新疆日报》等主流媒体多次对学院的就业工作进行宣传报道，得到了社会的广泛关注和好评。

附件1

2012—2013年度全国毕业生就业典型经验高校名单

北京科技大学，南开大学，承德石油高等专科学校，山西交通职业技术学院，内蒙古财经大学，辽宁金融职业学院，长春中医药大学，吉林财经大学，东北电力大学，哈尔滨工业大学，黑龙江大学，黑龙江工程学院，黑龙江农业工程职业学院，上海外国语大学，上海海事大学，上海师范大学，上海医药高等专科学校，河海大学，江苏畜牧兽医职业技术学院，南通航运职业技术学院，宁波大学，浙江经贸职业技术学院，安徽师范大学，安徽医学高等专科学校，福建对外经济贸易职业技术学院，华东交通大学，山东大学，青岛大学，山东农业大学，山东英才学院（民办），山东商业职业技术学院，黄河水利职业技术学院，济源职业技术学院，武汉理工大学，武汉职业技术学院，武汉船舶职业技术学院，湖南科技大学，湖南工业大学，湖南科技学院，华南理工大学，北京师范大学珠海分校，广东工程职业技术学院，西南大学，重庆文理学院，四川大学，西南财经大学，西南民族大学，贵州大学，昆明理工大学，陕西师范大学。

附件 2

2011—2012 年度全国毕业生就业典型经验高校名单

中国农业大学，中央财经大学，北京工业大学，北京工业职业技术学院，天津职业技术师范大学，河北工业大学，河北经贸大学，山西建筑职业技术学院，内蒙古工业大学，大连理工大学，沈阳农业大学，辽宁农业职业技术学院，吉林农业大学，哈尔滨工程大学，黑龙江科技学院，黑龙江建筑职业技术学院，东华大学，华东师范大学，上海立信会计学院，南京理工大学，南京航空航天大学，南京师范大学，南京工业职业技术学院，浙江大学，浙江理工大学，浙江机电职业技术学院，合肥工业大学，安徽理工大学，安徽科技学院，江西财经职业学院，日照职业技术学院，河南工业大学，河南城建学院，湖南大学，湘潭大学，湖南城市学院，肇庆学院，海南大学，重庆邮电大学，重庆工商大学，西南交通大学，成都理工大学，四川农业大学，云南农业大学，云南师范大学，昆明冶金高等专科学校，西藏民族学院，西安电子科技大学，西北工业大学，兰州交通大学。

附件 3

2010—2011 年度全国毕业生就业典型经验高校名单

北京理工大学，华北电力大学，北京林业大学，北京师范大学，北京外国语大学，中国政法大学，首都师范大学，天津职业大学，燕山大学，河北农业大学，邢台职业技术学院，东北大学，大连海事大学，长春理工大学，长春职业技术学院，哈尔滨理工大学，黑龙江东方学院（民办），复旦大学，上海理工大学，南京大学，江南大学，南京林业大学，常州信息职业技术学院，金华职业技术学院，安徽职业技术学院，安徽工贸职业技术学院（民办），福建信息职业技术学院，江西理工大学，江西师范大学，九江职业技术学院，中国石油大学（华东），青岛理工大学，山东交通学院，河南大学，河南农业大学，河南机电高等专科学校，华中师范大学，中南财经政法大学，武汉铁路职业技术学院，长沙理工大学，湖南师范大学，湖南铁道职业技术学院，中山大学，华南师范大学，深圳职业技术学院，重庆理工大学，铜仁职业技术学院，西安理工大学，北方民族大学，银川科技职业学院。

附件 4

2009—2010 年度全国毕业生就业典型经验高校名单

北京大学，清华大学，中国人民大学，北京交通大学，北京航空航天大学，北京化工大学，对外经济贸易大学，中国石油大学（北京），中国地质大学（北京），天津大学，天津工业大学，河北大学，太原理工大学，内蒙古科技大学，大连民族学院，辽宁工程技术大学，辽宁省交通高等专科学校，东北师范大学，长春工业大学，鸡西大学，同济大学，上海交通大学，华东理工大学，上海财经大学，上海大学，中国矿业大学，江苏大学，杭州电子科技大学，安徽新华学院（民办），漳州职业技术学院，江西财经大学，郑州大学，河南职业技术学院，华中农业大学，湖北工业大学，中南大学，湖南交通职业技术学院，茂名学院，广西医科大学，重庆交通大学，四川建筑职业技术学院，贵州交通职业技术学院，大理学院，西安交通大学，西安建筑科技大学，杨凌职业技术学院，兰州理工大学，青海师范大学，宁夏医科大学，石河子大学。

后记

按照党的十八大及十八届三中全会提出的“健全促进就业创业体制机制”、“促进以高校毕业生为重点的青年就业”的精神和教育部就业工作的有关部署，根据《教育部办公厅关于开展第二轮高校毕业生就业总结宣传工作的通知》（教学厅函［2014］3号）文件要求，2014年1月，我们在第一轮工作的基础上启动了第二轮高校毕业生就业总结宣传工作，截至2014年7月，第二轮就业总结宣传工作第一批共50所典型经验高校已经产生。

第二轮总结宣传工作的组织实施依然分为申报推荐、专家初选、社会调查、实地调研、推广宣传共五个阶段。在申报推荐阶段，全国各地共推荐申报高校122所，涵盖31个省（区、市），其中部属院校8所（含1所高职），省属本科院校71所，省属高职高专院校43所。在专家初选阶段，我们组织专家分组对各校进行通信评审。随后我们以第三方专业调查机构为依托，对122所高校开展了毕业生和用人单位满意度调查，共调查毕业生65834人，用人单位5104家。依据专家初评和社会调查结果，产生了55所高校入围实地调研。在实地调研阶段，我们共组织了14个专家组分赴入围高校进行实地调研，核实学校人才培养及就业工作实际情况，帮助学校总结凝炼工作经验特色。根据专家调研结果和分类指导、地区兼顾原则，经领导小组核准，最终确定了2014年度50所就业典型经验高校，其中部属高校4所，省属本科院校29所，高职高专院校17所。2014年度就业总结宣传工作取得阶段性成果，各高校的艰苦努力、积极探索为高校毕业生就业创业工作提供了宝贵的经验，对推动高校毕业生就业创业起到了典型示范作用，对深化以就业和社会需求为导向的高等教育改革具有很大的借鉴和参考价值。

教育部党组成员、部长助理林蕙青同志在2014年度全国毕业生就业典型经验高校座谈会上对进一步做好总结宣传工作提出了明确要求，强调要“完善机制，深入宣传，发挥典型经验高校的示范引领作用，”“以多种形式推广这些高校促进大学生就业创业和深化教育教学改革的好经验、好做法，形成示范效应。”按照部领导的部署要求，参照往年工作经验，我们编印了《2014年度全国毕业生就业50所典型经验高校经验汇编》，对今年推选出的就业典型经验高校的经验思路、特色总结进行了汇总提炼。这本汇编是第二轮总结宣传工作周期内的第一本经验汇编，希望通过此书的编印和推广，能够继续为高校毕业生就业提供有益的借鉴和参考，为进一步推动全国高校在交流经验、互通有无的基础上深入做好毕业生就业创业工作，实现更高质量的就业和深化教育教学改革、不断开创高校毕业生就业创业工作新局面提供思路启发和经验借鉴。

就业总结宣传工作的顺利开展和本书的出版，凝聚了来自方方面面同志们的心血和劳动。在本书出版之际，我们谨对多年来给予高校毕业生就业总结宣传工作大力支持的各有关方面领导和同志们表示衷心感谢！感谢就业总结宣传工作领导小组对工作全过程的精心指导与大力支持；感谢国家统计局社情民意调查中心和北京新锦成数据科技有限公司的鼎力支持；感谢教育部办公厅、高教司、学位办、职成司、财务司和评估中心等单位的密切协作；感谢全体专家同志们的辛勤工作、无私奉献以及各省市就业部门和高校的全力配合。此外，我们也对就业总结宣传工作中默默奉献的各位工作小组成员一并表示感谢。

编　者

2014 年 12 月